INGRID MAISCH

Maria Magdalena

Zwischen Verachtung und Verehrung

Das Bild einer Frau
im Spiegel der Jahrhunderte

Herder
Freiburg · Basel · Wien

Für Elisabeth Maisch und Hildegard Gollinger,
die mich bei familiären und häuslichen Pflichten entlastet haben.

Herstellung: Freiburger Graphische Betriebe
Gedruckt auf umweltfreundlichem,
chlorfrei gebleichtem Papier

ISBN 3-451-23971-X

INHALT

VORWORT

Und sank dann hüllenlos,
nur von ihren Haaren überflutet,
zu unseren Füßen nieder ...
Sie war die herrlichste Hetäre.
Ihr Leib war ein köstliches Gefäß der Freude,
wie es die Welt nicht schöner sah.

GEORG TRAKL

Maria Magdalena zählt zu den bekanntesten Gestalten der Bibel. Erst bei gezieltem Nachfragen wird deutlich, daß jedermann/jedefrau ein anderes Bild von ihr mit sich herumträgt: die *Prostituierte,* deren Gewerbe so einträglich war, daß sie ein Vermögen für kostbares Salböl verschwenden konnte; die *Freundin, Ehefrau, Geliebte* des Propheten aus Nazaret; die *Jüngerin,* die aus Furcht ihre Ostervision verschwieg; die *Ekstatikerin,* die der Welt (oder nur den Frauen?) einen neuen Gott brachte; die *Bekehrte,* die in ihrer Reue so maßlos war wie in ihrer Sünde; die *Heilige,* die ein mittelalterlicher Biograph so hoch verehrt, daß er ihren Namen am liebsten mit Buchstaben aus reinem Gold niederschreiben würde.

Sie ist eine *historische Gestalt* der Bibel, die im Verlauf der Überlieferung zum *Mythos des Weiblichen* geworden ist. Ihre größte Faszination hat sie jedoch als *fiktive Gestalt* entfaltet: als schöne Sünderin und große Büßerin. Sie wurde zum Inbegriff aller Frauen, deren Schicksal sie durch die Geschichte hindurch teilt: verehrt, verleumdet, verschwiegen, an den Rand gedrückt, ins Unwirkliche erhoben, zum Lustobjekt degradiert ...

Über Maria Magdalena nachdenken heißt hinter der Wirkungsgeschichte die Frau aus Magdala suchen, heißt aber auch nach den Frauen allgemein fragen. Denn das Bild der Maria Magdalena ist in jeder Epoche ein Indikator für das Frauenbild der Zeit. Von dieser doppelten Spurensuche soll in diesem Buch berichtet werden.

Merzhausen, im Januar 1996 *Ingrid Maisch*

„Die heilige Maria Magdalena",
Hans Baldung Grien (1512),
Historisches Museum Basel.

„Maria Ägyptiaca",
Hans Baldung Grien (1511),
Historisches Museum Basel.

I

MARIA MAGDALENA IM NEUEN TESTAMENT

Maria (oder Mariam) wird in allen vier Evangelien namentlich erwähnt. In chronologischer Reihenfolge, bezogen auf die Endredaktion der Evangelien, handelt es sich um folgende Texte:

- Mk 15,40 f. (par. Mt 27,55 f.); 15,47 (par. Mt 27,61): Kreuzigung und Begräbnis Jesu
- Mk 16,1 (par. Mt 28,1; Lk 24,10): am Ostermorgen
- Lk 8,2: Jüngerinnen aus Galiläa
- Joh 19,25: bei der Kreuzigung
- Joh 20,1 f.11–18: am Ostermorgen
- Mk 16,9–11: am Ostermorgen.

Hinzu kommen Stellen, an denen die Anwesenheit der Maria vorausgesetzt wird:

- Lk 23,49.55 f. (par. Mk 15,40 f.47): die galiläischen Frauen bei der Kreuzigung und Grablegung Jesu
- Mt 28,9 f. (Sondergut): Erscheinung Jesu vor den Frauen[1].

Auf den ersten Blick handelt es sich um wenig Material, das aber im Rückgriff auf die Zeitgeschichte doch einiges über diese Frau, ihren biographischen Hintergrund und ihren Platz in der Jesusbewegung aussagt. Darüber hinaus stecken diese neutestamentlichen Stellen voller Probleme und Fragen, die nicht nur Maria, sondern allgemein auch die Frauen in der Jesusbewegung und der späteren Kirche betreffen.

1. Die Frau aus Magdala

Maria Magdalena trägt einen zu ihrer Zeit in allen Bevölkerungsschichten beliebten Namen, der auf Mirjam, eine der Führungsgestalten beim Exodus, verweist. Ihr Lied (Ex 15,21), das die Rettung aus Ägypten als göttliche Siegestat feiert, gehört zu den ältesten Texten des Ersten Testaments. Etwas von Mirjams Selbstbewußtsein lebt auch in den neutestamentlichen Marien weiter (vgl. auch das Magnificat der Maria aus Nazaret, Lk 1).

Die Ableitung des Namens und seine ursprüngliche Bedeutung ist unsicher und reicht von «widerspenstig» über «wohlbeleibt» bis zu «Wunschkind». In der Septuaginta, der griechischen Bibelübersetzung, wird der Name in Marjam gräzisiert, er entwickelt sich später zu den in der neutestamentlichen Zeit bekannten Namensformen, die durch Texte und archäologische Funde belegt sind: María, Mariám, Mariámme. In den Handschriften der Evangelien schwankt die Schreibweise zwischen María und Mariám, wobei die heutigen Bibelausgaben die Lesart «Maria» (mit Ausnahme von Joh 20,18 «Mariam») bevorzugen.

Im Gegensatz zu anderen Frauen wird diese Frau nicht nach einem Mann (Vater, Ehemann, Sohn), sondern nach einem Ort benannt – wie wir es sonst nur von Jesus gewohnt sind. Diese Besonderheit hängt offensichtlich mit ihrer herausragenden Rolle in der vor- und nachösterlichen Jesusbewegung zusammen. Das zum Beinamen gewordene Adjektiv «Magdalene» verweist auf die Herkunft aus dem Ort Magdala und ist mit «die Magdalenerin» zu übersetzen. Die Verbindung von Name und Beiname wird unterschiedlich gehandhabt: Maria die Magdalenerin (vgl. Mk 15,40.47; Joh 20,1), die Magdalenerin Maria (vgl. Lk 24,10) oder Maria, die sogenannte Magdalenerin (vgl. Lk 8,2).

Maria wird in den Evangelien aber nicht nur von ihrer Herkunft, sondern auch von ihrer Vergangenheit her definiert: Sie ist die Frau, aus der sieben Dämonen ausgefahren sind (Lk 8,2) bzw. aus der Jesus sieben Dämonen ausgetrieben hat (Mk 16,9), und zwar Krankheitsdämonen: Maria wird als eine beklagenswerte Frau vorgestellt, die von schwerer Krankheit (die Symbolzahl Sieben verweist auf Stärke und Fülle) geplagt war und durch Jesus geheilt wurde.

Die Opfer dämonischer Besessenheit sind Menschen, die sich selbst entfremdet sind und ihr Leben nicht mehr selbst bestimmen können. Die Ursachen können verschieden sein. Die soziologische Exegese (G. Theißen) verweist auf Angehörige der vom wirtschaftlichen und sozialen Abstieg bedrohten Mittelschicht, die dem Druck nicht standhalten können und in ihrer Verunsicherung in den Schutz von Krankheiten fliehen; die psychologische Exegese (E. Drewermann) betont dagegen stärker die individuellen Ursachen der inneren Zerrissenheit und Angstbesetztheit der Kranken. Bei der Besessenheit handelt es sich um Krankheitszustände, die den Betroffenen zu etwas Unheimlichem machen. Aber auch jede «normale» Krankheit kann als dämonisch verursacht gelten (das Fieber in Mk 1,30f. wird bei Lk 4,38f. auf einen Dämon zurückgeführt, der bei der Heilung «bedroht» werden muß).

Die von «Dämonen» verursachte Krankheit der Maria läßt sich am ehesten als psychosomatisches Leiden vorstellen. Erst die spätere Gleichsetzung dieser Dämonen mit «sieben Teufeln» machte Maria aus Magdala zu einer von der Sünde beherrschten, unmoralischen Frau (und erleichterte ihre Identifizierung mit der «großen Sünderin», von der Lukas unmittelbar zuvor erzählt hat).

Magdala liegt in Galiläa, am Westufer des Sees Gennesaret. Moderne Reiseführer betonen die Schönheit und Fruchtbarkeit des Landes und den Fischreichtum des Sees. Mit dieser Situation ist auch für das erste Jahrhundert zu rechnen, wie uns der jüdische Schriftsteller Josephus Flavius versichert[2]. Diese gesegnete Landschaft gehört nach dem Tod des Königs Herodes zum Herrschaftsbereich seines Sohnes Herodes Antipas, der dem Land durch eine rege Bautätigkeit seinen Stempel aufdrückte. Vor allem Tiberias, der in der Nähe von Magdala gelegene und nach dem Kaiser Tiberius benannte neue Regierungssitz, war wegen seiner prachtvollen Architektur berühmt. Die Stadt war für eine jüdisch-hellenistische Mischbevölkerung gebaut und trug mit Synagoge und Sportanlagen den Bedürfnissen der jüdischen wie der nicht-jüdischen Bevölkerung Rechnung. Aber auch andere Städte am See konnten sich nach Größe und Bedeutung mit der neuen Residenz messen, so auch die Heimat der Maria.

Eine alte Tradition lokalisiert den Ort bei den Ruinen von Migdal («Turm», aram. *migdal numaja:* «Fischturm») und beschreibt ihn als Fischerdorf. Die Evangelien bezeugen die Existenz des Ortes durch den *Beinamen* der Maria, während er als eigentlicher *Ortsname* nur in den handschriftlichen Varianten zu Mk 8,10 (statt Dalmanuta) und Mt 15,39 (statt Magadan) vorkommt und die dort erwähnten, sonst unbekannten Ortsnamen ersetzt.

Wahrscheinlich handelt es sich bei «Magdala» um die unter dem griechischen Namen «Tarichea» bekannte Stadt, die bei Josephus bereits für die vorchristliche Zeit erwähnt wird. Der griechische wie der aramäische Name verweist auf das Trocknen und Einpökeln von Fischen, ein Gewerbe, das die Stadt zu einem bedeutenden Industriezentrum mit Exporten bis nach Rom gemacht hat[3]. Josephus, der als Oberbefehlshaber in Tarichea residiert hat, spricht – im Unterschied zu den Dörfern – von einer Stadt (griech. *polis)* samt ihrem Hinterland und nennt sie bei Aufzählungen sogar vor Tiberias. Er beschreibt sie als eine Handelsstadt mit zahlreicher Bevölkerung, auch wenn die Zahlenangaben mit einigen Fragezeichen zu versehen sind[4].

Tarichea war eine hellenistisch geprägte Stadt (vgl. das Hippodrom, Bell. II, § 595), deren Bewohner von den «Leuten vom Land» (Bell. II, § 602) unterschieden werden und die während des jüdischen Aufstandes – wie auch andere galiläische Städte – auf seiten der Römer stand, wofür Josephus eine einleuchtende Begründung gibt: Die Einwohner waren «um ihren Besitz und die Existenz der Stadt besorgt» (Bell. III, § 492f.; auch Vespasian hält «das zugelaufene Volk» für die Anstifter des Aufstands, ebd. § 532).

Bei solchen Bewertungen spielt natürlich die Tendenz des Schriftstellers, die einheimischen Juden dem römischen Publikum gegenüber als vernünftig und friedfertig und alle radikalen Gruppen als Fremdkörper darzustellen, eine Rolle; dennoch dürfte seine Beschreibung von Tarichea zutreffen. Wo mit dem Rohstoff Salz (Fischpökeleien!) gearbeitet wird, herrscht Reichtum, und wer Weinberge über Jahre hinweg – liebevoll und arbeitsintensiv – pflegt, gibt sie nicht so leicht auf. Die Wohlhabenden, die etwas zu verlieren haben, wissen jedenfalls stabile Verhältnisse zu schätzen und scheuen das Abenteuer eines Aufstandes.

Der neutestamentliche Hinweis auf die Herkunft der Maria aus Magdala/Tarichea ist insgesamt gesehen mehr als eine schlichte Ortsangabe und besagt, daß Maria – wie andere in Lk 8,2f. genannte Frauen – aus städtischem Milieu und damit auch aus dem Einflußbereich der hellenistischen Kultur stammt. In der Jesusbewegung wird sie, als sie nicht mehr in Magdala wohnt, dann nach ihrem Heimatort benannt.

Geschieht dies nur, um sie von den anderen Marien zu unterscheiden, oder soll damit auf eine auffallende Frau hingewiesen werden, die von ihrer Herkunft geprägt ist? Ist sie unter den anderen Jüngern und Jüngerinnen aufgefallen, als Städterin unter den dörflich geprägten Galiläern, als wohlhabende Frau unter den vielen Armen, als Angehörige einer hellenistisch beeinflußten Schicht unter eher traditionell orientierten Jüngern (vgl. später den Konflikt zwischen Paulus und den Jerusalemern, der auch eine Frage des unterschiedlichen kulturellen Hintergrunds war)? War sie deshalb emanzipiert genug, um sich von Familie und Herkunft zu lösen und sich der Jesusbewegung anzuschließen? Der Übergang in ein anderes Milieu setzt eine starke Persönlichkeit voraus, vor allem wenn ein freiwilliger sozialer Abstieg damit verbunden ist. Denn Maria entstammt – wie der Handwerker Jesus – der sozial abgesicherten Mittelschicht und wendet sich – freiwillig wie er – den Armen ihres Volkes zu. Eine «Seligpreisung» der Armen kommt nicht von unten, sondern immer von jenen, die sich bewußt mit den Armen solidarisieren (vgl. Franz von Assisi oder die Theologen der Befreiungstheologie).

2. *Die galiläische Jüdin*

Daß Maria Magdalena nach einem Ort und nicht wie üblich nach einem Mann definiert wird, läßt vermuten, daß sie ohne Partner in die Jesusnachfolge eingetreten ist.

Ist sie zu diesem Zeitpunkt bereits verwitwet oder geschieden? Daß sie noch unverheiratet ist, ist kaum wahrscheinlich, da Ehen von den Eltern arrangiert werden.

Die Verheiratung der Kinder gehört zu den wichtigsten Pflichten der Eltern. Das spätere rabbinische Recht, das die Ehegatten als Vertragspartner ansieht, verlangt allerdings bei einer volljährigen Frau (= 12 ½ Jahre) die Einwilligung.

Das Heiratsalter liegt zwischen 12 und 15 Jahren. Die Verlobung begründet zwar die Ehe, aber bis zur Heimführung ins Haus des Mannes untersteht die Frau der väterlichen Obhut und könnte Haus und Familie nicht verlassen.

Oder hat ihre schwere Krankheit eine Heirat unmöglich gemacht? Die ungezwungenste Annahme ist die, daß Maria verheiratet war und sich – «um des Reiches Gottes willen» – von Mann und Familie getrennt und der Jesusbewegung angeschlossen hat. Vielleicht kommt sie aus einer glücklichen Ehe, vielleicht hat sie Kinder zurückgelassen – all dies ist möglich, wir wissen es nicht.

Auf jeden Fall kann ihr Anschluß an Jesus nicht automatisch als Schritt von patriarchaler Unterdrückung in die Freiheit gedeutet werden, wie zuweilen behauptet wird. (Patriarchale Strukturen sind im übrigen keine Besonderheit des Judentums, sondern der Antike allgemein – wie gerade das antike Christentum bezeugt!). Bei Maria handelt es sich vielmehr um die Übernahme eines anderen Ethos, das den Bruch mit der Familie einschließt und für Männer wie Frauen gleichermaßen gilt, wie auch das gespannte Verhältnis Jesu zu seiner Familie deutlich macht.

Das negative Bild von der Stellung der jüdischen Frau muß vom heutigen Kenntnisstand her wesentlich stärker differenziert werden, als manche populäre Jesusdarstellungen glauben machen. Die beliebte Vorgehensweise, negative Talmudaussagen als Kontrast zu Jesu freiem Umgang mit Frauen heranzuziehen, unterliegt mehrfachen Fehleinschätzungen[5]:

– Rabbinische Aussagen des sogenannten normativen Judentums werden unbesehen in die Jesuszeit zurückdatiert, obwohl es damals sehr unterschiedliche Meinungen gab und erst nach dem Untergang der jüdischen Eigenstaatlichkeit (70 n. Ch.) eine gewisse Konformität notwendig wurde.

– Der Talmud ist das Dokument einer hohen Streitkultur, weshalb die Pro- und Contra-Aussagen zu einzelnen Themen tradiert wurden; daher müssen bei frauenfeindlichen Aussagen immer auch die konträren frauenfreundlichen Meinungen zitiert werden, z. B. bei der Frage, ob man die Tochter in der Tora unterweisen soll: Die Antworten reichen von «man ist dazu verpflichtet» über «man kann es tun, aber es besteht keine Verpflichtung» bis zu «man soll es nicht tun»[6].

– Repressive Äußerungen über Frauen sind nicht als Beschreibung eines tatsächlich bestehenden Zustandes zu lesen, sondern als Versuch, eine entgegengesetzte Praxis aus ideologischen Gründen zu unterbinden. (Das gleiche gilt analog für das Lehrverbot für christliche Frauen in 1 Tim 2,11f.).

– Auch dort, wo Frauen durch männliche Äußerungen (scheinbar?) diskriminiert werden, sind solche Aussagen im Kontext der antiken Kultur und Gesellschaft zu lesen. Beim vielzitierten Gebet des jüdischen Mannes, der Gott preist, daß er ihn weder als Heiden noch als Frau noch als Unwissenden erschaffen hat, sind entsprechende – auf Thales und Sokrates zurückgeführte – griechische Aussagen zu vergleichen, wo der Mann dem Schicksal dankt, daß er nicht als Tier, nicht als Frau und nicht als Barbar geboren wurde[7]. In beiden Fällen werden das Ich des Sprechenden und seine kulturelle Identität absolut gesetzt, ohne daß sich aus diesem Überlegenheitsgefühl tatsächliche Sanktionen gegen Frauen, Heiden (Nicht-Juden) und Barbaren (Nicht-Griechen) ableiten lassen.

– Es ist auch zu bedenken, daß christliche Wissenschaftler die jüdischen Quellen immer nur aus der Distanz studieren können, während jüdische Wissenschaftler die Texte aus der Erfahrung einer lebendigen Tradition heraus lesen. So kann Pnina Navè Levinson, die als *Wissenschaftlerin* die antiken Quellen und als *Frau* die Situation kennt, ganz unbefangen von der «hohen Einschätzung und Wertschätzung der Frau» in der biblischen und nachbiblischen Literatur sprechen – ein Ergebnis, das auch für christliche Autoren nachvollziehbar ist, sofern sie sich auf diesen Erfahrungs- und Lernprozeß einlassen[8].

Für die tatsächliche Situation jüdischer Frauen im Kontext der jüdisch-hellenistischen Stadtkultur Galiläas können folgende Beobachtungen hilfreich sein:

a) Frauen können Eigentum haben oder erwerben und darüber auch verfügen. Besonders Frauen aus wohlhabenden Schichten haben große Freiheiten im ökonomischen Bereich. In Spr 31,10–31 ist vorausgesetzt, daß die Frau nicht nur im Haushalt, sondern auch in Handwerk und Handel mit

eigenen Aktivitäten hervortritt und mit eigenem Geld Acker und Weinberg kauft. Auch die in Lk 8,2f. genannten galiläischen Frauen haben offensichtlich Verfügungsgewalt über ihr Vermögen.
b) Frauen nehmen das Recht in Anspruch, die Scheidung ihrer Ehe zu verlangen bzw. den Mann zu verlassen. Die auf Dtn 24,1 basierende jüdische Tradition verhindert nicht eine anders geartete Praxis, die der Frau weitergehende Rechte einräumt. Solche Fälle sind nicht nur für die stark hellenistisch beeinflußten Frauen aus der herodianischen Familie belegt – ihr Verhalten dürfte auch Auswirkungen auf andere Familien in der galiläischen Nachbarschaft gehabt haben –, sondern sind auch für die Ehe des pharisäisch orientierten Josephus Flavius bezeugt[9].
c) Frauen nehmen aktiv am religiösen Leben teil – nicht nur im Haus, wo viele religiöse Aufgaben überhaupt nur von Frauen geleistet werden können, sondern auch im öffentlichen Gottesdienst. Für galiläische Frauen kommt vor allem der synagogale Wortgottesdienst in Betracht, da sie wahrscheinlich nicht zu jedem der drei Wallfahrtsfeste nach Jerusalem gezogen sind. In den frühen Synagogen sitzen Männer und Frauen noch nicht getrennt (die Frauenempore ist erst für die nachbiblische Zeit belegt). Frauen können zur Toralesung aufgerufen werden, sie machen Stiftungen für die Synagoge und können nach Ausweis antiker Inschriften auch Synagogenämter innehaben. Wenn die galiläische Jüdin nach Jerusalem kommt, kann sie – wie ein Mann – am Tempel opfern; denn «opfern» bedeutet in beiden Fällen: das Opfer (Tier oder Weihrauch) bezahlen.

Wenn man Maria Magdalena in diesem religiös-kulturellen Umfeld Galiläas betrachtet, müssen vielfältige Einflüsse mitbedacht werden. Maria ist keine unterdrückte Jüdin, sondern eine jüdische Frau, die ihr Leben selbst bestimmt und deren Entscheidung, sich von der Familie zu lösen, von ihrer Umgebung respektiert wird (vgl. dagegen die aggressive Reaktion der Jesus-Familie auf sein Weggehen, Mk 3,21). So schlecht, wie bisweilen in ihrer christlichen Zukunft, ist es ihr in ihrer jüdischen Vergangenheit nicht ergangen.

3. *Die Jüngerin in der Nachfolge*

Markus erzählt in 15 Kapiteln seines Evangeliums von Jesus und seinen Begleitern; viele werden mit Namen genannt, von manchen wird die entscheidende Begegnung mit Jesus erzählt (Mk 1,16–20; 2,14). Man gewinnt den

Eindruck, als habe es sich um eine reine Männerbewegung gehandelt. Und dann der Paukenschlag: kein Jünger in der Begleitung des sterbenden Jesus – aber Jünger*innen* beim Kreuz! Wenige Verse vor dem Schluß des Evangeliums erfahren wir, daß sie seit Jesu Anfängen in Galiläa zu seinen Nachfolgern gehört haben. Es gibt also von Anfang an Frauen um Jesus, Jüngerinnen, die über Tod und Begräbnis hinaus in der Nachfolge stehen.

Der entscheidende Text Mk 15,40 f. lautet in einer möglichst wortgetreuen Übersetzung: «Es waren aber auch Frauen von weitem schauend, unter ihnen auch Maria die Magdalenerin und Maria, die (Frau? Tochter? Mutter?) von Jakobus dem Kleinen und (die) Mutter von Joses und Salome, die, als er in Galiläa war, ihm nachfolgten und ihm dienten, und viele andere (Frauen), die mit ihm hinaufgestiegen waren nach Jerusalem». Von den «vielen» Frauen um Jesus werden einige namentlich erwähnt.

Sowohl in den Handschriften als auch bei den Kommentaren zur Stelle bleibt die Frage offen, in welchem Verhältnis die zweite Maria zu Jakobus steht und ob sie mit der Mutter des Joses identisch ist, ob also drei oder vier Frauen zu zählen sind.

Die Frauen werden durch vier Handlungen näher bezeichnet: sie schauten (1), sie folgten nach (2), sie dienten (3), sie waren hinaufgestiegen (4). An der ersten und vierten Stelle steht im Griechischen eine Partizipialkonstruktion im Aorist, einer Zeitform, die eine einmalige, in der Vergangenheit zum Abschluß gekommene Handlung bezeichnet; bei der zweiten und dritten Handlung stehen die Verben im Imperfekt, wodurch eine sich wiederholende und/oder dauerhafte Handlung der Vergangenheit bezeichnet wird: das Dienen und Nachfolgen der Frauen hat also schon früher begonnen und war – anders als das Schauen und Hinaufsteigen – kein einmaliger Akt; es gewährleistet demnach die Kontinuität der Jesusbewegung.

Die beiden Verben sind im Kontext des Markusevangeliums auch inhaltlich interessant, denn Markus benennt damit zwei Kriterien für die wahre Jüngerschaft[10]: Jesus *nachfolgen,* auch unter Gefährdung des eigenen Lebens (vgl. 8,34–38) und: in der Nachahmung des dienenden Menschensohns zum *Diener* aller werden (vgl. 9,35; 10,42–45).

Mit den beiden Begriffen, die bei Markus termini technici für die Art der Jesusbeziehung sind, greift er auf Erfahrungen der ursprünglichen Jesusbewegung zurück, denn «nachfolgen» heißt nicht im großen Haufen mitlaufen, und «dienen» meint nicht einfachhin Handreichungen oder die Sorge für die leiblichen Bedürfnisse; beide Ausdrücke sind vielmehr Umschreibungen des Jüngerseins, die sich gegenseitig ergänzen und erläutern[11]. In vielen Übersetzungen wird dieser Sachverhalt verwischt, wenn «dienen» mit «(ver-)sorgen, unterstützen u. ä.» und «nachfolgen» mit «begleiten, mitgehen u. ä.» wiedergegeben wird.

Zur *Nachfolge* gehört der Wechsel der Lebenssituation; wer mit Jesus wandert, verzichtet auf Heimat, Familie, Besitz und Schutz[12]; er/sie teilt – in Solidarität mit den Armen[13] – Jesu besitzlose Existenz und setzt die ganze Hoffnung auf das Hereinbrechen des Gottesreiches. Dieses radikale Ethos des Verzichtens und Loslassens hat innerhalb der Nachfolgegemeinschaft die Gleichheit aller zur Folge. Es gilt nicht mehr das die profane Gesellschaft stabilisierende Ethos von oben und unten, von Vater und Kindern, sondern die geschwisterliche Gleichheit aller Armgewordenen.

Der *Dienst,* der von den Nachfolgern und Nachfolgerinnen geleistet wird, ist die Hingabe von Zeit, Kraft, Fähigkeiten, die Solidarität mit den Geschwistern im Reiche Gottes; er kann auch im Verlassen und Hingeben von Besitz bestehen; vor allem aber ist es der Dienst der Verkündigung des nahen Gottesreiches[14], was Predigt, Krankenheilungen und das Angebot des göttlichen Friedens mit einschließt (vgl. Mt 10,7f.12; Lk 9,2; 10,5).

Zu dieser von Jesus ausgelösten charismatischen Gemeinschaft gehören von Anfang an Männer und Frauen. Auch wenn die später aus androzentrischer Sicht geschriebenen Evangelien die Erinnerung an die Frauen weitgehend getilgt haben, lassen sich ihre Spuren doch noch verfolgen. Das Bild der ausschließlich männlichen Jüngerschaft geht vor allem auf Lukas zurück; während Mk 10,29 par. Mt 19,25 voraussetzen, daß ein Mensch Haus und Familie verläßt, beschränkt Lk 18,29 die Nachfolge auf den Mann, der seine Ehefrau verläßt. Dementsprechend hat er auch die Nachfolge der galiläischen Frauen beim Kreuz (Lk 23,49) gestrichen und ihren Dienst in Lk 8,2f. auf die materielle Versorgung der Jünger eingeschränkt[15]. Lukas hat damit die Rolle der Frauen dem späteren kirchlichen Frauenbild angepaßt und ihren Platz in der Kirche für Jahrhunderte festgeschrieben. Ein ähnlicher Vorgang findet sich Apg 6,1–7 bei der Aufgabenverteilung der Zwölfer- und Siebener-Gruppen, wo der Dienst an den Tischen gegenüber dem Dienst des Wortes mit einer arroganten Begründung (V. 2) abgewertet wird.

Die Frauen unter dem Kreuz (Mk 15,40f.) und jene in Galiläa (Lk 8,2f.) sind echte Jüngerinnen, die mit Jesus gewandert sind[16], seinen Ruf in die Nachfolge gehört und befolgt haben, und die man sich als Verkünderinnen des Gottesreiches vorstellen darf. Wo die traditionellen Normen, der Unterschied von Besitzenden und Besitzlosen sowie die Bindung an die Familie nicht mehr gelten, vielmehr der Verzicht auf Besitz, Sexualität und die Geborgenheit im Schutz einer Großfamilie zugunsten eines höheren Zieles, der Gleichheit aller im Reich Gottes, gelebt werden, da können Männer und Frauen die gleichen Rollen übernehmen; anders gesagt, die Jesusbewegung ist von außen betrachtet: a-normal, aus der Innensicht: egalitär.

Dennoch gibt es unter diesen Gleichen einige, die in der Erinnerung einen besonderen Platz einnehmen: Simon mit dem Beinamen Petrus, Judas und Maria aus Magdala. Die synoptischen Namenslisten[17] der Männer, die Jesus begleiten, variieren bereits ab dem zweiten Platz; der erste und der letzte Platz sind dagegen immer gleich besetzt: Simon und Judas (Mk 3,16–19; Mt 10,2–4; Lk 6,14–16). Auch bei der Erwähnung einer Dreier- oder Vierergruppe steht Simon an erster Stelle (Mk 1,16–20; 5,37; 9,2; 13,3; 14,3). Die Reihenfolge bei diesen Aufzählungen ist Ausdruck einer Rangfolge, die mit dem Verhalten der Jünger nach Jesu Tod zusammenhängt. Simon, der wie die anderen Jünger gestrauchelt ist und Jesus verleugnet hat (Mk 14,30f.66–72), findet später zum Glauben zurück und spielt bei der Sammlung der Jünger und Jüngerinnen eine herausragende Rolle, die ihn in der Wertschätzung der anderen zum ersten der Jünger und zu Petrus, dem Felsenmann (vgl. 1 Kor 15,5), werden läßt. Judas dagegen findet nicht mehr zur Jüngergemeinschaft zurück und wird in der Sicht der anderen zum Abtrünnigen und Sündenbock; sein Name wird als abschreckendes Beispiel tradiert, an die letzte Stelle gesetzt und mit einem Hinweis auf sein Versagen gekoppelt («der ihn übergeben oder ausgeliefert hat»[18]); die deutsche Übersetzung «Verräter» ist eine weitere negative Wertung seines Tuns.

Parallel zu den Männerlisten gibt es synoptische Frauenlisten:

Mk 15,40: *Maria Magdalena,* Maria des Jakobus und die Mutter des Joses, Salome

Mk 15,47: *Maria Magdalena,* Maria (die) des Joses

Mk 16,1: *Maria Magdalena,* Maria (die) des Jakobus, Salome

Mt 27,56 (par. zu Mk 15,40): *Maria Magdalena,* Maria die Mutter von Jakobus und Josef (!), die Mutter der Zebedäussöhne

Mt 27,61 (par. zu Mk 15,47): *Maria Magdalena,* die andere Maria

Mt 28,1 (par. zu Mk 16,1): *Maria Magdalena,* die andere Maria

Lk 8,2f. *Maria Magdalena,* Johanna die Frau des Chuza, Susanna und viele andere (Frauen)

Lk 24,10 (par. Mk 16,1): *Maria Magdalena,* Johanna, Maria die des Jakobus und die übrigen (Frauen).

Neben Maria Magdalena werden demnach andere Marien genannt, die verschiedenen Männern als Verwandte zugeordnet sind, außerdem Salome, Johanna, Susanna und andere, namenlose Frauen. Bei den Aufzählungen variieren nicht nur die Namen (manche tauchen nur in einer Liste auf, wie Salome, Susanna, die Mutter der Zebedäussöhne), sondern auch die Reihenfolge der Namen. Um so bedeutsamer ist die Tatsache, daß Maria Magdalena in *allen* Listen vorkommt und daß ihr Name jeweils an der *ersten* Stelle steht.

Diese Vorrangstellung kann kein Zufall sein, sondern muß – analog zum Primat des Simon – auf ihre Bedeutung in der Nachfolgegemeinschaft und ihre Funktion beim Zustandekommen des Osterglaubens hinweisen. Maria ist mit der Jerusalemer Tradition von Tod, Begräbnis und Auferweckung Jesu verbunden, während Simon Petrus zuerst in der galiläischen Ostertradition auftaucht (vgl. Mk 16,7), was möglicherweise mit der sogenannten Jüngerflucht zusammenhängt. Aus der Rückschau der frühchristlichen Gemeinden, die solche Listen erstellt und tradiert haben, sind *Kontinuität* (Maria) und *Neuanfang* (Simon Petrus) von Glaube und Gemeinschaft mit diesen beiden Namen verbunden[19].

4. Die apostolische Zeugin

Mit der Jüngerin aus Magdala verbinden die beiden großen Evangeliumstraditionen – die synoptische und die johanneische – die Kontinuität der Jesusbewegung über den Tod Jesu hinweg. Sie ist anwesend bei seinem Sterben, sie hält dem toten Jesus die Treue (was bei einem durch die Besatzungsmacht als Aufrührer Hingerichteten gefährlicher ist, als die Evangelien vermuten lassen!), und sie wird zur ersten Zeugin und Botin des Auferweckten (vgl. die vorjohanneische Ostererzählung).

In Joh 20,1–18 sind mehrere Traditionsschichten verarbeitet, wie sich an Brüchen und Widersprüchen im Text ablesen läßt, vgl. V. 1: Maria ist allein zum Grab gekommen, V. 2 setzt mehrere Personen beim Grab voraus (Wir wissen nicht, wohin ...), V. 13: Maria ist allein beim Grab (Ich weiß nicht, wohin ...), V. 14,16 das zweimalige Umwenden der Maria ergibt keinen Sinn; V. 3–10: Wechsel des Interesses (Petrus und der Lieblingsjünger).

Bei Joh 20,1.11–18 handelt es sich um eine vorjohanneische Erzählung von der Erscheinung Jesu vor Maria, die erst redaktionell mit einer – ebenfalls vorjohanneischen – Petruserzählung verbunden wurde (vgl. Lk 24,12: Petrus geht zum Grab). Die alte Maria-Magdalena-Erzählung ist kein historischer Bericht, sondern eine Offenbarungserzählung, aber sie verwahrt die historische Erinnerung an den Grabbesuch der Maria und/oder die erste Erscheinung Jesu vor einer Jüngerin (vgl. Hubert Ritt, Raymund E. Brown, Eduard Schweizer, Martin Hengel u.a.), wobei unter «Erscheinung» eine den Osterglauben begründende Erfahrung (Vision?) zu verstehen ist. Während der vierte Evangelist die Erscheinungserzählung der Maria akzeptierend übernimmt, korrigiert er die Petruserzählung, indem er die Gestalt des Lieblingsjüngers, der «zuerst» beim Grab ist, einfügt.

In der alten Erzählung geht Maria, von Jesus gesandt, zu den anderen Jüngern und verkündet ihnen: «Ich habe den Herrn gesehen» (Joh 20,18). Diese Nachricht aus der vorjohanneischen Tradition ist in mehrfacher Hinsicht bemerkenswert:

– Maria nennt Jesus nicht mehr Rabbi, Lehrer oder Meister (vgl. V. 16), sondern benützt jetzt den Kyrios-Titel «Herr», den göttlichen Hoheitsnamen, unter dem Jesus fortan angerufen wird.
– Sie spricht die apostolische Formel «Ich habe den Herrn gesehen», die Paulus in 1 Kor 9,1 verwendet, um damit seinen Aposteldienst zu legitimieren, was umgekehrt Fragen nach Marias Stellung aufwirft.

Menschen, die den verstorbenen Jesus als Lebendigen gesehen und ihn so an andere verkündigt haben, nennen wir «Apostel». Zeitlich gesehen, ist Maria die erste, der dieser Titel zusteht. Für uns Heutige ist die Vorstellung eines weiblichen Apostels immer noch ungewohnt, da wir uns die (männlichen) Bischöfe nur als die Nachfolger von männlichen Aposteln vorstellen können; anders das Neue Testament (vgl. Junia, Röm 16,7) oder die alte Tradition der Kirche (vgl. Maria Magdalena als «apostola apostolorum»).

Das Problem rührt wahrscheinlich daher, daß das Neue Testament unterschiedliche Kriterien für einen Apostel kennt und daß sich später die lukanische Vorstellung bei der Ausbildung einer kirchlichen Hierarchie durchgesetzt hat.

Lukas nennt Apg 1,21 f. folgende Merkmale: Bei einem Apostel muß es sich um einen Mann handeln, er muß Zeuge der Auferstehung sein, und er muß in der Zeit zwischen der Johannestaufe und Jesu Aufnahme in den Himmel zur Jüngergruppe um Jesus gehört haben. Aufgrund dieser Vorstellung wird auch dem Paulus der Apostelname vorenthalten. Bei genauerem Hinsehen könnte aber auch keiner der sogenannten zwölf Apostel den Titel beanspruchen, da keiner schon bei der Taufe Jesu durch Johannes zu seinen Jüngern gezählt hat; die Evangelien – auch Lukas – siedeln die Berufung der ersten Jünger durchweg zu einem späteren Zeitpunkt an. Die lukanischen Kriterien sind daher insgesamt unbrauchbar, sprechen jedenfalls nicht gegen Maria.

Paulus – und mit ihm offensichtlich die frühchristlichen Gemeinden – kennen andere Kriterien: Apostel ist, wer Jesus gesehen hat und an ihn glaubt (vgl. 1 Kor 9,1), wer von Gott bzw. Jesus berufen und gesandt ist (vgl. 1 Kor 1,1; 2 Kor 1,1; Gal 1,1; Röm 1,1), das Evangelium zu verkünden (vgl. 2 Kor 10,14; Röm 1,1). Diese Kriterien treffen auf Simon Petrus zu (vgl. 1 Kor 15,5), auf Paulus selbst (vgl. 1 Kor 9,1), aber offenbar auch auf manche andere wie Andronikus und Junia (Röm 16,7); aufgrund dieser Kriterien wäre fraglos auch Maria Magdalena als Apostel zu bezeichnen. Daß ihr diese Bezeichnung genommen wurde, ist ein Schicksal, das sie mit anderen Frauen im Neuen Testament teilt.

Phöbe darf in den Übersetzungen von Röm 16,1f. nicht als das auftauchen, was sie ist: Diakon der Kirche von Kenchreä und deren Vorsteherin; Junia durfte zwar den Aposteltitel behalten, mußte aber zum Mann mutieren, und Isebel, die Prophetin und Lehrerin (Offb 2,20–23), wurde zur Hure – eine Karriere, die Maria Magdalena noch vor sich hat, wie wir später zeigen werden.

Vor dem Hintergrund des ausgehenden ersten Jahrhunderts ist es erstaunlich, daß der vierte Evangelist die Erscheinung vor Maria in sein Evangelium aufnimmt; in diesem Zusammenhang ist auf andere Frauengeschichten zu verweisen, z. B. auf die samaritanische Frau in der Rolle der Verkünderin und Missionarin (Joh 4,28f.39) oder auf Marta von Betanien, die – statt des Petrus (Mt 16,16) – das erste Gottessohnbekenntnis spricht (Joh 11,27). Frauen spielen im vierten Evangelium allgemein eine andere Rolle als in den außerjohanneischen Gemeinden, wo sich bereits die Anfänge eines hierarchisch-institutionellen Gefüges abzeichnen (Mt 23,8–10 warnt vor Titeln und Ämtern in der Kirche), das – aus unterschiedlichen Gründen[20] – für Frauen keinen Platz hat. Auch die abschließende Redaktion des vierten Evangeliums wird auf diese Linie einschwenken und Maria Magdalena bei der Aufzählung von Erscheinungen unterschlagen (vgl. Joh 21,14). Der Evangelist selbst hatte noch keine solchen Berührungsängste: Da er Kirche nicht an Amt und Institution festmacht, kann er die historische Nachricht von der Frau als Erstzeugin der Auferstehung in seinem Evangelium verarbeiten. Die Heilsvermittlung verläuft nicht über die Institution, sondern über die Ebene der personalen Christusbeziehung. Daher werden in diesem Evangelium zwar die Namen einzelner Jünger und Jüngerinnen genannt, aber nicht die Namen der zwölf Apostel.

5. *Die Erstzeugin der Auferstehung*

Im vierten Evangelium ist Maria – zeitlich gesehen – die erste unter den Jüngern und Jüngerinnen, die durch eine Offenbarung zu jenem Glauben geführt wird, an dem auch der Evangelist und seine Gemeinde partizipieren. Mit dieser an Joh 20,1–18 abgelesenen Aussage sind Größe und Relativierung der Maria ausgedrückt: Anders als bei anderen neutestamentlichen Schriftstellern bleibt ihr die Ehre, als erste einer Erscheinung des Auferstandenen gewürdigt zu werden (Protophanie), zugleich aber wird deren Bedeutung für die Gegenwart relativiert. Das «Sehen», das in der Vergangenheit Ausdruck kirchlicher Legitimation war, wird zweitrangig gegenüber dem Kontrastbegriff des «Glaubens», der jeden einzelnen Christen zu jeder Zeit betrifft; das Sehen ist sozusagen eine unterstützende Hilfe, durch die Maria (V. 11–18), die Jünger (V. 19–23) und Thomas (V. 24–28) zum Glauben gelangen. Die wahrhaft Glaubenden aber sind jene, «die nicht sehen und doch glauben» (V. 29). Damit ermöglicht der Evangelist seiner Gemeinde, für die die Ostererscheinungen bereits ferne Vergangenheit sind, das Glauben ohne Schauen; ihr Vorbild ist der sogenannte Lieblingsjünger, der in das Leben Jesu eingezeichnet wird und als Identifikationsgestalt für die johanneische Gemeinde dient: Er sieht (auch ohne Erscheinungen) und glaubt. Seine Einfügung in die älteren Erzählungen von Joh 20 hat für Petrus wie für Maria Konsequenzen: Ihre Bedeutung liegt in der Vergangenheit; jetzt gibt es andere Wege des Glaubens. In der Rückschau ist Maria (nur) jene Jüngerin, mit der alles begann und deren Name für die folgenden Generationen aufbewahrt ist.

Die Relativierung der Erscheinung vor Maria Magdalena, die der vierte Evangelist durch die Verbindung von 20,1.11–18 mit anderen Erzählungen vorgenommen hat, findet ihren Höhepunkt bei der Endredaktion des Werks. In Joh 21,14 wird ihre Erscheinung nicht einmal mehr mitgezählt, worauf bereits David Friedrich Strauss in beiden Versionen seiner «Leben-Jesu»-Darstellung hingewiesen hat[21].

Das Johannesevangelium ist die *einzige* kanonische Schrift, die an die Protophanie und den apostolischen Dienst der Maria erinnert; daß sie ihren Platz mit Petrus tauschen mußte, erklärt sich nach den Worten des Exegeten R. E. Brown «aus der Tatsache, daß Frauen nicht als offizielle Prediger in der Kirche Dienst taten – eine Tatsache, die den Gedanken, daß Jesus einer Frau erschienen war, unwahrscheinlich machte»[22], also: Frauen werden nicht ordiniert, weil es keine weiblichen Apostel gegeben hat; weibliche Apostel darf es nicht gegeben haben, weil man sonst Frauen ordinieren müßte.

Das Johannesevangelium ist zugleich die *letzte* kanonische Schrift, die Maria Magdalena erwähnt. Jetzt beginnt ihre – kirchliche und außerkirchliche – Wirkungsgeschichte. Daß ihr Weg nicht automatisch in «ketzerische» Gemeinden führen muß, zeigt ein kleiner Text aus dem zweiten Jahrhundert, der in manchen Handschriften am Ende der vier Evangelien, in anderen am Ende des Markusevangeliums steht und heute als sogenannter kanonischer Abschluß dieses Evangeliums zum Neuen Testament gerechnet wird (Mk 16,9–20). Es handelt sich um eine selbständige Zusammenfassung verschiedener Erscheinungstraditionen einschließlich der Protophanie vor

Maria Magdalena. Der ausdrückliche Hinweis «Er erschien *zuerst* der Maria ...» (V. 9) führt in den Kommentaren zu der Frage nach der historischen und literarischen Bewertung dieser Notiz, die in Konkurrenz zur Petrustradition (1 Kor 15,5; Lk 24,34) gesehen wird. Die Antwort ist – ähnlich wie bei Joh 20 – auf zwei Ebenen zu suchen: Unter geschichtlichem Aspekt hat sich in diesem Text das alte – teils verschüttete, teils verdrängte – Wissen um die Rolle der Maria (und anderer Frauen?) beim Entstehen des Osterglaubens erhalten; literarisch gesehen wird ihre Bedeutung in dieser Zusammenstellung heruntergespielt[23], da die gesamten Erscheinungen in aufsteigender Linie zu lesen sind (vgl. den Sendungsbefehl an die Elf, V. 15). Löst man die Notiz aus dem jetzigen Zusammenhang heraus, so bleibt die Erkenntnis, daß es noch im zweiten Jahrhundert christliche Gruppierungen gibt, die die Protophanie vor Maria – trotz Kenntnis einer entgegenstehenden Petrustradition – weitertradieren.

Diese, auch am Ausgang der neutestamentlichen Zeit noch bestehende, Erinnerung an Maria Magdalena hat unterschiedliche Reaktionen hervorgerufen:

– Ihre Bedeutung wird *unterstrichen:* Bei den apostolischen Vätern wird sie «isapóstolos» genannt, in gnostischen Schriften gilt sie als Offenbarungsträgerin[24].

– Ihre Bedeutung wird *relativiert:* Die Rolle der Erstzeugin teilt sie mit einer anderen Frau[25].

– Ihre Bedeutung wird *verhöhnt:* Celsus wirft den Christen vor, die Wahrheit ihres Glaubens sei vom Zeugnis eines verrückten Weibes abhängig[26].

Die Hinweise des Neuen Testaments und die späteren Reaktionen zeigen, daß die Christen der frühen Zeit um die Bedeutung der Maria Magdalena wußten, die in ihrer Rolle als Erstzeugin des Auferstandenen und ihrer daraus resultierenden Stellung in der nachösterlichen Jüngergemeinschaft wurzelt[27].

II

DIE ERBIN DES LICHTREICHS – DIE GNOSTISCHE MARIA MAGDALENA

In der Mitte des zweiten Jahrhunderts entsteht der jüngste kanonische Text, der an den Primat der Maria Magdalena erinnert, aber auch vermerkt, daß ihre apostolische Sendung bei den übrigen Jüngern auf Unglauben gestoßen ist; erst Jesus selbst vermag die Jünger zum Glauben zu führen (Mk 16, 9–14). Um die gleiche Zeit entsteht eine Schrift mit ähnlichem Inhalt, aber anderem Resultat, das gnostische *Evangelium nach Maria,* benannt nach der zentralen Gestalt. Der als Fragment erhaltene Text erzählt zunächst von der Niedergeschlagenheit der Jünger nach dem Weggang Jesu und ihrer Ermutigung durch Maria, die den Verkündigungsauftrag Jesu wiederholt:

> «Weinet nicht, seid nicht traurig und auch nicht unentschlossen, denn seine Gnade wird mit euch allen sein und wird euch beschützen. Laßt uns vielmehr seine Größe preisen ...» (EvMar 9)[1].

Gegenüber dem kanonischen Text sind die Rollen von Jesus und Maria vertauscht: nicht Jesus bestätigt die Botschaft der Maria, sondern Maria tritt an die Stelle Jesu, um die Jünger an den gemeinsamen Verkündigungsauftrag zu erinnern. Während sie im kanonischen Text bei den Jüngern keinen Glauben findet, ist sie im gnostischen Text erfolgreich, denn die Jünger machen sich tatsächlich auf den Weg, um ihren Auftrag zu erfüllen (EvMar 19).

Der Vergleich dieser beiden Texte macht deutlich, daß im zweiten Jahrhundert neben der aus der Rückschau als «Kanon (= Norm)» bezeichneten Schriftensammlung ein breiter Traditionsstrom verläuft, in dem Themen und Personen anders dargestellt werden als im Neuen Testament; das gilt besonders für Bedeutung und Funktion der Jüngerin Maria.

Viele dieser «apokryphen» Schriften des zweiten und dritten Jahrhunderts sind in christlich-gnostischen Gemeinschaften entstanden.

Die gnostischen Lehren waren jahrhundertelang nur aus der Sicht kirchlicher Autoren bekannt, z. B. durch Bischof Irenäus von Lyon (um 177–202) oder Tertullian (um 160–220). Erst das Interesse an alten Papyri und ihr Ankauf durch berühmte Museen im 18. und 19. Jh. und vor allem der sensationelle Papyrusfund in Nag-Hammadi (1945/46) förderten gnostische Handschriften zutage, deren Originale ins zweite und dritte Jahrhundert zurückreichen und Lehre und Situation gnostischer Gruppen authentisch darstellen.

Diese Schriften werden aus der Sicht der entstehenden «orthodoxen» Großkirche als häretisch oder ketzerisch bezeichnet; die gleiche Abwertung hat sich in der Bezeichnung «Apokryphe» auch in der Theologie erhalten. Aus der Rückschau sind solche Bezeichnungen verständlich, aber sie stellen für die Zeit ihrer Entstehung einen Anachronismus dar, weil es damals noch längst nicht entschieden war, welche Seite sich schließlich als orthodox oder häretisch erweisen würde. Gerade die Heftigkeit der Ketzerbekämpfung zeigt, wie stark deren Anziehungskraft auch auf großkirchliche Kreise war. Die Gnostiker waren Teil einer umfassenden Bewegung, aus der sich im zweiten und dritten Jahrhundert die orthodoxe Großkirche erst herauskristallisierte. Gnostische Aussagen über Maria Magdalena müssen daher als eine legitime Möglichkeit christlichen Sprechens über diese biblische Gestalt mitbedacht werden.

1. Die Offenbarungsmittlerin

Die Gnostiker verstehen sich – wie viele Häresien nach ihnen – als die wahren Christen. Gegen den Wahrheitsanspruch der Kirche stellen sie den eigenen Anspruch auf apostolische Tradition[2]. Manche greifen dabei auf Personen zurück, die außerhalb des Zwölferkreises stehen, wie z. B. Paulus oder Maria Magdalena; andere behaupten, die Zwölf, auf die sich die Kirche beruft, hätten noch nicht die wahre Erleuchtung (= Gnosis) gehabt; wieder andere greifen zwar die Vorstellung des Zwölferkreises auf, bestimmen ihn aber anders als die Kirche. So sagt Jesus in der *Pistis Sophia*, er habe auf Befehl des ersten Mysteriums zwölf Kräfte aus dem Lichtschatz genommen und in den Schoß von Frauen geführt, aus denen die zwölf Jünger hervorgegangen sind, d. h. die zwölf Jünger gehören nicht dem irdisch-bösen Kosmos an, sondern entstammen der Sphäre des Erlösers (Präexistenz). Nur sie können die Welt retten[3]. Der Kreis dieser zwölf Jünger oder Brüder umfaßt – trotz der männlichen Sprachform – acht männliche und vier weibliche Jünger, darunter Maria Magdalena[4]. Daher gehört sie auch zu jenem Kreis, der nach Jesu Verheißung auf zwölf Thronen sitzen und die zwölf Stämme Israels richten wird (Pistis Sophia Cap. 50, vgl. Mt 19,28; Lk 22,30). Innerhalb dieses Kreises nimmt Maria teils allein, teils mit anderen Personen sogar eine Sonderstellung ein:

«Aber Maria Magdalena und Johannes, der Jungfräuliche, werden überragen alle meine Jünger und alle Menschen, die Mysterien in dem Unaussprechlichen empfangen werden, und sie werden zu meiner Rechten und zu meiner Linken sein, und ich bin sie und sie sind ich, und sie werden mit euch in allen Dingen gleich sein» (Pistis Sophia Cap. 96).

Der folgende Satz ist leicht verderbt und lautet nach Meinung der Herausgeber:

«Nur ihre Throne werden den eurigen überragen und mein Thron wird den ihrigen (nämlich den der Maria und des Johannes) überragen»[5].

Maria Magdalena ist vielfach auch die Sprecherin der Jünger, die sich durch Häufigkeit und Qualität ihrer Fragen, in denen zentrale gnostische Themen zur Sprache kommen, vor den anderen auszeichnet[6].

Diese Sonderstellung wird von den übrigen Jüngern anerkannt, weil Maria im Besitz besonderer Offenbarungen ist, die den anderen Jüngern verborgen sind. So wird sie von Petrus aufgefordert, die Worte des Erlösers zu sagen, die nur sie kennt, nicht aber die übrigen (EvMar 10), worauf sie den Inhalt einer Vision wiedergibt. Nach gnostischem Verständnis sind es gerade die geheimen Offenbarungen, die das Heil vermitteln, und nicht die allen zugänglichen Belehrungen wie in der apostolischen Tradition der Kirche; insofern ist Maria mit ihrem besonderen Wissen das Urbild eines gnostischen Christen. Wenn sie mit «gnosis», mit Erkenntnis und Wissen, begabt ist – sie spricht als «eine Frau, die das All kennt»[7] –, so ist sie nicht durch eigene Anstrengung dazu befähigt, sondern weil der Erlöser selbst sie mit Wissen und Verstehen erfüllt hat (EvMar 18).

Die Bedeutung der Maria zeigt sich vor allem in ihrer Nähe zu Jesus, der sie «mehr liebt» als die anderen Jüngerinnen und Jünger (EvMar 10; EvPhil Spruch 55). Das gegenseitige Verhältnis von Jesus und Maria ist ein «Liebesverhältnis», das aber nur scheinbar eine erotische Bedeutung hat. «Liebe» und «Erkenntnis» sind austauschbare Begriffe, wie die kurze Rede des Levi über Maria zeigt:

«Sicherlich kennt der Erlöser sie ganz genau. Deshalb hat er sie mehr als uns geliebt» (EvMar 18).

Jesus kennt und liebt Maria und erfüllt sie mit Wissen; umgekehrt erkennt Maria Jesus und gibt ihr Wissen an die Jünger weiter. Auf dem Platz zwischen Jesus und den Jüngern ist Maria Magdalena Offenbarungsempfängerin und Offenbarungsmittlerin in einem.

2. *Die Paargenossin des Erlösers*

Das *Evangelium nach Philippus* führt über die Funktionsbeschreibung der Maria als Offenbarungsmittlerin noch hinaus und weist ihr einen Platz im gnostischen Mythos selbst zu: Sie ist die Gefährtin oder Paargenossin des Erlösers, der sie geliebt und oft auf den Mund geküßt hat.

Die Spruchsammlung nennt in Spruch 32 drei Frauen, die immer mit ihm waren: seine Mutter, seine (oder ihre?) Schwester und Maria Magdalena, «die seine Gefährtin genannt wird». Der Ausdruck «Gefährtin», der im folgenden Satz wiederholt wird, bezeichnet die Partnerin (im Geschlechtsverkehr) bzw. die mythische «Paargenossin». Damit ist auf die gnostische Vorstellung von der Syzygie, d. h. der uranfänglichen Einheit, ihrem Zerbrechen (= Sündenfall als Auseinanderfallen in die Geschlechter) und ihre Wiederherstellung angespielt. Für diesen letzten Akt wird jeder Pneumatiker mit seinem Engel ein «Paar», eine Syzygie, bilden. Das himmlische Urbild dieser Vereinigung ist der Mythos vom Brautgemach, die Paargenossenschaft von Christus und der (unteren) Sophia, deren Abbild der irdische Jesus und Maria Magdalena sind. In ihrer Verbindung ist die Einheit symbolisch wiederhergestellt. Gleichzeitig sind sie als Paar das Urbild des gnostischen Brautgemach-Sakraments (das irdische Sakrament des Brautgemachs ist das Abbild des Brautgemachs, das oben ist, Spr. 76) und vollziehen – wie die Gläubigen im Abbild – den Kuß als Symbol der Einheit:

> «Denn die Vollkommenen werden durch einen Kuß schwanger und gebären. Deswegen küssen auch wir uns gegenseitig. Wir empfangen die Schwangerschaft aus der Gnade, die wir untereinander haben» (Spr 31).

In dieser doppelten Abfolge von Urbild und Abbild ist die Rolle der Maria Magdalena besonders hervorgehoben, da ihr Paargenosse nicht wie bei den übrigen Menschen ein Engel, sondern der Erlöser selbst ist, wie ein anderer Spruch sagt:

> «Die Sophia, die die Unfruchtbare genannt wird, ist die Mutter der Engel. Und die Paargenossin Christi ist Maria Magdalena. Der Herr liebte Maria mehr als die Jünger. Und der Herr küßte sie oftmals auf ihren Mund ...» (Spr 55).

Wer – wie Maria Magdalena – den Kuß empfangen hat, ist frei von den tödlichen Mächten des Kosmos, er ist erlöst[8].

Nach anderen Interpretationen wird Maria Magdalena sogar mit der Sophia selbst identifiziert und kann in dieser Rolle zusammen mit dem Erlöser als Teil der himmlischen Lichtwelt verstanden werden[9].

Ausdrücke wie Brautgemach, Kuß oder (Liebes-)Partnerin verweisen trotz der erotischen Konnotation nicht auf ausschweifende Riten, wie man sie den Gnostikern oft unterstellt hat, sondern sie drücken – wie auch sonst in mystischen Texten – spirituelle Dinge in erotischer Sprache aus. Der gleiche mythische Sachverhalt – die Erlösung – kann auch in anderer Terminologie dargestellt werden: Wo die geschlechtliche Differenzierung aufgehoben ist, wo männlich und weiblich belanglos geworden sind, da ist auch die Freiheit von der Materie und vom Kosmos erreicht. Auch auf diesem Hintergrund kommt Maria Magdalena urbildliche Bedeutung zu.

3. *Die pneumatische Maria*

Maria Magdalena hat das Ziel des gnostischen Erkenntnis- und Erlösungsweges vor allen anderen Jüngern erreicht: Sie ist von der (bösen) Materie frei geworden; sie ist Geist und nicht mehr Materie; deshalb wundert sich Jesus über sie, die «ganz reiner Geist geworden» war und preist sie: «Du pneumatische und reine Maria» (Pistis Sophia Cap. 87). Daher ist sie auch nicht mehr im irdischen Kosmos, in der Finsternis gefangen, sondern bereits in die neue Wirklichkeit, in das Reich des Lichtes hinübergegangen; auch dies wird durch ein Wort Jesu belegt, der sich über ihre vorausgegangenen erkenntnisreichen Worte freut: «Vortrefflich, Maria, Du Selige, die das ganze Lichtreich ererben wird» (Pistis Sophia Cap. 61).

Die genannten Gegensatzpaare umschreiben die Spannung im gnostischen Weltbild: reine und kosmische Welt, Geist und Materie, Licht und Finsternis, männlich und weiblich. Maria Magdalena steht jeweils auf seiten der Reinheit, des Geistes, des Lichtes. Damit ist zugleich ein Grund genannt, weshalb sie – obwohl sie eine Frau ist! – eine so hohe Bedeutung in der Gnosis hat: Nicht ihr Geschlecht, das der Materie angehört, ist ausschlaggebend, sondern ihre Geisterfülltheit; denn jeder, «in welchem die Kraft seines Geistes aufwallen wird» (Pistis Sophia Cap. 36), darf reden – ob Mann oder Frau, ob Petrus oder Maria.

Solche Aussagen sind wichtig bei der Überlegung, ob die literarische Rolle der Maria Magdalena auch eine praktische Entsprechung für die Situation der Frauen in gnostischen Gemeinden hat. Denn nicht als Frau, sondern als Pneumatiker wird sie geschätzt. Zwar ist richtig, daß die herausragende Stellung der Maria Magdalena als einer vollkommenen Gnostikerin nicht «ohne Wirkung auf konkrete soziale Verhältnisse» bleiben konnte[10], dennoch ist festzuhalten, daß sie nach gnostischem Verständnis gerade nicht *als Frau*, sondern *als Mensch* zum Vorbild geworden ist. Nach dem *Evangelium nach Maria* haben sogar alle Jünger – ob männlich oder weiblich – ihr Geschlecht überschritten, denn Jesus hat «uns bereitet und zu Menschen gemacht» (EvMar 9).

Marias Vorbildfunktion und deren Auswirkungen auf die Praxis des Gemeindelebens verlaufen nicht über die geschlechtliche (= weibliche), sondern über die pneumatische Schiene. Die Folgen für die weiblichen Gemeindemitglieder sind jedoch auch in diesem Fall positiv. Ungeachtet dessen, ob man hier zwischen religiöser Theorie und sozialer Praxis einen Zusammenhang vermutet[11] oder nicht[12], kann man davon ausgehen, daß die gnostischen Gemeinden gerade für Frauen derart attraktiv waren, daß sogar von einer zahlenmäßigen Überlegenheit gegenüber den Männern gesprochen werden muß[13].

In den gnostischen Gemeinden hat sich offenbar jene urchristliche Provokation erhalten, wonach es «in Christus» nicht mehr männlich und weiblich gibt (Gal 3,28). Wie es – ausgehend von diesem Grundsatz – in den paulinischen Gemeinden ein breites Wirkungsfeld für Frauen gab (vgl. Phöbe, Priska, Junia u. a.), so auch in den gnostischen Gemeinden, die damit «eine engere Verbindung zu den Anfängen des Christlichen als zu den zeitgenössischen Christen der dritten Generation» haben; nicht die Gnostiker sind die Ketzer, sondern hier «wandelten sich die Orthodoxen zu Häretikern»[14]. Entfernt sich die entstehende Großkirche immer mehr von ihren egalitären Ursprüngen und übernimmt bestehende gesellschaftliche Normen für den eigenen Bereich (vgl. die hierarchische Struktur der Gemeinde als Abbild des antiken Haushalts mit der Vorrangstellung des Hausvaters!), so sind die Gnostiker weniger angepaßt und damit für Frauen attraktiver.

Zwei entgegengesetzte Tendenzen scheinen sich dabei gegenseitig zu verstärken: Gegen die lockere Organisation in gnostischen Gemeinden entwickeln sich in der Kirche festgelegte Funktionen, vor allem die einheitsstiftende Position des Bischofs; umgekehrt lehnen die gnostischen Gemeinden eine geistliche Autorität ab, die sich – aus ihrer Sicht – nicht von Gott, sondern vom Demiurgen, dem Schöpfer der bösen Welt, ableitet. Der Bischof, der nach seinem Selbstverständnis an Gottes Stelle steht, ist für den Gnostiker nur der Stellvertreter des Demiurgen und kann von den «eingeweihten» Gläubigen keinen Gehorsam erwarten. Daher suchen gnostische Gemeinden im Widerspruch zu den kirchlichen Strukturen nach anderen Gemeinschaftsformen. So berichtet Irenäus von einer Gruppe, die den biblischen Brauch des Loswerfens (vgl. Apg 1,26) wiederbelebt und die notwendigen Aufgaben des Gemeindelebens jeweils neu durch Loswerfen bestimmt[15]. Wenn die Rollen von Bischof, Priester, Prophet oder einfachem Gläubigen bei jeder Zusammenkunft neu bestimmt werden, so ist durch dieses Verfahren auch ausgeschlossen, daß einzelne Personen ein bestimmtes Amt «auf Dauer» innehaben. Irenäus ist über dieses Verhalten im Umfeld seiner Gemeinde in Lyon ebenso empört wie anderswo Tertullian, der die würdelosen Zusammenkünfte «ohne Autorität, ohne Kirchenzucht» und ohne Unterscheidung der Funktionen kritisiert[16].

Neben der allgemeinen «Unordnung» in den gnostischen Gemeinden sind es vor allem die Stellung der Frauen und die ihnen eingeräumten Möglichkeiten, über die sich die Männer der Kirche empören: «Sie (= die häretischen Weiber) unterstehen sich, zu lehren, zu disputieren, Exorzismen vorzunehmen, Heilungen zu versprechen, vielleicht auch noch zu taufen»[17]. Wo Frauen solche Rechte zugestanden werden, sind klare Worte nötig: «Es ist einer Frau verboten, in der Kirche zu sprechen; auch darf sie nicht unterrichten, taufen, opfern oder sich den Rang eines männlichen Amtes, geschweige denn des priesterlichen Dienstes, anmassen»[18]. Gerade die Aufzählung des Verbotenen zeigt, was für Frauen möglich war: die Lehre, die Sakramentenspendung einschließlich der Darbringung der Eucharistie. Diese Aussagen werden von Irenäus bestätigt (Frauen nehmen den Becher mit gemischtem Wein und sprechen die Danksagung) und durch das Prophezeien ergänzt[19].

Dem Auftreten von Frauen bei den Gnostikern entspricht der Verzicht auf die Anpassung an allgemeine gesellschaftliche Normen, während sich umgekehrt die kirchlichen Gemeinden schon früh den sozialen Gegebenheiten der heidnischen Umwelt anpassen, auf ihren «guten Ruf» bei Außenstehenden bedacht sind und deshalb auf die gleichberechtigte Stellung von Frauen und Sklaven verzichten (2 Tim 6,1; Tit 2,5). Wenn man so im privaten Bereich kritischen Beobachtern «durch ein geordnetes christliches Haus den Wind aus den Segeln nimmt»[20], um wieviel mehr muß dies für die Gemeinde-Öffentlichkeit gelten. Der Druck von außen und das dadurch ausgelöste Zurückdrängen von Frauen in der Kirche war möglicherweise auch «durch die soziale Aufwärtsbewegung des Christentums von der Unter- zur Mittelklasse verursacht»[21]. Während in der

Unterschicht die Arbeitskraft der Frauen gebraucht wird, kommt es in der Mittelschicht zur Trennung von öffentlicher und Privatsphäre: Frauen geraten in die Abhängigkeit des patriarchal organisierten Haushalts, was ebenfalls Konsequenzen für die Gemeinden hatte. Diese Sicht der kirchlichen Entwicklung hat sich inzwischen weitgehend durchgesetzt, strittig ist der Beurteilung des Sachverhalts: ob historisch notwendig oder nicht[22].

Gnostische Gemeinden haben dem sozialen Anpassungsdruck nicht nachgegeben; sie haben sich für ihre Zusammenkünfte die urchristliche Freiheit zum «Chaos» bewahrt und damit auch Freiräume für Frauen erhalten. Hier entspricht die (gemeindliche) Praxis der (theologischen) Theorie: «Mein Herr, mein Verstand ist allezeit verständig, um jedesmal vorzutreten und die Auflösung der Worte ... vorzutragen» (Pistis Sophia Cap. 72), sagt Maria Magdalena und wird von Jesus in dieser aktiven Rolle bestärkt. Wo die Geschlechterpolarität zugunsten des geisterfüllten Verstandes zurücktritt, wie es für Maria Magdalena gilt, können die Gemeinde-Frauen als gleichberechtigte Pneumatiker anerkannt werden.

4. Die Konkurrentin des Petrus

Wenn die kirchlichen Autoren gerade das Auftreten von Frauen als Kennzeichen der häretischen Gruppen betonen, so reagieren gnostische Autoren, indem sie ihrerseits den Gegensatz durch Symbolgestalten personalisieren. In manchen Texten stehen sich daher Petrus und Maria Magdalena als Konkurrenten gegenüber und verkörpern dabei das – aus gnostischer Sicht: unerleuchtete – orthodoxe Christentum und die eigene, höherwertige Position. Im *Evangelium nach Maria* teilt sie den Jüngern die geheimen Worte des Erlösers mit, die ihnen verborgen sind, und berichtet von einer Belehrung, die ihr in einem Gesicht zuteil geworden ist, worauf zuerst Andreas und dann Petrus unwillig reagieren. Petrus fragt die übrigen Jünger: «Sprach er denn mit einem Weibe heimlich vor uns und nicht offen?» (EvMar 17) In dieser Position des Petrus sind zwei Vorwürfe enthalten, die den Gnostikern von ihren kirchlichen Kritikern entgegengehalten werden:

1. Die Kirche bezieht ihre Legitimation aus dem, was Jesus «öffentlich» den Aposteln gesagt hat und was durch deren Nachfolger bis in die Gegenwart zu allen Kirchen gelangt ist, während die Gnostiker auf individuelle Geisterfülltheit Wert legen. Dieser Konflikt zwischen Amt und Individuum hat sich bereits am Ende des ersten Jahrhunderts mit der sogenannten kirch-

lichen Redaktion des vierten Evangeliums angebahnt: Mit der Amtsübergabe an Petrus (Joh 21) wird die vorausgehende Jesusbegegnung der Maria Magdalena als nur individuelles Geschehen abgewertet. Schon hier wird der Konflikt an Petrus und Maria festgemacht.

2. Die kirchlichen Amtsträger stehen in der Nachfolge des Petrus und der übrigen (männlichen) Apostel. Weibliche Ansprüche werden von «Petrus» entschieden zurückgewiesen, während seine empörte Frage «Sollen wir umkehren und alle auf sie hören? Hat er sie uns gegenüber bevorzugt?» (EvMar 17) aus der Sicht des gnostischen Autors und seiner Gemeinde eindeutig zu bejahen ist.

Ähnliche Tendenzen zeigen sich auch in der *Pistis Sophia.* Petrus beschwert sich bei Jesus, daß Maria zu oft redet (was nach dem Verständnis dieser Schrift von ihrer größeren Geisterfülltheit zeugt). Da Maria von da an aus Furcht vor Petrus schweigt, wird sie von Jesus selbst mit folgender Begründung zum Reden aufgefordert: «Ein jeder, der mit dem Lichtgeiste erfüllt sein wird, um vorzutreten und die Auflösung von dem, was ich sage, vorzutragen, – niemand wird ihn hindern können» (Pistis Sophia Cap. 72).

Auch hier stehen hinter Petrus und Maria Magdalena konkurrierende Ansprüche: der kirchliche Amtsträger und der mit dem Lichtgeist erfüllte Gnostiker, oder: der männliche und der weibliche Anspruch. Solche und ähnliche Texte[23] spiegeln die aktuelle Situation des Kampfes zwischen Großkirche und Gnosis, wobei sich die gnostische Gemeinde mit der Symbolgestalt der Maria Magdalena identifiziert. Petrus verkörpert in diesem Zusammenhang die Kirche, aber auch die Masse der «gewöhnlichen» Christen, während Maria Magdalena für die mit Erleuchtung begabte Elite steht.

5. *Der «Mann» Maria*

Die Aussage, daß Maria Magdalena in der gnostischen Literatur nicht als Frau, sondern als pneumatischer Mensch geachtet wird, ist kritisch zu sehen. Die gnostische Anthropologie geht – stark vereinfacht gesagt – von der ursprünglichen mann-weiblichen Einheit (Androgynie) aus. Der Sündenfall besteht im Auseinanderbrechen dieser Einheit, das Ziel des Erlösungsweges wird in der Aufhebung der geschlechtlichen Differenz gesehen. Nach der Darstellung im *Evangelium nach Maria* haben alle Jünger und Jüngerinnen diesen Zustand erreicht, denn Maria sagt von sich und den übrigen Jüngern: «Er hat uns bereitet und zu Menschen gemacht», und Levi fordert die Jünger auf, sie sollten «den vollkommenen Menschen anziehen» (EvMar 9 und 18). Dies gilt jedoch nicht für alle Schriften. Im *Thomas-Evangelium* gibt es gerade im Blick auf Maria Magdalena eine problematische Stelle. Jesus beantwortet den Ausspruch des Petrus, daß Maria und die Frauen des Lebens nicht würdig seien, mit folgender «Verheißung»:

> «Seht, ich werde sie ziehen, um sie männlich zu machen, damit auch sie ein lebendiger Geist wird, vergleichbar mit euch Männern. Denn jede Frau, die sich männlich macht, wird in das Himmelreich gelangen» (EvThom Logion 114).

Im Hintergrund dieses befremdlichen Wortes steht die Vorstellung einer doppelten Polarität: männlich – weiblich, Geist – Materie. Nur wenn die Frauen ihre Weiblichkeit, d.h. ihre (böse) materielle Prägung ablegen, können sie auf die Seite des Geistes gelangen. Obwohl es also in der Gnosis eine praktisch-kultische Gleichstellung der Frauen gibt, ist dieser Status im ideologischen Bereich nicht generell gewährleistet, denn die Zweigeschlechtlichkeit als Übel der irdischen Welt begann mit der (schuldhaften!) Trennung der Frau vom Mann (anders Gen 2,21f.) und geht damit eindeutig zu Lasten der Frau[24]. Während im *Evangelium nach Maria* Frauen und Männer gleichermaßen ihr Geschlecht übersteigen müssen, um zu vollkommenen Menschen zu werden, ist diese Erwartung im *Thomas-Evangelium* nur mit den Frauen verbunden[25]. Maria Magdalena nimmt in diesem Prozeß nur insofern eine Sonderstellung ein, als Jesus selbst sie auf diesem Weg anleitet.

Im Zusammenhang mit dieser Vorstellung vom Männlich-Werden erscheinen auch die Texte zur «pneumatischen Maria» in einem neuen Licht: Ihre Stellung in der Gnosis ist teuer erkauft. Wenn Maria Magdalena in der orthodoxen Kirche *wegen ihrer Weiblichkeit* allmählich absteigt, so geschieht ihr Aufstieg in der Gnosis gerade *um den Preis ihrer Weiblichkeit.* Von daher ist es am Ende fraglich, ob die gnostische Maria Magdalena wirklich als Vorbild für heutige Frauen taugt.

III

MARIA MAGDALENA IN DER GEISTLICHEN SCHRIFTAUSLEGUNG DES MITTELALTERS

Die Schriftauslegung des Mittelalters ist kaum am Litteralsinn eines biblischen Textes interessiert. Das wörtliche Verstehen gilt hier als charakteristisch für die Ungebildeten; der wahrhaft Wissende stößt zum *eigentlichen Sinn* des Geschriebenen vor. Dieser *sensus plenior* ergibt sich durch allegorische Auslegung, typologische Entsprechungen, volkstümliche Etymologien, Vergleiche oder moralische Nutzanwendungen, wobei die Bibelstelle als nachahmenswertes oder abschreckendes Beispiel benutzt wird. Die Vorstellung vom *mehrfachen Schriftsinn,* wie sie in Predigttexten, in liturgischen Liedern oder im Bildprogramm der sogenannten Armenbibeln begegnet, hat das mittelalterliche Bild von Maria Magdalena geprägt und sie in ein reiches Beziehungsgeflecht hineingestellt. Sie ist nicht nur eine Gestalt aus der Zeit Jesu (zu ihrer Vermischung mit anderen neutestamentlichen Frauen vgl. das 4. Kapitel), sondern in Vor- und Nachbildern ein Symbol für die Einheit der (Heils-)Geschichte. Bei Gregor und anderen Kirchenvätern überwiegen die ekklesiologischen Entsprechungen (z. B. Maria und die Braut des Hohenlieds als Bild für die Kirche), während sich später mehr individuelle Vergleiche ergeben (z. B. Maria und die Braut als Bild für die fromme Seele).

Die vielfältigen Bildverflechtungen, die hier nur in einer kleinen Auswahl dargestellt werden, zeigen, daß Maria Magdalena in der exegetischen und homiletischen Literatur nicht eine individuelle Heilige, sondern ein «theologisches Bild» ist, das für sehr unterschiedliche Aussagen herangezogen wird. Ein wichtiger Impulsgeber für diese Funktion ist Gregor der Große, der einerseits in einer reichen exegetischen Tradition steht und anderseits für spätere Prediger und Autoren zum Anreger wird.

Braut und Kirche

Maria, die – im Gegensatz zur Flucht der Jünger – standhaft beim Grab Jesu ausharrt, wird bei Gregor lobend hervorgehoben, aber nicht um ihrer selbst willen: Sie ist bereits vorausgebildet in der Braut des Hohenlieds und ist in einem tieferen Sinn zugleich ein Bild für die Kirche. Wie die Braut in der Nacht umherirrt, um den Geliebten zu suchen (Hl 3,1f.), so bleibt auch Maria in der Nacht beim Grab – nicht als Individuum, sondern als Inbegriff der heiligen Kirche[1].

Das gegensätzliche Verhalten der fliehenden Jünger und der treuen Jüngerin wird auch in der Magdalenenpredigt des Odo rühmend erwähnt; da aber die Linie nicht zur Kirche hin ausgezogen wird, ist der Hinweis auf die nächtliche Suche der Braut (Hl 3,1–4) auch nicht mehr uneingeschränkt positiv: Die Dunkelheit beim Grab ist Symbol für ein Herz, das noch nichts von der Auferstehung weiß; Maria sieht den Stein beim Grab, aber nicht die Sonne der Auferstehung. Dennoch ist auch bei Odo der Kirchenbezug nicht ganz vergessen: Die Verwechslung des Herrn mit dem Gärtner ist zwar ein Zeichen von mangelndem Glauben, dennoch ist die Frau nicht völlig im Irrtum, denn Christus ist ja wirklich der Herr des Gartens, der die Kirche ist[2]. Die hohe Wertschätzung der standhaft suchenden Frau als Inbegriff der Kirche veranlaßt die Prediger auch zu einem Hinweis auf ihr Geschlecht; im Zusammenhang mit dem Berührungsverbot wird ausdrücklich betont, daß es sich dabei nicht um eine Herabsetzung des weiblichen Geschlechts handelt; die gegenteilige Auffassung, der Auferstandene wollte sich nicht von einer Frau berühren lassen, wird mehrfach zurückgewiesen[3].

Im hohen und späten Mittelalter hat sich zwar der ekklesiologische Bezug aufgelöst, aber die typologische Entsprechung von Braut und Maria Magdalena bleibt – vor allem im Bildprogramm der Armenbibeln des 13. bis 15. Jahrhunderts – erhalten. Dem «Bild» der Maria, die Jesus im Grab sucht, wird das «Vorbild» der Frau gegenübergestellt, die «mit frommem Gebet» den Bräutigam sucht; dem «Bild», das Jesus und Maria in der Erkennungsszene zeigt, stehen Braut und Bräutigam gegenüber[4]. Diese Bildzitate werden in der Regel durch Schriftzitate ergänzt, die den intendierten Zusammenhang erklären: dem Suchen und Finden der Braut bzw. der Maria entsprechen die Texte: «Ich habe den gesucht, den meine Seele liebt, ich habe ihn gesucht und nicht gefunden» (Hl 3,1f.) sowie: «Ich habe den gefunden, den meine Seele liebt, ich halte ihn fest und werde ihn nicht loslassen» (Hl 3,4). Die Salzburger Armenbibel gibt dazu noch den erklärenden Hinweis:

> «Die Braut ist Vorbild für Maria Magdalena, die ihren Geliebten, das ist Christus, im Grab suchte.» – «Diese Braut bedeutet Maria Magdalena, die ihren geliebten Bräutigam, das ist Christus, sah und festhalten wollte ...»

Beide jedoch, Braut wie Maria Magdalena, sind ihrerseits «Vorbilder» der Seele, die Jesus, ihren Bräutigam, sucht.

Eine Kirche aus Heiden bzw. Sündern

Maria Magdalena, die als reuige Sünderin weinend zu Füßen des Herrn niedersinkt, ist nach einer verbreiteten Meinung ein Bild der Heiden bzw. der Kirche, die aus getauften Heiden gebildet ist[5]. Gregor greift den Vergleich auf und stellt dem Pharisäer als Bild der falschen Gerechtigkeit des jüdischen Volkes die Sünderin als Bild des bekehrten Heidentums gegenüber: Während der Pharisäer und die Juden sich weigern, den Herrn zu küssen, küßt ihn die Sünderin, die sowohl die Braut des Hohenliedes (Hl 1,1) als auch die bekehrten Heiden vertritt, unaufhörlich[6]. Zugleich deutet sich bei Gregor ein neuer Zusammenhang an: Je mehr die Kindertaufe zum Normalfall und die Bekehrung von Heiden zur Ausnahme wird, desto mehr verändert sich der typologische Bezug: Die bereuende Sünderin steht nicht mehr für die Heiden, sondern für die bußfertigen Sünder in der Kirche.

Bei Odo wird dieser Gedanke bereits als selbstverständlich vorausgesetzt: Die Frau bedeutet die Kirche[7]. Die Reue- und Bußtränen jener Frau erinnern an das Wasser der Taufe, in dem die Sünden abgewaschen werden, und wie sich die Bekehrung damals in der wörtlichen Nachfolge des Herrn vollendet hat, so heute in der Nachahmung des Tuns[8].

Das gleiche typologische Denken findet sich auch in alten Hymnen, in denen Maria Magdalena noch nicht persönlich angesprochen, sondern im Anschluß an Gregor als «Bild» für die Kirche aus bekehrten Heiden (die Sünderin Magdalena bezeichnet die «proselytam ecclesiam») und als «Vorbild» für die Sünder innerhalb der Kirche («Haec sunt convivia / quae tibi placent»[9]), dargestellt wird.

Als überpersönliches Bild kann sie sogar mehrere Größen der Heilsgeschichte verkörpern bzw. ihre Bedeutung verändern. In der Sequenz «Exsurgat totus almiphorus» des Hermann von Reichenau tritt sie als Bild für drei unterschiedliche, kollektive Größen auf: Als Sünderin, Bekehrte und Begnadete verkörpert sie die unerlöste Menschheit (= Babylon), die sich bekehrende alttestamentliche Gemeinde (= Sion) und die endzeitlich erhöhte Kirche (= himmlisches Jerusalem)[10].

Zeugin und Beispiel für die Barmherzigkeit Gottes

Maria Magdalena ist nicht nur Typos der Kirche als einer abstrakten Größe, sondern dient auch den einzelnen Sündern als *Beispiel* für den Wert von Buße und Bekehrung und als *Zeugin* der göttlichen Barmherzigkeit. Auch bei diesem Bedeutungszusammenhang hat Gregor die Weichen gestellt: Die Frau verkörpert uns, die Sünder in der Kirche, wenn wir wie sie von Herzen bereuen und ihre Buße nachahmen, und wir dürfen sie zusammen mit Petrus oder Zachäus und anderen bekehrten Sündern als Beispiel der göttlichen Barmherzigkeit betrachten[11]. Wo immer in Zukunft ein Sünder zu Gott um Erbarmen fleht, kann er sich auf Maria Magdalena berufen.

In einem Gebet aus dem 10. Jahrhundert wird Maria neben dem Schächer, David, Petrus und Lazarus an erster Stelle als Beispiel der Erlösung genannt; Gott, der die weinende Magdalena getröstet hat, möge auch uns, den Betern, seine Barmherzigkeit zuwenden:

> «Lacrimantem consolisti
> Mariam, te deprecantem
> Indulgentiam donasti:
> Misericors et nobis parce,
> Lux et lumen, deus.»[12]

Maria und Marta – das vollkommene christliche Leben

Da Maria aus Magdala mit ihrer Namensschwester aus Betanien gleichgesetzt wird, werden auch die Schwestern Maria und Marta in die typologische Ausdeutung mit einbezogen: Beide Schwestern sind ein Bild der *Kirche;* Marta verkörpert die Kirche, die hier auf Erden Christus empfängt und für ihn arbeitet, Maria steht für die gleiche Kirche, die sich von materieller Arbeit zurückzieht und dem kontemplativen Leben widmet[13]. Zugleich werden die Schwestern als unterschiedliche Vorbilder des *christlichen Lebens* einander gegenübergestellt. Aber während man sie nach Ambrosius nicht isolieren darf, weil sonst das Tun (actio) eitel und das aufmerksame Hinhören (intentio) dürftig und daher nur im Zusammenspiel beider das christliche Leben in vollkommener Weise verkörpert ist[14], hat sich bei Gregor bereits der Vorrang des kontemplativen Lebens durchgesetzt. Im Brief an Gregoria beschreibt er die vorbildliche Nachfolge der Sünderin:

«... sie saß zu Füßen des Herrn und horchte auf seine Worte. In das beschauliche Leben versunken, hatte sie sich bereits über das tätige Leben erhoben, das ihre Schwester noch führte.»

Dieser Vorrang hängt mit den Objekten der Beschäftigung zusammen: Marta befaßt sich mit sichtbaren, zeitlichen, weltlichen Dingen, Maria dagegen mit dem Unsichtbaren, Ewigen, Himmlischen[15].

Die kontemplative Maria ist zunächst nur das Bild jener Kirche, die sich aus dem tätigen Leben in die Vertiefung der göttlichen Mysterien zurückzieht; erst das Interesse der Hagiographen an ihrem persönlichen Leben wird hier ansetzen und das beschauliche Leben der Maria Magdalena in der Einsamkeit schildern[16].

Der Vorrang des kontemplativen vor dem aktiven (und weltlichen!) Leben mag den Idealen vieler Priester und Klosterleute entsprechen; dennoch gibt es kluge Geistliche, die der Verachtung des weltlichen Lebens wehren und den Mönchen nicht automatisch einen Vorzug vor den Weltleuten einräumen[17]; vor allem Hinweise auf Marta und Maria sollen dem geistlichen Hochmut entgegenwirken.

Ein besonders schönes Beispiel dieser Art findet sich im «Väterbuch» unter der Überschrift: «Von Marien und Marthen eyn beyspil» (V. 11 989–20 256). Zum Abt Silvanus und seinen Brüdern kommt ein fremder Gast, der sich verwundert, daß die Brüder so eifrig für ihren Lebensunterhalt arbeiten. Er tadelt sie, denn man soll sich nicht um vergängliche Speise mühen, sondern – nach dem Vorbild der Maria Magdalena – nur um die ewigen Dinge:

«Vil gar daz beste hat irkorn (= erwählt)
Maria Magdalena.
Der soldet ir nu volgen na.»

Der weise Abt schweigt dazu; als aber die Brüder nach der Arbeit zum Essen gerufen werden, wird der Gast «vergessen». Als er sich beschwert, bekommt er zur Antwort: Du bist doch ein Geistlicher, dem man keine irdische Speise anbieten soll; wir aber sind irdische Leute:

«Du hast das beste gar irwelt
Als (= wie) Maria Magdalena,
Der du volgest vaste na:
Stete an den buchen lesen
Unde an dime gebet wesen.»

Du hast Bücher und inständiges Gebet und brauchst keine irdische Nahrung! Der Gast versteht die Lehre und bereut seinen Hochmut; der Vater Silvanus aber belehrt ihn: Maria kann ohne Marta nicht sein, ihre Freiheit für das kontemplative Leben wird erst durch Martas Mühen ermöglicht. Und mancher, der in der Nachfolge der Maria in Ruhe lebt, ist einfach nur faul! Selig ist, wer beiden nachfolgt: «Die minne ist sunder (= ohne) arbeit nicht.»

In besonderer Weise hat die Rolle der Auferstehungsbotin zu typologischen Entsprechungen geführt. Die Frau, die am Anfang zur Urheberin der Schuld («auctor culpae») geworden ist, darf jetzt als erste die Auferstehung sehen; wie sie vor dem Mann den Tod gekostet hat, so auch jetzt als erste das Heilmittel[18]. Durch Maria Magdalena, die den Jüngern das Leben verkündet, wird die Schuld Evas, die dem Manne den Tod gereicht hat, getilgt[19]. Eva und Maria Magdalena stehen sich wie Tod und Leben gegenüber.

Bisweilen werden die beiden Frauen auch nur auf «Hand» oder «Mund» reduziert, die als pars pro toto zu Urhebern von Tod (Eva) und Leben (Maria Magdalena) geworden sind. Vom Mund einer Frau nahm der Tod seinen Ausgang, durch den Mund einer Frau wurde das Leben wiederhergestellt[20]; von derselben Hand, die dem Mann den Tod zu trinken gab, empfängt er jetzt Freude und ewiges Leben[21].

Bei der Betrachtung dieses Geschehens geht es nicht vorrangig um den Ruhm der Freudenbotin, sondern um das Lob Gottes, der die Schande, die seit Eva auf dem weiblichen Geschlecht lag, weggenommen hat:

> «Es ist eine wunderbare Fügung der Güte Gottes, daß durch eine Frau das Leben verkündet wurde, nachdem im Paradiese aus deren Mund der Tod herstammte.»[22]

Weil seit Eva auf dem weiblichen Geschlecht ein Schimpf liegt, so belehrt uns Odo[23], wollte Gott den Männern durch eine Frau die Freude der Auferstehung künden und das weibliche Geschlecht von diesem Schimpf befreien; Maria Magdalena ist für ihn dabei das auserwählte Werkzeug. Etwa zeitgleich zu diesen Äußerungen wird Gott auch in den geistlichen Liedern wegen der Parallelität der beiden Frauen (per stultam mulierem – per bonam mulierem), von denen Tod und Leben für die Welt herrühren, gepriesen[24].

Die genannten Beispiele, die in Maria Magdalena die Botin des Lebens und der Freude sehen, leben von ihrem Gegenpol, der Botin des Todes: Das Bild Evas, die längst zur Urheberin von Sünde und Tod geworden ist, wird in diesen Gegenüberstellungen weiter verfestigt.

Das durchweg negative Bild, das Eva seit den Anfängen des Christentums anhaftet, hat immer auch Konsequenzen für das Frauenbild; in der typologischen Exegese der Patristik und des Mittelalters wird Eva nicht als Individuum, sondern als Verkörperung des weiblichen Geschlechts gesehen, wie sich besonders am Beispiel Tertullians zeigen läßt, der durchaus frauenfeindliche Züge zeigt. Rhetorisch eindrucksvoll fragt er seine «vielgeliebten Schwestern»: «Weißt du nicht, daß du Eva bist?», um ihnen dann zu sagen, daß Gott sich gegen dieses Geschlecht wendet, denn: Du (= die Frau allgemein) bist die Tür des Teufels und hast den Mann, das Bild Gottes, zerstört (de cult. fem. I,1,1.2). Die Frau also ist die Urheberin des Bösen, sowohl in der Welt der Menschen (Gen 3) als auch in der himmlischen Welt der Engel (Gen 6), denn wegen der Schönheit der Frauen ist die Sünde der Begierlichkeit sogar zu den Engeln gelangt (de cult. fem. I,2,1; de virg. vel. VII,6f.). Da die Frauen mit Eva identifiziert werden, haben sie alle, ihr Leben lang, Grund zur Reue.

Solche Aussagen sind bei Tertullian an Eva und das weibliche Geschlecht und nicht – wie bei anderen altchristlichen Autoren – erst an den Geschlechtsverkehr gebunden; denn Eva wie später die schönen Töchter der Menschen waren Mädchen/Jungfrauen und noch nicht durch Männer ‚entehrte' Frauen (vgl. de virg. vel. V,2ff.; VII,6f.)[25].

Nur vereinzelt wird an den neutestamentlichen Gedanken erinnert, wonach Sünde und Tod bei Adam ihren Ursprung haben (vgl. Röm 5,12–16). So bezeichnen Adam und Maria Magdalena im Hymnus «Jesu Christe, auctor vitae»[26] die Wendepunkte der Heilsgeschichte. Adam steht am Beginn der Sündengeschichte, Maria Magdalena am Beginn der durch das Blut Christi erneuerten Heilsgeschichte.

Mirjam/Maria und Maria Magdalena

Neben Eva (und Adam) als negativer Vorausdarstellung der Maria Magdalena gibt es auch eine positive Vorausdarstellung: Mirjam mit der Pauke, die das Danklied angestimmt hat. Sie ist nicht nur Sängerin, sondern auch Prophetin; was von ihr im wörtlichen Sinne gesagt wird, Heil und Rettung des Leibes, das bedeutet geistlich gesehen Heil und Rettung für die Seele im Wasser der Taufe. Jene Maria ist ein Bild der neutestamentlichen Maria, und wie jener als einer Prophetin gedacht wird, so wird diese «apostola apostolorum» genannt; dieser Titel kommt ihr zu, weil sie als erste den Aposteln die Freude der Auferstehung verkündet hat[27]. Der typologische Bezug zwischen Maria und Mirjam liegt hier in ihrem öffentlichen Sprechen; beide Szenen sind von einer freudigen Grundstimmung getragen.

Daneben gibt es eine weitere Entsprechung zwischen den beiden Frauen: Auch die Szene mit der reuigen Sünderin, die sich dem Herrn zu Füßen wirft, ist vorausgebildet durch Mirjam, die sich gegen ihren Bruder Mose versündigt hat, mit Aussatz geschlagen und nach ihrer Reue aufgrund der Fürsprache des Mose geheilt wird (Num 12,1–15)[28]. Die Salzburger Armenbibel meint dazu: «Moses ist nämlich ein Vorbild für Christus, der Maria

Magdalena von allen Unreinheiten ihrer Sünden befreite.» Hier liegt also die Gemeinsamkeit der beiden Frauen in ihrer körperlichen und seelischen Heilung; sie sind damit auch ein Vorbild für die Sünder, denen mit Hinweis auf diese und andere Bibelstellen Trost zugesprochen wird.

Maria Magdalena und ihre männlichen Vorbilder

Die typologischen Bezüge orientieren sich nicht nur am Geschlecht, sondern auch an ähnlichen Situationen. Daher können auch Männer des Ersten Testaments als Vorausbilder für Maria Magdalena genannt werden. Vor allem in den Armenbibeln zeigt sich, wie sich bestimmte Zusammenhänge verfestigen, da die gleichen Vorbilder in verschiedenen Bibeln verwendet werden:

- Die Sünderin wird nicht nur durch die aussätzige Mirjam dargestellt, sondern auch durch den König *David,* der nach der Zurechtweisung durch Nathan seine Sünden bereut (2 Sam 12): «Der reuige David bedeutet nämlich die reuige Maria Magdalena»[29].
- Maria Magdalena inmitten der Frauen am Grab hat ihr Vorbild auch in der Gestalt des *Ruben,* der den leeren Brunnen entdeckt, nachdem die Brüder den jungen Josef verkauft haben (Gen 37): «Dieser Ruben bedeutet Maria Magdalena, die mit großer Bestürzung Christus am Grabe suchte»[30].
- Maria Magdalena am Ostermorgen ist die Braut, die sich über den Bräutigam freut; sie ist aber auch dargestellt im *König* aus dem Danielbuch, der Daniel in die Löwengrube geworfen hat und sich freut, als er ihn lebend wiederfindet (Dan 6: König Darius, Dan 12: Kyros). Die Freude über den Lebenden verbindet Maria und den König: «Dieser König ist ein Vorbild für Maria Magdalena …»[31]

Maria und Maria

Die Namensgleichheit der beiden Frauen, die am Beginn und am Ende von Jesu irdischem Leben eine Rolle spielen, beschäftigt viele Autoren und führt auch zu allgemeinen Betrachtungen über das weibliche Geschlecht. Solche Gedanken sind in der *Legenda aurea* schlüssig zusammengefaßt:

> «Und wie des Weibes Geschlecht nicht ausgeschlossen ist von der Erkenntnis des Mysteriums der Fleischwerdung und der Auferstehung,

> also auch nicht der himmlische Bote, der Engel: Beides tat Gott durch Engel Frauen kund: seine Menschwerdung der Jungfrau Maria, seine Auferstehung der Maria Magdalena.»[32]

Gerade der Vergleich der beiden Marien fördert die Betonung der apostolischen Bedeutung der Maria Magdalena. Ist jene die Fürstin der Heiligen, so diese die apostola[33]. Petrus Abaelard hat offensichtlich als erster den Titel Apostola Apostolorum für Maria Magdalena gebraucht (s. Anm. 27) und damit ältere Aussagen zu ihrer apostolischen Zeugenschaft zu einer prägnanten Kurzformel zusammengefaßt; aber schon bei Odo von Cluny sind alle Voraussetzungen für den Titel vorhanden[34], denn er hat in Maria Magdalena nicht nur die Botin (nuntia), sondern auch die Gefährtin der Apostel (apostolorum consors) gesehen[35]. Ihr Name «Maria» wird daher zu Recht als «stella maris» (= Meerstern) gedeutet, denn wie die Jungfrau Maria der Welt die Sonne der Gerechtigkeit gebracht hat, so Maria Magdalena als erste den Glanz der Auferstehung. Am Ende seiner Predigt steigert Odo das bisher Gesagte und legt Maria Magdalena den Titel eines Apostels bei: Wie die Jünger Apostel genannt werden, weil sie der Welt das Evangelium gepredigt haben, so wird die selige Maria Magdalena vom selben Herrn zum Amt der Apostel ausersehen[36].

Die Prediger des Mittelalters werden nicht müde, diese erstaunliche Tatsache zu bedenken: Der Auferstandene hat sich zuerst nicht seiner Mutter, nicht den Aposteln, sondern der Sünderin gezeigt und sie zum Apostel gemacht[37]. Diese apostolische Rolle bleibt allerdings ohne Konsequenzen für das Bild der Maria Magdalena. Zwar ist sie Lehrerin und Apostola der Apostel, aber ihr Apostolat erschöpft sich – anders als bei den männlichen Aposteln – in der Ausführung ihres Auftrags. Sie ist Apostola am Ostermorgen, letztere durch die Kirchengeschichte hindurch. Ähnliches gilt für den Vergleich Maria / Maria: Die Würdetitel der Mutter Jesu verselbständigen sich (Jungfrau, Gottesmutter, Himmelskönigin), der Titel «Apostola» bleibt dagegen folgenlos. Selbst bei den Hagiographen, die Maria Magdalena als wortgewandte Predigerin zeigen, bleibt sie den «Bischöfen» Lazarus und Maximin untergeordnet.

Da in der mittelalterlichen Schriftauslegung kein Wort und kein Satz der Bibel nur das bedeutet, was dem Wortlaut nach im Text steht, sondern von weiteren Bedeutungen überlagert wird, können auch scheinbar nebensächliche Bemerkungen und Szenenabläufe auf tiefere Gedanken hinweisen. Die Freude an der Entdeckung solcher Zusammenhänge ist so groß, daß derselbe Bibelvers zum Träger mehrerer, auch unterschiedlicher Auslegungen werden kann. So führt die allegorische Auslegung der Grabes- und Salbungsgeschichten – neben anderen Bedeutungen – vor allem zu Aussagen über die fortschreitende Erkenntnis der Inkarnation; Maria Magdalena «lernt» dabei, das Geheimnis von Gottheit und Menschheit in Jesus zu verstehen:

– In Joh 20,12 wird der genaue Ort der beiden Engel im Grab Jesu angegeben: Der eine sitzt dort, wo das Haupt, der andere dort, wo die Füße gelegen haben. Diese Angaben sind in der allegorischen Exegese Gregors ein Hinweis auf die Zwei-Naturen-Lehre: Der Engel zu Häupten bedeutet die Gottheit (nach Joh 1,1: das Wort war Gott), der zu Füßen bedeutet die Menschheit (nach Joh 1,14: das Wort ist Fleisch geworden). Diese Auslegung wird fast wortgleich von vielen Autoren übernommen, doch schließt das andere Bedeutungen nicht aus: Die Engel stellen auch die beiden Testamente dar, die gemeinsam die Auferstehung verkünden.[38]

– Da Maria Magdalena schon früher eine besondere Beziehung zu den Füßen und dem Haupt Jesu hatte, ist sie – ausgehend von den drei Salbungen[39] – in besonderer Weise ein Bild für die fortschreitende Erkenntnis vom wahren Wesen Christi: Die Salbungen schreiten fort von den Füßen (= Salbung durch die Sünderin) zum Haupt (= Salbung vor der Passion) und schließlich zum ganzen Körper (= Salbung nach der Kreuzigung bzw. an Ostern). Im geistlichen Verständnis dieser Texte ist Maria ein Bild für den Weg, den jedes Verstehen zurücklegen muß.

Auch hier sind weitere Bedeutungen möglich: die Salbung durch Maria Magdalena ist vorgebildet in der Braut, die für den König kostbaren Duft verströmt (Hl 1,12) und weist zugleich auf die Kirche voraus, deren Duft aus Glaube und Frömmigkeit besteht; aber wie Judas das Werk der Frau kritisiert, so ergeht es auch der Kirche: doch die Werke, die den Gegnern ärgerlich sind, sind Gott angenehm.[40]

Am Ende dieser kleinen Auswahl geistlicher Bezüge drängen sich einige Beobachtungen auf:

1. Die mittelalterliche Exegese verbindet mit Maria Magdalena *andere und vielfältigere Assoziationen,* als wir es durch die spätere Engführung auf die bekehrte Dirne gewohnt sind.

2. Maria Magdalena wird von vielen Autoren als (Kollektiv-)*Symbol* und noch nicht als festumrissene *Person* gesehen; das Bild der individuellen Heiligen ist erst im Entstehen begriffen.

3. Die so beschriebene Einheitsgestalt der Maria Magdalena ist im strengen Sinne keine *biblische,* wohl aber eine *christliche* Gestalt, die einen ungeahnten spirituellen Reichtum in sich verkörpert, den es zu bewahren gilt.

Dreiergruppe der Myrophoren, Perikopenbuch Heinrich II.,
Blatt 116 vs (11. Jh.),
Bayerische Staatsbibliothek, München.

„Maria von Magdala und der Auferstandene",
Billerbecker Altar (um 1640),
Westfälisches Landesmuseum, Münster.

IV

DIE HEILIGE MARIA MAGDALENA – DAS MITTELALTER

Eine Nachricht aus der Heimat der Maria Magdalena kann den Blick schärfen für die Entwicklung, die ihr Bild im Mittelalter durchlaufen hat: Weit über das erste Jahrtausend hinaus berichten Pilger, die berühmte Orte im Heiligen Land besucht haben, von Magdala als dem Heimatort der Jüngerin Maria, von Betanien als dem Wohnort der anderen Maria und sogar von Tiberias, wo die unbekannte Sünderin beim Gastmahl erschienen ist, ohne je eine Verbindung zwischen diesen Frauen herzustellen. Dagegen wird am Ausgang des Mittelalters in Betanien die Stelle gezeigt, wo Maria Magdalena Buße getan hat:

> «In dieser Kapelle ist eine Höhle im Stein ausgehauen, und das ist das Gefängnis der heiligen Maria Magdalena, wo sie nach der Himmelfahrt des Herrn sieben Jahre völlig eingeschlossen blieb, während ihre Schwester Martha ihr Brot und Wasser durch das Fenster reichte. Dort ist Ablaß von sieben Jahren, aber ein vollkommener Ablaß am Grab des Lazarus.»[1]

Maria Magdalena ist hier die Schwester von Marta und Lazarus, und sie gilt als Sünderin, die der Buße bedarf. – Wie kommt es zu dieser «Mischgestalt»? Wir wollen im folgenden keine exegetische (oder feministische) Kritik an der mittelalterlichen Einheitsgestalt der Maria Magdalena üben, sondern ihre Entstehung nachzeichnen und diese Entwicklung aus ihren Beweggründen heraus zu verstehen suchen[2].

1. Von der biblischen Maria zur kirchlichen Magdalena

In der alten Kirche gehört Maria aus Magdala zur Gruppe der «Myrophoren», d.h. der Salbenträgerinnen, die am Ostermorgen zum Grab des Herrn gehen. Mit diesem Hinweis ist sowohl eine positive als auch eine negative Aussage verbunden: Maria ist Teil der Heilsgeschichte und insofern verehrenswert, aber sie ist keine Heilige mit einer persönlichen Biographie.

Da die Verehrung von Heiligen in der Regel als Lokalkult (Ort des Martyriums, des Todes, des Grabes, der Reliquien) beginnt, war ein eigener Kult der Maria aus Magdala zunächst nicht zu erwarten. Doch zeigte man bereits im 6. Jahrhundert ihr Grab in Ephesus, während ihre Verehrung im Westen spätestens durch die Erwähnung ihres Festes (22. Juli) im Martyrologium des Hl. Beda (um 720) belegt ist[3]. Die gemeinsame Verehrung der Maria aus Magdala im Osten wie im Westen kann aber nicht verdecken, daß es sich um unterschiedliche Frauen handelt: in der Ostkirche wird bis heute die Myrophore verehrt, während in der Westkirche schon früh Fragen nach der Identität dieser biblischen Gestalt aufgetaucht sind.

In der lateinischen Patristik wird Maria – ausgelöst durch die Namensgleichheit – mit Maria von Betanien, die Jesus gesalbt hat (Joh 12), und schließlich mit anderen salbenden Frauen, vor allem der Sünderin (Lk 7), identifiziert. Neben dieser Entwicklung, die zur Vermischung unterschiedlicher Frauen führt, gibt es auch die gegenläufige Tendenz, die salbende Frau der Passionsgeschichte (Mk 14) von der salbenden Sünderin zu trennen. Ambrosius folgert aus der Beobachtung, daß die eine Frau das Haupt, die andere die Füße Jesu salbt, daß sie nicht identisch sein können[4]. Er geht sogar noch einen Schritt weiter und spaltet auch die authentische Maria in zwei Frauen auf[5]: eine, die am Grab einer Vision von Engeln gewürdigt wird und den Aposteln die Botschaft von der Auferstehung bringt, und eine, die buchstäblich nichts sieht und diese negative Botschaft weitersagt; eine, die zusammen mit den anderen Frauen gläubig vor Jesus niederfällt, und eine, die ihn zwar sieht, aber nicht erkennt und die ihn nicht berühren darf. Auch hier ergibt sich die Schlußfolgerung: Es muß sich um zwei Marien aus Magdala handeln[6].

Erst mit Papst Gregor d.Gr. setzt sich die Einheitsgestalt im Westen durch: Maria Magdalena ist die stadtbekannte Sünderin, die später zu Füßen des Herrn sitzt und auf seine Worte hört; die am Grab ausharrt, als die Jünger längst geflohen sind; die ihn weinend beim Grab sucht und den Jüngern die Botschaft von der Auferstehung überbringen darf; schließlich jene Frau, die unter sieben Dämonen gelitten hat[7]. Gregor ist zwar nicht der Erfinder dieser Zusammenstellung, aber er bündelt vorhandene Ansätze und schafft dadurch eine einheitliche Gestalt, die sich kraft seiner Autorität in der westlichen Kirche durchsetzt; er argumentiert dabei nicht als Exeget, der eine wissenschaftliche Theorie verteidigt, sondern greift von Fall zu Fall situationsbezogene Aussagen heraus, was seiner Argumentation eine starke

Überzeugungskraft verleiht, denn je nach Anlaß werden einzelne Wesenszüge dieser «neuen» Maria Magdalena benannt: die Bekehrte, die Liebende, die Osterbotin. Solche Anlässe sind öffentlich vorgetragene Homilien, die sich an bestimmten Evangelienperikopen orientieren (Lk 7, Joh 20) oder ein sehr persönlich gehaltener Brief an Gregoria, eine kaiserliche Kammerfrau, die sich um Sündenvergebung und Heilsgewißheit Gedanken macht. Gerade die Antwort an Gregoria zeigt, daß Gregor nicht als systematischer, sondern als reagierender Theologie vorgeht. Als Antwort auf die Skrupel der Frau wird Maria Magdalena zum Beispiel für die Macht der sündenvergebenden göttlichen Gnade: «Ein Weib, das in den Strudel der Sünde gestürzt war, wird durch die Gnade auf den Schwingen der Liebe in die Höhe getragen!» Die Bitte der Gregoria, ihr kraft einer Offenbarung zu bestätigen, daß ihre Sünden wirklich getilgt sind, wird allerdings abgelehnt: «... weil Du wegen Deiner Sünden nicht sicher sein darfst» – Sicherheit würde nur zu Fahrlässigkeit führen. «Es muß also Eure Seele während dieses Lebens kurze Zeit in Ängsten sein, damit nachher der jubelnden Sicherheit kein Ende sei»[8]. Das Vorbild der Maria Magdalena gibt den Sündern Hoffnung auf Vergebung, darf aber nicht zu einem Heilsautomatismus führen; vor dem Todestag gibt es keine Heilsgewißheit. Der Papst hat mit diesen Ausführungen, die sich zwischen Trost und Furcht bewegen, ein Thema berührt, das die Menschen für Jahrhunderte nicht mehr losläßt: die Frage nach Vergebung und Heilsgewißheit ist bis hin zu Martin Luther ein existentielles Problem des mittelalterlichen Menschen; zugleich wird hier ansatzweise deutlich, woher das Bild der *Sünderin* Magdalena seine Kraft bezieht: nicht weil mit diesem Bild eine bestimmte Frau abgewertet, sondern die Sorge *aller* um ihr Seelenheil entlastet wird. Im Brief an Gregoria wird zwar die Sünderin deutlicher als in den Homilien beschrieben als

> «ein Weib, das eine große Sünderin in der Stadt gewesen, sündenbefleckte Hände berührten die Füße dessen, der über den Engelchören zur Rechten des Vaters sitzt ... ein Weib, das in den Strudel der Sünde gestürzt war ...»

dennoch geht es auch hier nicht um die Frau als solche, sondern um ihre Funktion als Vorbild und Beispiel:

> «... und ich vertraue zu seiner Barmherzigkeit, daß aus dem Mund der ewigen Wahrheit das gleiche Urteil über Euch gesprochen werde wie einst über eine heilige Frau»[9].

Der Akzent liegt nicht auf der sündigen Vergangenheit, sondern auf der heilvollen Gegenwart: Jene Frau ist ein Bild der Kirche, die auf die gleiche göttliche Barmherzigkeit vertraut, die auch die Sünderin auf den Weg des Heils gewiesen hat.

Gregor hat kein Interesse an Maria Magdalena als Person (insofern ist er nur indirekt der Urheber ihrer Biographie und des späteren negativen Magdalenen-Bildes!), sondern an ihrer Bedeutung als Bindeglied zwischen biblischem Vorbild und kirchlicher Wirklichkeit. Dennoch schuf er mit dieser «Kunstfigur» eine christliche Gestalt, die allmählich eine eigene Anziehungskraft entwickelte.

2. *Die Entstehung einer «Biographie» der Maria Magdalena*

Etwa ab dem 11. Jahrhundert wuchs das Interesse an der individuellen Gestalt der Heiligen, und sie erhielt eine «Biographie», deren Elemente bei Gregor ansatzweise vorhanden waren. Durch die Verbindung mit anderen Frauen hatte sie Geschwister (Marta, Lazarus) sowie einen Herkunfts- und Wohnort (Magdala, Betanien); sie war eine stadtbekannte Sünderin, eine Dirne, die sich unter Tränen bekehrte, die dem Herrn nachfolgte, sich aber auch ins Haus zum meditativen Hören zurückzog, die schließlich mit anderen Frauen zum Grab kam und als Botin der Freude den Jüngern die Auferstehung verkündete. Diese, ursprünglich mit verschiedenen Frauen verbundenen Ereignisse werden in eine fortlaufende Abfolge gebracht und bilden so die Vorstufe zur Biographie der Maria Magdalena.

Während für die alte Kirche der Märtyrer der Prototyp des Heiligen war, tritt im frühen Mittelalter der «Adelsheilige» an seine Stelle. Der Hinweis auf adlige Herkunft wird zum Topos der Heiligenviten, höchstens noch ergänzt durch den Hinweis, daß der fromme Lebenswandel wichtiger sei als der vornehme familiäre Hintergrund. So heißt es in der Vita eines merowingischen Bischofs:

> «Recht hochgestellt und adlig war er schon durch seine Eltern und an weltlichen Gütern überreich gesegnet, doch stellte sich später heraus, daß er im Glauben an Christus noch um vieles edler und erhabener war.»[10]

Dieses Ideal des vornehmen und reichen Adelsheiligen bleibt bis zum Aufkommen der «Stadtheiligen» bzw. der Heiligen aus den Bettelorden bestimmend. Ein Heiliger braucht einen familiären Hintergrund, denn jeder Mensch ist – dem Denken der Zeit entsprechend – nicht nur eine Einzelpersönlichkeit, sondern Teil seiner Familie. So wird bei Odo von Cluny (10. Jahrhundert) erstmals auf die vornehme Herkunft der Maria Magdalena hingewiesen und die Kenntnis ihres Namens damit erklärt, daß üblicherweise die Namen bei reichen und vornehmen Leuten eher überliefert werden als bei den Armen[11]. Indem Odo Maria Magdalena eine vornehme Herkunft gibt, vollzieht er den entscheidenden Schritt in der Entwicklung ihrer Biographie. Maria ist nicht mehr «Bild» für andere Größen, sondern eine individuelle Person; das zeigt sich auch an der literarischen Art seines Textes: Es handelt sich nicht mehr – wie bei den Kirchenvätern – um eine Homilie zu einem bestimmten Evangelientext, sondern um eine Predigt zu ihrer Verehrung.

Odos Predigt wirkt richtungweisend für die weitere Ausgestaltung der Magdalenen-Legende: Verschiedene Handschriften tragen die Namen der Eltern – Syrus und Eucharia – ein sowie die genaue Lage des Familienbesitzes – in Jersualem, Betanien und Magdala[12]. Andere Prediger wissen Genaueres über ihre Sünde: Nach Honorius war sie in Magdalum verheiratet, beging Ehebruch, floh nach Jerusalem und wurde eine öffentliche Sünderin («vulgaris meretrix»)[13]. Solche Bezeichnungen gehören von jetzt an zum festen Bestand ihrer Biographie:

> «Diu selbe vil liebe frouwe diu was nach der werlt ein edil wip unde heten si ir friunt zelicher hirat gegeben, da liez aver sie den ir echarl (= Ehemann) unde wart ain offeniu sundaerinne.»[14]

Der Ausgestaltung des Sündenlebens korrespondiert das Interesse am Bußleben in der Wüste: Während Honorius nur davon spricht, daß sie sich aus Liebe zu Jesus in die Einsamkeit zurückgezogen hat[15], wird dieses beschauliche Leben unter dem Einfluß anderer Heiligenviten (Maria Aegyptiaca, vgl. Abb. S. 9, Pelagia usw.) zu einem Buß- und Wüstenleben umgewandelt. Das Bild der büßenden Magdalena in der Wüste ist also eine relativ junge Erscheinung! (Die Anfänge weisen nach Italien, 9./10. Jhd., und verbreiten sich rasch in Deutschland und England). Zu seiner Ausgestaltung dürften verschiedene Faktoren beigetragen haben:
- eine allgemeine Eremiten- und Bußbewegung,
- die Integration von Forderungen nach radikaler Askese, wie sie in verschiedenen Ketzerbewegungen laut wurde, vgl. den «Aufstieg» der Maria Magdalena bei Franziskanern (strenge Bußgesinnung) und Dominikanern (Bekämpfung der Katharer),

– der Standort der Hagiographen, die sich von der Welt ab- und dem Klosterleben zugewandt haben,

– schließlich – seit dem Entstehen der französischen Maria-Magdalena-Legende – auch die Wallfahrt nach Sainte-Baume, wo das Gedächtnis ihres Eremitenlebens gefördert und sogar die Höhle ihrer Buße gezeigt wurde[16].

Die letzte, entscheidende Ergänzung der Magdalenen-Legende stammt aus Frankreich (Burgund, Provence) und hängt mit dem Streit um ihre Reliquien bzw. der wunderbaren «Auffindung» ihrer Gebeine in Vézelay (1265) und Saint-Maximin (1279) zusammen.

Die Abtei Vézelay in Burgund war ein berühmter Pilgerort; die Wallfahrer nach Santiago de Compostela machten Station, Kreuzzüge nahmen von dort ihren Ausgang, und im 11. und 12. Jahrhundert wurde der Ort selbst zum Ziel einer Wallfahrt, wo die Reliquien der Maria Magdalena verehrt wurden. Der (zunächst nur behauptete!) Besitz dieser Reliquien wird mit der Legende von der Meerfahrt und glücklichen Landung in Marseille, dem Leben in der Einöde, dem Grab in der Provence (nach manchen Quellen in Aix, nach anderen in St-Maximin) und dem Reliquienraub im Jahre 745 (bzw. am 19.3.749) durch die Mönche von Vézelay erklärt. In einer Phase des Niedergangs der Abtei werden die heiligen Gebeine publikumswirksam «gefunden» und 1267 in Anwesenheit des Königs feierlich verehrt.

Als Reaktion auf diese Vorgänge verbreitet man in der Provence, die frommen Reliquienräuber hätten den falschen Leichnam im falschen Sarg mitgenommen; die Heilige sei 35 Jahre zuvor umgebettet worden und ihr Grab unverletzt. Zum Erweis der Richtigkeit dieser Behauptung werden im Jahre 1279 die heiligen Gebeine «entdeckt» und 1280 den Gläubigen zur Verehrung gezeigt. Von da an kommen die Pilger nicht mehr nach Burgund, sondern in die Provence, wo man die Orte des Wirkens und der Buße der Heiligen sowie ihr Grab sehen kann, während der religiöse (und wirtschaftliche!) Niedergang von Vézelay besiegelt ist[17].

Als Maria Magdalena schließlich noch Züge der hl. Agnes übernimmt und – wie einst jene – durch göttliche Gnade am ganzen Körper behaart wird, um so ihre Nacktheit zu bedecken, ist jene Ikone geboren, die vor allem im späten Mittelalter verehrt wird: die behaarte oder von ihrem Haar umhüllte Frau, die – von Engeln getragen – zwischen Himmel und Erde schwebt (vgl. Tilman Riemenschneider, die Innenansicht des Tiefenbronner Altars, Blätter von Albrecht Dürer oder Hans Baldung Grien).

Die unterschiedlichen Elemente der Legenden um Maria Magdalena werden in der Legendensammlung des Jacobus de Voragine – der berühmten *Legenda aurea* (13. Jh.)[18] – zusammengefaßt und gehören in ganz Europa zum selbstverständlichen Wissen der Gläubigen. Maria Magdalena ist nun zu einer «echten» Heiligen geworden, deren Leben und Wirken man betrachtet, die an ihrem Grab und durch ihre Reliquien den Verehrern nahe ist und von der schließlich auch Wunder erzählt werden (Hilfe in Kindsnöten, Blindenheilungen, Gefangenenbefreiung, Beistand im Tod).

Lateinische wie volkssprachliche Dichtungen gehen ebenso von dieser allgemein verbindlich gewordenen Vita aus wie die großen Bildzyklen, die sich vor allem im süddeutschen Raum finden, z. B. in Tiefenbronn und Freising (15. Jahrhundert) oder in Donaueschingen/Rottweil (16. Jahrhundert).

3. *Die heilige Maria Magdalena in geistlichen Dichtungen*

Im deutschen Sprachraum hat die Legende von Maria Magdalena neben der lateinischen *Legenda aurea* und ihren Übersetzungen auch in geistlichen Dichtungen (Reimpredigten, Legendensammlungen) des 12. und 13. Jahrhunderts ihren Niederschlag gefunden. Es handelt sich v.a. um folgende Werke:

- Des armen Hartmann Rede vom Glauben (12. Jh.)[19];
- Das Leben Jesu von Frau Ava (12. Jh.)[20];
- das «Väterbuch» sowie das «Passional» vom selben Autor (um 1300)[21];
- Der Saelden Hort (um 1300)[22].

Aus dieser Zeit dürfte auch die Hrabanus Maurus zugeschriebene lateinische Vita stammen[23]. In diesen Texten kommt die «kanonische» Form der Legende zur Sprache; nur vereinzelt werden besondere Akzente gesetzt.

Zum festen Bestand der *Vorgeschichte* gehören die Namen der Eltern, die Herkunft aus einer vornehmen Familie mit Grundbesitz, Hinweise auf Schönheit, Reichtum und sprühenden Geist, die die junge Maria schließlich zu Fall bringen. Bisweilen wird ihr Sündenleben mit dem Zorn über die durch Jesus vereitelte Hochzeit mit dem Evangelisten Johannes motiviert: Lazarus hat seine reiche Schwester mit dem armen, aber aus königlichem Geschlecht stammenden Johannes verlobt. Da der Bräutigam während des Hochzeitsmahls von Jesus berufen wird und die Braut verläßt, ist deren gesellschaftliche Stellung tangiert. Sie reagiert nicht aus gekränkter Liebe, sondern aus verletzter Ehre. Dem ritterlichen Ehrenkodex entsprechend muß die Beleidigung gerächt werden: Es sind schon Leute um geringerer Anlässe willen erschlagen worden[24].

Maria beginnt ein Sündenleben, weshalb sie ihren richtigen Namen verliert und nur als die «Sünderin» bekannt ist[25]. Die Art der Sünde wird meistens diskret verschwiegen, manchmal auch deutlich benannt (die Keuschheit des Leibes wurde vernichtet). Der Verfasser des *Saelden Hort* setzt einen anderen Akzent: da er bereits bei der Versuchung Jesu gesagt hat, die Unkeuschheit sei eine derart verfluchte Sünde, daß Jesus von ihr nicht versucht werden wollte, hat er die Weichen für Maria Magdalena anders gestellt: Sie war zwar wild und ungestüm, aber sie hat nichts Unflätiges (= Unkeusches) getan[26]. Das weltlich-ritterliche Leben allein ist Grund für die spätere Bekehrung.

Zur Nacherzählung der *biblischen Texte* gehören die Bekehrung, ihr Anteil an Passion und Ostern, die erste Erscheinung Jesu und der Auftrag an die Jünger.

An diesem Punkt wird deutlich, wie die Wahrnehmungsfähigkeit männlicher Wissenschaftler blockiert sein kann. Der Verfasser des *Passional* überschreibt sein zweites Buch «der apostelen buoch» bzw. «der boten buoch» und nennt unter den «Boten», über die er schreiben will, Apostel, Engel (angelus = Bote), Johannes den Täufer (= Vorläufer, Vorbote) und Maria Magdalena, die von Gott «als Bote» zu den Aposteln gesandt wurde. Während diese Botenrolle für den Dichter – wie für heutige Bibelleser – zum authentischen Bild der Maria Magdalena gehört, erklärte einer der frühesten wissenschaftlichen Bearbeiter des Passional (ausgehend vom Magdalenenbild des 19. Jahrhunderts) die Motive für die Aufnahme der einzigen weiblichen Heiligen ins Botenbuch als «wirklich recht mit den Haaren herbeigezogen»[27]. Die androzentrische Sicht verhindert die Wahrnehmung der Botenfunktion als Gemeinsamkeit aller genannten Personen einschließlich Maria Magdalenas.

Ein fester Topos ist auch der Hinweis auf die dreimalige Anklage der Maria (durch den Pharisäer Simon, Marta und Judas) und ihre Verteidigung durch Jesus:

> «Drey stunt ich sie gestrafet las:
> Judas daz eine was …
> Den phariseum ouch virdroz …
> Daz dritte ir swester Martha …
> Hie von was ir vurspreche (= Fürsprecher)
> Cristus gein disen allen drin
> Unde lobete wol Marien sin»[28].

Mitunter werden *biblische* Texte so *ergänzt,* daß auch Maria Magdalena darin einen Platz hat:

– sie ist bei der Himmelfahrt ebenso anwesend wie an Pfingsten, wo sie mit den anderen Jüngern den Hl. Geist empfängt[29];

– nach der Himmelfahrt verkaufen die reichen Geschwister ihr Vermögen, legen es den Aposteln zu Füßen und wollen arm «als zwelf botten und zwelf bottin», als Apostel und Apostolinnen, leben[30].

Zu den *nachbiblischen* Szenen gehört die Überfahrt über das Meer im steuerlosen Boot, die wunderbare Ankunft in Marseille, die dortige Predigttätigkeit vor Volk und Fürsten (ihre Predigt, die «honechsuze rede», ist deshalb so angenehm, weil «der Mund, der den Füßen unseres Herrn so süße und innige Küsse» gegeben hat, nur süße Worte sprechen kann[31]) sowie die Begebenheiten um das heidnische Fürstenpaar, wo Maria Magdalena erstmals als Helferin in verschiedenen Nöten erscheint. Schließlich zieht sie sich aus Liebe zu Jesus für 30 Jahre in die Einsamkeit, an eine von Engeln bereitete Stätte, zurück, wo sie siebenmal täglich – zu den üblichen Gebetszeiten – in den Himmel erhoben und nur mit himmlischer Speise erhalten wird. Neben der verbreiteten Vorstellung, daß es an jenem Ort «nicht Wasserbrunnen, noch Freude an Bäumen und Gras» gab, steht eine andere Tradition, wonach sie Nahrung zu sich nahm, denn bei ihrer Höhle war ein «Wasser» und ein «Obstbaum», womit offensichtlich auf das Wasser des Lebens und den Baum des Lebens und damit auf das irdische und himmlische Paradies (Gen 2; Offb 22,1f.) angespielt wird[32].

Am Ende ihres Lebens wird sie von Engeln schwebend in eine Kirche getragen – ihr Antlitz ist bereits leuchtend wie die Sonne –, empfängt aus der Hand ihres alten Gefährten Maximin die hl. Kommunion und stirbt am Altar, worauf sieben Tage lang Wohlgeruch das Gotteshaus erfüllt als sinnenfälliges Zeichen für ihre Aufnahme in den Himmel.

4. *Die sündige Heilige und die Sünder*

Das neu erwachte Interesse an Maria Magdalena als einer individuellen Heiligen findet beredten Ausdruck in geistlichen Liedern. Während sie aber im 11. Jahrhundert noch als Zeugin für Gottes Barmherzigkeit genannt wird («testis enim Maria Magdalena»), sind wenig später die Rollen vertauscht: Gott ist Zeuge für ihr vorbildliches Verhalten («testante Domino»)[33]. Dementsprechend wird nicht mehr Gott um der Heiligen willen gepriesen oder um Erbarmen angefleht, sondern sie selbst wird als Fürsprecherin und Helferin angerufen («ergo Maria, precare Deum / Nostra precata ferens ad eum») und gepriesen («Pange, lingua, Magdalenae / Lacrimas et gaudium»)[34].

Als *Heilige* ist sie ein Bindeglied zwischen Gott und Beter, als *Vorbild* zeigt sie, daß der Weg des Sünders – und jeder Mensch des Mittelalters versteht sich als Sünder! – nicht automatisch ins ewige Verderben führt, als

Fürsprecherin verbürgt sie Hoffnung auf Verzeihung und Erlösung, auch wenn die Bußwerke die Möglichkeiten des einzelnen übersteigen. Am Ausgang des Mittelalters wird sich dieser Gedanke noch verschärfen: Der verzweifelte Beter vertieft sich nicht nur in die fromme Betrachtung ihres Lebens, sondern identifiziert sich mit der Sünderin, um – wie sie – erlöst zu werden («O peccatorum spes, / Exemplar desperatis, / Magdalena ...»)[35].

Ihr Anteil am Passions- und Ostergeschehen gerät nie ganz aus dem Blick, aber die Rolle als bekehrte Sünderin wird zunehmend wichtiger, da sie nur so ihre Funktion als Beistand der Sünder erfüllen kann. Nur wenige Autoren sparen den Hinweis auf die Sünderin aus (Frau Ava, Christine de Pizan) oder deuten die «Tränen», die fest zu ihrem Bild gehören, als Tränen der Sehnsucht und Liebe (Petrus Abaelard) und nicht als Bußtränen der Sünderin.

Für das mittelalterliche Bild der Heiligen ist auch wichtig, in welcher Gesellschaft sie vorkommt: Bei Gregor waren dies Petrus, Zachäus und der Schächer am Kreuz; Honorius nennt als Gestalten, an denen sich die Barmherzigkeit Gottes besonders gezeigt hat: David, Petrus, Paulus, Cyprianus, Theophilus, Maria Magdalena, Maria Aegyptiaca und Thais. Besonders interessant ist die Zusammenstellung beim Armen Hartmann: er nennt drei Männer und drei Frauen, und zwar jeweils ein neutestamentliches Beispiel (der Schächer und Maria Magdalena) und zwei spätere Heilige (Theophilus, Petrus Thelonarius, Afra, Maria Aegyptiaca)[36]. Allen Personen gemeinsam ist die sündige Vergangenheit, die Reue und Bekehrung, die Buße und schließlich die öffentlich sichtbare Erlösung.

Alle Sünden, die in den theologischen Sündenlehren behandelt werden (Hochmut, Geiz, Glaubensabfall, Mord, Ehebruch, Blutschande u.s.w.), haben auch Vertreter unter den Heiligen, und diese wiederum verweisen auf ein biblisches Vorbild. Die heiligen Buhler und Buhlerinnen stehen in Korrespondenz zu Rahab und David im Ersten Testament und Maria Magdalena im Neuen Testament: dabei kommt es – vor allem bei den Buhlerinnen und ihrem neutestamentlichen Prototyp – auch zu wechselseitiger Beeinflussung:

– Das Leben der bekehrten Sünderinnen wird *nach dem Vorbild der Maria Magdalena* stilisiert; so heißt es von der Sünderin Pelagia, daß sie vor dem Bischof Nonnus niederfiel wie einst Maria Magdalena vor Jesus. Gegen den Einwand einer frommen Frau verteidigt der Bischof die Sünderin mit dem Hinweis, daß Pelagia wie Maria Magdalena von Gott das Beste erkoren hat[37].

– Umgekehrt fließen *Elemente der Heiligenviten* in die Biographie der neutestamentlichen Heiligen ein, z. B. das strenge Bußleben in der Wüste und die 30jährige Enthaltsamkeit von irdischer Nahrung, die aus der Vita der Maria Aegyptiaca stammen. Diese Sünderin hat 47 Jahre lang in der Wüste für ihre Sünden gebüßt. Dabei hat sie sich 17 Jahre von drei mitgebrachten Broten ernährt; in dieser Zeit wurde sie noch von teuflischen Anfechtungen heimgesucht. 30 Jahre aber lebte sie ohne Nahrung und blieb frei von Versuchungen[38]. Maria Magdalena ist demnach nicht irgend eine Heilige, sondern eine der vielen Sünderheiligen, die dem verzagten Menschen als Hoffnung vor Augen stehen.

Die *Legenda aurea*[39] faßt diesen Gedanken prägnant zusammen:

> «... vor ihrer Bekehrung war sie schuldig, weil sie die ewige Strafe hatte verdient. In ihrer Bekehrung war sie befestigt durch die Rüstung der Buße ... Nach ihrer Bekehrung war sie gar prächtig durch der Gnaden Überfluß; denn wo die Sünde übergeflossen ist, da soll auch die Gnade überflüssig sein.»

Die Ausgestaltung ihrer «Sünderkarriere» war nicht Selbstzweck, sondern stand unmittelbar in Beziehung zum Grundproblem des mittelalterlichen Menschen: der Frage nach Heilsmöglichkeit und Heilsgewißheit. Wie wir gesehen haben, wurde bereits die kaiserliche Kammerfrau Gregoria – wie später viele von Sündenangst geplagte Menschen – mit dem Hinweis auf die heilige Sünderin Maria Magdalena beruhigt. An ihrer Gestalt demonstriert beispielsweise der Arme Hartmann die «Bedingungen» für die Vergebung wie Liebe zu Gott, Glaube, Reue und Vertrauen (V. 2194–97.2230–33); wer sich an diesem vorbildlichen Verhalten der Heiligen orientiert, der wird auch wie sie erlöst.

Dieser Gedanke hat Konsequenzen, die sowohl liturgischen als auch gesellschaftlichen Ausdruck gefunden haben:

– Während die *Liturgie* die Heiligen gewöhnlich nur an ihrem Todestag ehrt, widmet sie zwei Sünderheiligen – einem Mann, einer Frau: Paulus, Maria Magdalena – einen weiteren Festtag, um auch ihrer Bekehrung zu gedenken[40].

– Die mittelalterliche Heiligenverehrung hatte immer auch *praktische Auswirkungen,* die bis in den Alltag hineinreichen. Die Heiligen stehen nicht untätig vor dem göttlichen Thron, sondern haben als «Patrone» sehr handfeste Aufgaben für irdische Lebensbereiche, z. B. Hubertus (Jagd), Florian (Feuerschutz), Antonius (Fundsachen) usw. Auch aus der Vita der

Maria Magdalena wurden solche Patronate abgeleitet, z. B. für Haarkünstler, Salbenmacher, Puderfabrikanten ...

– Eine unmittelbar *gesellschaftliche* Konsequenz hatte ihr Bezug zu den Prostituierten.

Prostitution ist im Mittelalter eng mit der entstehenden Stadtkultur als neuer Form des Zusammenlebens – neben Adelshöfen und Klöstern – verbunden. Die Dirnen bildeten einen eigenen Berufsstand, der zwar zu den «unehrlichen» Berufen zählte, dessen Angehörige aber als notwendiger Teil der städtischen Gesellschaft angesehen wurden. Als anerkannter «Beruf» waren sie wie alle Gewerbetreibenden auf bestimmte Straßen und Wohngebiete konzentriert; erst mit der Angst vor Geschlechtskrankheiten bekam die räumliche Absonderung einen eindeutig negativen Beigeschmack.

Auch kirchlicherseits waren die Dirnen geduldet. Ihr Tun fiel nicht unter die Unzuchtssünden, sondern wurde als Arbeitsleistung mit Anspruch auf gerechten Lohn angesehen. Moralisch verwerflich war es nur, wenn eine Dirne ihren Körper «aus Lust» vermietete. Neben den offiziell anerkannten, wohlhabenden Dirnen gab es arme, vagabundierende Dirnen, die wie Bettler, Verbrecher, Aussätzige u. a. am äußersten Rand der Gesellschaft standen.

Während Städte und (weltliche wie geistliche) Herrschaften die Freudenhäuser als wichtige Einnahmequelle (Steuern!) betrachteten, wurde die Prostitution von anderen als religiöses und sittliches Problem gesehen. Im Zuge einer allgemeinen Bußbewegung wurde die Bekehrung von gefallenen sowie der Schutz von gefährdeten Frauen und Mädchen vor allem im 12. und 13. Jahrhundert als eine religiöse und soziale Aufgabe erkannt, was schließlich zur Gründung eigener Klöster und Ordensgemeinschaften führte, von denen vor allem die Bewegung des Bußpredigers Robert von Abrissel (gest. 1115) und der 1227 vom Papst Gregor IX. bestätigte Orden der Reuerinnen bzw. der «Büßerinnen von der heiligen Magdalena» zu nennen sind. Die Bußgesinnung ging durch alle gesellschaftlichen Schichten und erfaßte sowohl adlige Damen als auch bekehrungswillige Prostituierte. Für beide Gruppen war die Sünderin und Büßerin Maria Magdalena das Vorbild, an dem sie sich orientieren konnten[41].

Für die Dirnen – wie für jeden Menschen – gilt: Jeder hat eine Chance. Jahrhundertelang schöpfen die Menschen Kraft aus der Betrachtung der Maria Magdalena und aller Heiligen, die einst Sünder waren und jetzt Vorbilder der Bekehrung und Fürsprecher bei Gott sind. Die sittlich-religiöse Vollkommenheit der Heiligen und ihr heroisches Leben als Martyrer oder Asketen waren gewiß bemerkenswert, aber das Wissen um die Heiligung des Sünders war lebensnotwendig und tröstlich: Niemand muß bleiben, was er ist – nämlich ein Sünder; jeder darf sich ändern – wie die heiligen Sünder und Sünderinnen!

5. *Die gebenedeite Maria Magdalena – ein anderes Bild der Heiligen?*

Das bisher entwickelte Bild der trostspendenden Sünderheiligen basiert auf der Darstellung *männlicher* Autoren. Deshalb drängt sich die Frage auf, ob *weibliche* Autoren vielleicht andere Akzente setzen. Haben die Dichterinnen die Heilige aus der Bindung an die Sünderin befreit, wie bisweilen behauptet wird?

Die lateinisch schreibende *Hrotsvitha von Gandersheim* hat in ihren Dichtungen zwar die Bekehrungen der Maria, der Nichte des Einsiedlers Abraham, und der Thais durch den Eremiten Pafnutius dargestellt, die beide ihre Unzuchtssünden unter Tränen bereuen und in der Abgeschiedenheit büßen, aber sie hat die beiden Büßerinnen nicht mit Maria Magdalena in Verbindung gebracht; diese Beziehung stellt erst der moderne Herausgeber der Werke her[42]. Ob die gebildete Kanonisse, die die kirchliche Mischgestalt aus Literatur und Liturgie gekannt haben muß, einen Hinweis auf die Urgestalt der bekehrten Sünderin vermieden hat, um die Vorbildfunktion ihrer Heldinnen nicht zu entkräften, oder ob sie Maria Magdalena bewußt aus dem Kontext von Keuschheitssünden heraushalten wollte – diese Fragen sind kaum zu beantworten.

Dagegen lassen sich bei den beiden jüngeren, bereits in der Volkssprache schreibenden Frauen – Frau Ava und Christine de Pizan – eher Aussagen über ihre Intentionen machen.

Bei *Frau Ava* (s. Anm. 20), einer «inclusa» (Klausnerin) des Klosters Melk, wird Maria Magdalena namentlich erst unter dem Kreuz erwähnt. Die Behauptung, Frau Ava trenne strikt zwischen Maria Magdalena und der Sünderin[43], läßt sich im Blick auf das Gesamtwerk allerdings nicht halten. Die Frage ist ja nicht, ob Maria Magdalena mit der Sünderin identisch ist (das ist sie für in Tradition und Liturgie beheimatete Dichter auf jeden Fall), sondern welche Akzente betont werden und welche zurücktreten. Nur durch solche Akzentsetzungen kann sich der einzelne Dichter von der Basis des allgemeinen Einheitsbildes abheben. Dabei ist zu berücksichtigen, daß mittelalterliche Dichter nicht nach Individualität und Originalität streben, sondern in den Grundkonsens der Tradition eingebettet sind und nur innerhalb dieses Rahmens eine kunstvolle Darstellung versuchen. Bezogen auf Frau Avas Darstellung des Lebens Jesu heißt das, daß sie bei allen denkbaren Episoden (die Sünderin, die Schwestern in Betanien, die Erweckung des Lazarus, die Salbung vor der Passion) eine Gleichsetzung von Maria

Magdalena mit einer der beteiligten Frauen *nicht* vornimmt, wohl aber stillschweigend voraussetzt. Das zeigt sich am Ende des Gedichts, wo bei den Gaben des Heiligen Geistes von den Reuetränen gesprochen wird, die wir ebenso vergießen sollen wie einst die selige Maria, als sie mit ihren süßen Tränen die Füße Jesu gewaschen hat (V. 2317–2322). Bei der Nacherzählung der neutestamentlichen Texte war aber nur an einer Stelle von einem derartigen Vorgang die Rede: als die Sünderin Jesu Füße mit ihren Tränen wusch (V. 851–853). Maria Magdalena ist für Frau Ava also ganz selbstverständlich die sündige Frau (V. 845), die öffentliche Sünderin (V. 866); indem sie aber bei dieser Episode den Namen unterschlägt, deutet sie ein modifiziertes Bild der Magdalena an: Sie ist vorrangig die Mit-Leidende beim Kreuz

«Owi, Maria Magdalena,
wie gestunte du ie da, /
da du dinen herren guoten
sahe hangen und bluoten»
(V. 1693–1696),

die von bösen Geistern (nicht: Sünden!) Geheilte (V. 1823–1825) und die Frau, die nach der Protophanie das einzige Osterbekenntnis der Dichtung spricht: «Iz sahen miniu ougen, ir sult iz wol gelouben, / surrexot dominus, daz ist: erstanden ist unser herre Jesus» (V. 1923–1926).

Frau Ava weiß um die sündige Vergangenheit der Maria Magdalena, aber sie hat offensichtlich kein Interesse, diesen Punkt besonders auszumalen. Das gleiche gilt für *Christine de Pizan,* die 1405 in ihrem großen Frauenbuch[44] die Sündenrolle der Maria Magdalena ebenfalls nur anklingen läßt, aber sonst eigene Schwerpunkte setzt.

Maria Magdalena ist ganz selbstverständlich die Schwester der Marta und des Lazarus; ihre Tränen sind Tränen der Trauer um den toten Bruder und später Tränen der Reue.

Christine, deren ganzes Buch eine Verteidigung der Frauen gegen männliche Vorurteile ist, verteidigt in diesem Zusammenhang die Frauen gegen das ironische Sprichwort, Gott habe den Frauen «das Flennen, Schwätzen und das Weben» gegeben und dreht den Spieß um: «Zum großen Glück für alle Frauen» hat er ihnen diese Eigenschaften gegeben! Denn die Tränen der beiden Schwestern veranlaßten Jesus zur Erweckung des Lazarus, und die Tränen der Magdalena nahm er an «und verzieh ihr dafür ihre Sünden, so daß sie nun dank jener Tränen im Himmel thront». Auch das «Schwätzen» ist – von Gott her gesehen – nicht tadelnswert, wie die Männer meinen, denn sonst hätte der Herr Jesus nicht «der gebenedeiten Magdalena» befohlen, das Geheimnis der Auferstehung zu verkünden. Deshalb gebührt Gott Lobpreis, «weil Du – neben anderen unendlichen Gaben und Gnadenbeweisen, die Du dem weiblichen Geschlecht verliehen hast – eine Frau zur Überbringerin einer so wichtigen und würdigen Botschaft gemacht hast!» Prediger, die die Ersterscheinung vor einer Frau damit lächerlich machen, daß sie sagen, Gott habe die Schwatzhaftigkeit der Frau in Rechnung gestellt, um das Geheimnis «so schnell wie möglich» bekannt zu machen, werden als «Narren» qualifiziert und – «selbst wenn sie es nur aus Spaß sagen» – getadelt[45].

Das Stichwort «Tränen» führt demnach zur Sünderin Maria Magdalena, ohne daß deren Sünden hervorgehoben werden. Im Gegenteil, anläßlich der Legende der hl. Afra, einer Frau von schlechtem Lebenswandel, die sich zum Christentum bekehrt und die heidnischen Opfer abgelehnt hat, wird die Sünderin aus Lk 7 ohne Hinweis auf Maria Magdalena erwähnt[46], während dieser vor allem als einer im Himmel thronenden Frau gedacht wird. Im dritten Teil des Buches, wo Maria als Himmelskönigin in die Stadt der Frauen einzieht, nehmen ihre Schwestern und die «gebenedeite Maria Magdalena» den ersten Platz in ihrem Gefolge ein.

Beide Autorinnen – Ava und Christine – wenden sich nicht direkt gegen die Mischgestalt der Maria Magdalena, aber sie betonen auch nicht ihre Gleichsetzung mit der Dirne oder ihr Sündenleben. Das könnte mit ihrem *Geschlecht* zusammenhängen: Hier schreiben Frauen – verständnisvoll (Frau Ava) und engagiert (Christine de Pizan) – über eine Geschlechtsgenossin, statt wie sonst nur Männer, auch wenn es bisweilen sehr wohlwollende Männer sind. Vermutlich ist jedoch eine *andere Gemeinsamkeit* der beiden Autorinnen noch wichtiger: Beide standen bzw. stehen mitten im Leben, kennen die Welt des Alltags, haben Kinder, sorgen für eine Familie (Christine muß mit Schreiben den Lebensunterhalt der Familie verdienen; Frau Ava ist, obwohl als Klausnerin jetzt im geistlichen Stand, doch «zweier chinde muoter»), während es sich bei den männlichen Autoren – Predigern wie Dichtern – um Geistliche handelt, die das weltliche Leben nur «von außen» kennen und oft als «Versuchung» empfinden. Vor allem jene Geistliche, die in der Volkssprache dichten, verfolgen dabei pädagogische Ziele: Sie wollen – Gott zur Ehre und dem Leser zum Heile – Vorbilder für das zurückgezogene Leben darstellen *(Väterbuch, Passional)* und gleichzeitig beliebte weltliche Romane wie Wigoleis oder Tristan verdrängen *(Der saelden hort)*. Daher stellen sie Maria Magdalena vor allem im Kontext von büßenden Wüstenheiligen wie Pelagia oder Maria Aegyptiaca dar oder schildern sie als schöne Edeldame, die der Faszination des weltlich-ritterlichen Lebens erliegt.

Der Weltbezug der beiden Dichterinnen hat sie vor dem phantasievoll-sündigen Magdalenenbild bewahrt – mehr nicht! Sie können jenen Anteil, der aus Lk 7 in dieses Bild eingetragen wurde, mildern, aber nicht leugnen. Die Zeit für eine Entflechtung der Magdalenengestalt ist bei ihnen noch nicht gekommen, auch wenn sich bereits erste Zweifel an der «Sünderin» Maria Magdalena zu Wort melden, wie in einer Kopenhagener Handschrift von 1431, wo sich im Zusammenhang mit der Bekehrungslegende folgende erstaunliche Bemerkung findet: «Nota, aliqui volunt, quod Maria Magdalena non peccavit»[47]; insgesamt wird die büßende Maria Magdalena – v. a. in Barock und Gegenreformation! – noch gebraucht.

„Maria Magdalena als Apostola apostolorum",
Illustration aus dem Albanipsalter, Hildesheim (12. Jh.),
Herzog August Bibliothek, Wolfenbüttel.

„Maria von Magdala verkündet den Aposteln den Auferstandenen",
aus dem Misereor-Hungertuch
„Biblische Frauengestalten – Wegweiser zum Reich Gottes",
von Lucy D'Souza
(© 1990, Misereor Medienproduktion und Vertriebsgesellschaft Aachen).

V

DIE BÜSSENDE MAGDALENA – EIN SYMBOL DES BAROCK

Ein glücklicher Zufall hat auf meinem Schreibtisch drei Abbildungen von Magdalenendarstellungen aus drei Jahrhunderten vereinigt, die mehr als jede theoretische Abhandlung zeigen, wohin der Weg der Magdalena führt.

1. Auf den Außenseiten der Altarflügel des großen Weltgerichtsaltars von *Stephan Lochner* (um 1440; der Altar wurde im 19. Jahrhundert zerlegt; die Flügel befinden sich in München, andere Teile in Frankfurt und Köln) ist Maria Magdalena zusammen mit anderen Heiligen zu sehen; auf dem rechten Flügel Katharina, Hubertus und Quirinius, auf dem linken Flügel außer Maria Magdalena noch Antonius der Einsiedler und Papst Cornelius. Insgesamt sind Männer und Frauen, weltliche und geistliche, junge und alte Heilige vertreten; während Katharina mit offenem Haar und Krone dargestellt ist, verkörpert Magdalena, deren Haar teilweise durch einen Schleier bedeckt ist, den Typ der erwachsenen Frau. Bei allen Heiligen wird ein zart angedeuteter Heiligenschein sichtbar. Die sechs Heiligen sind jeweils an ihren Attributen zu erkennen; bei Magdalena ist es das Salbgefäß, das sie seit dem Ostermorgen in Händen trägt.

Bei jeder Dreiergruppe kniet ein Stifter, der – anders als die Heiligen – individuelle Züge trägt. Das aufkommende Selbstbewußtsein der Bürger ist nicht zu übersehen! Dennoch machen die Größenverhältnisse bei den Figuren deutlich, daß wir uns noch im Mittelalter befinden: die Heiligen beanspruchen die ganze Bildhöhe; die Stifter, zumal in der knienden Position, benötigen nur etwa ein Viertel an Höhe. Die Macht der heiligen Patrone und Fürbitter ist auch am Ausgang des Mittelaltars noch ungebrochen. Bei den Dargestellten handelt es sich um Heilige, zu denen die Bürger ein besonderes Verhältnis haben, in denen sich ihre Geschichte spiegelt, denen sie in Notzeiten vertrauen. Magdalena gehört zu den Heiligen, mit denen sich die Stadt (hier: Köln) und ihre Bürger identifizieren können.

2. Das nächste Bild führt ins 16. Jahrhundert: Die Heilige Maria Magdalena von *Lucas Cranach d. Ä.* (Köln, Wallraf-Richartz-Museum). Wir sehen eine

junge Dame inmitten einer friedlichen Natur, im Hintergrund eine Stadt und steil aufragende Felsen. Das Gewand aus kostbaren Stoffen und die modische Verarbeitung lassen eher an eine junge Renaissancefürstin oder eine Patriziertochter als an eine Heilige denken. Auch hier ist sie an ihrem Attribut, dem Salbgefäß, zu erkennen. Zusätzlich ist am linken oberen Bildrand ein Hinweis auf ihre Legende angebracht: Von Engeln gehalten, schwebt sie in die Herrlichkeit des Himmels.

Diese Heilige ohne Heiligenschein könnte aus dem Bild steigen und sich unter die Betrachter mischen; an die Aura der Heiligen erinnert nur noch das Bildzitat ihrer Elevatio.

3. Eine völlig andere Sicht findet sich bei der Magdalena auf dem großen Gemälde «Christus und die reuigen Sünder» von *Peter Paul Rubens* (um 1620, München, Bayerische Staatsgemäldesammlungen). Aus der machtvollen Heiligen ist die niedergebeugte Sünderin geworden: Magdalena kniet vor dem österlich-verklärten Christus. Der Raum, den ihr der Maler läßt, ist durch den Körper und den ausgestreckten Arm Christi begrenzt, was durch die Beugung ihres Kopfes noch unterstrichen wird.

Diese Magdalena ist fast nackt, Gewand und Haare lassen den Körper mehr sehen und erahnen, als daß sie ihn bedecken. Das Haar fällt wirr und ungebändigt über die Schulter. Die Hände sind über der Brust gekreuzt, aber die Finger der linken Hand sind so geschickt gespreizt, daß der Blick des Betrachters zielsicher auf die Brustwarze gelenkt wird. Alles an dieser Gestalt – Körpersprache, der Schwung der Haare, der sinnliche Mund – ist Bewegung, Hingabe, Sehnsucht, Sinnlichkeit. Sie könnte nicht, wie die Magdalena des Lucas Cranach, aus dem Rahmen steigen und sich in der realen Welt bewegen; im Gegenteil: Sie steht in völligem Widerspruch zu allem, was die Betrachter für sich selbst akzeptieren.

Wenn man die «Normal»-Kleidung einer Dame der Barockzeit[1] mit dieser entblößten Magdalena vergleicht, wird man folgendes bemerken: Die natürlichen Körperformen sind bei adligen Damen durch den Reifrock, bei bürgerlichen Frauen durch mantelartige Überkleider unkenntlich gemacht, Hals und Brust werden durch Halskrausen verdeckt, das Haar ist in Form gelegt und unter mancherlei Kopfputz verborgen, das Gesicht durch Puder und Schönheitspflästerchen dem unmittelbaren Anblick entzogen. Vor allem die Mode des aus Spanien stammenden Reifrocks entspricht den Moralvorstellungen der Gegenreformation, die «den Unterkörper der Frau nicht nur extrem verhüllte, sondern auch seine natürliche Gestalt einfach leugnete.»[2] Vom Körper ist nur das sichtbar, was durch die Kunst des Schneiders, des Friseurs und anderer Meister veredelt wurde. Das Natürliche ist abscheulich; nur die künstlich geformte Natur, die das Rohe und Sinnliche überwunden hat, ist Ausdruck von Vollkommenheit. Was wir aus der Gartenbaukunst kennen – nicht die Hecke an sich, sondern nur die gestutzte und künstlich in Form gebrachte Hecke genügt den ästhetischen Ansprüchen der Zeit –, gilt auch für den Menschen: Von seinen natürlichen Körperformen, seinem Haar, seiner Gestik und Mimik erfahren wir nichts; alles ist durch Mode und Zeremonie verdeckt. Das Porträt der Barockzeit zeigt nicht den Menschen, sondern die Bedeutung, die er hat oder haben möchte. Der nackte Körper wird zum Problem: An ihm lassen sich keine Standesunterschiede erkennen. In einer stark hierarchisch gegliederten Gesellschaft ist der durch Brokat und Spitze verhüllte Körper bedeutsam, weil er nur so als Träger von Macht und Reichtum taugt.

Hofprediger wie Abraham a Sancta Clara oder städtische Kleiderordnungen kämpften aus ethischen und sozialen Gründen vergeblich gegen die von der Mode geforderte Verschwendungssucht. Erst als die von Frankreich ausgehende Mode des Dekolleté zu einem immensen Verbrauch von venezianischen Spitzen für Hals- und Brusttücher führte oder als andere ausländische Erzeugnisse eingeführt werden mußten, wurden in vielen Ländern zur Schonung der Devisenvorräte gezielte staatliche Modegesetze erlassen. Wo jedoch einheimische Manufakturen die erforderlichen Luxusartikel herstellen konnten, wurden sie bzw. die entsprechende Mode staatlich gefördert, da sie vielen Menschen Arbeit und Lohn bot. Die prachtvolle Mode der höheren Stände war zu einem Wirtschaftsfaktor geworden. Moralische Einwände oder sozialkritische Bedenken hatten demgegenüber zurückzutreten.

Auf diesem modischen Hintergrund ist die Rubens-Magdalena in mehrfacher Hinsicht anstößig: Sie ist ein Stück ungebändigter, roher, formloser Natur und verkörpert damit alles, was der Betrachter vor dem Bild verabscheut. In ihrer Nacktheit, ohne Hinweis auf ihre gesellschaftliche Stellung, ist sie in einer Zeit, wo erst das Kostüm den Menschen ausmacht, ein Nichts. Nacktheit und Natur sind ja nicht mehr – wie eine Generation zuvor – Inbegriff der idealen Schönheit (vgl. die Darstellung des nackten Körpers und den Antikenkult der Renaissance), sondern Ausdruck der rohen Materie, die erst künstlich veredelt werden muß, um die Bedeutung ihres Trägers zu offenbaren.

Der Künstler zeigt eine Frau, die allen Normen der Gesellschaft widerspricht. Keine Betrachterin des Bildes, auch wenn sie von frommer Ekstase und Christusliebe erfüllt ist, könnte wünschen, in die Rolle dieser Heiligen zu schlüpfen. Und der männliche Betrachter? Er sieht, was nicht sein darf; sein Auge sieht das Halbverborgene, seine Phantasie darf weitergehen. Die Frau wird hier nicht in keuscher Nacktheit gezeigt, sondern im kunstvollen Spiel von Verbergen und Enthüllen jedem schamlos-taxierenden Blick preisgegeben.

Die Darstellung der Magdalena von P. P. Rubens markiert die schmale Grenze zwischen religiöser und erotischer Kunst. Sie hätte sogar heute, wo die Werbung sehr freizügig mit dem weiblichen Körper arbeitet, einige Probleme, denn zumindest in Teilen der Werbung (Kosmetik) gilt bei der Darstellung des weiblichen Oberkörpers die Devise: «Busen in Frontalansicht ja, aber nur, wenn die Brustwarzen – etwa durch den Arm der Besitzerin – verhüllt sind; die Brust von der Seite ist ohne Sichtschutz statthaft.»[3] Demgegenüber unterstreicht Rubens durch die an der «richtigen» Stelle gespreizten Finger den erotischen Reiz der Frauengestalt. Magdalena, die reuige Sünderin, ist zugleich die raffinierte Verführerin!

Wenn der Blick des heutigen Betrachters zwischen den drei Magdalenendarstellungen hin und her pendelt und alle drei als typisch für ihre Epoche erkennt, wird überdeutlich, daß sich im Barock das Bild der Maria Magdalena grundlegend verändert hat. Auch die mittelalterliche Magdalena war eine (ehemalige) Sünderin, aber dieser Aspekt ihrer Legende war nur insoweit bedeutsam, als der sündige Mensch durch sie zum Heil geführt wurde. Sie wurde verehrt, weil sie die Sünde überwunden hatte. Jetzt aber wird sie gerade als die reizende, die verführerisch schöne Sünderin interessant. Nicht mehr die Patronin und Fürbitterin ist gefragt, sondern die liebend-büßende Sünderin. Das gilt für alle Länder der Gegenreformation, insbesondere für Frankreich und die katholisch-süddeutschen Länder.

Zwar hat sich vereinzelt in Dichtung und bildender Kunst ihre alte Bedeutung als Sünderheilige bis weit ins 18. Jahrhundert erhalten, vor allem, wenn sie mit anderen heiligen Sündern zusammengestellt wird wie bei den Beichtstuhlfiguren im Münster zu Salem (Joseph Anton Feuchtmayer), bei den Seitenfiguren in der Marienkapelle des Doms zu Fulda (Büßender Petrus und Büßende Magdalena) oder bei einer kleinen Figurengruppe des Breisgauer Künstlers Matthias Faller (Petrus und Magdalena, Augustinermuseum Freiburg). Auch in der Dichtung spielen die neutestamentlichen Sünderheiligen gelegentlich noch eine Rolle:

«Siehe mich genädig an,
Wie du dem Petro hast getan.
Laß mich, wie die Magdalen,
wohl getröst von hinnen gehn.

Wie Mattheo in dem Zoll
Und wie Zacheo hoffnungsvoll,
Wie dem Schächer sei mir huld
Und vergib mir alle Schuld.»[4]

Aber ihre eigentliche Aufgabe ist nicht mehr die der Fürbitterin, sondern die eines Symbols, in dem sich die Brüchigkeit von Leben und Welt spiegelt. Nachdem Humanismus und Renaissance den Menschen ins Zentrum gerückt haben, erlebt der Mensch des Barock, wie ungesichert seine Existenz in der Welt ist. Er erfährt die Vergänglichkeit von allem (vgl. die Vorliebe für Uhren in Kirchen und Schlössern: sie sind mechanisches Spielzeug und zugleich Mahnung an die Vergänglichkeit!), er begegnet überall den Zeichen des Todes, er vergeht in Reue und Buße und flüchtet in ekstatische Formen der Religion, er träumt von Weltflucht und übertönt die Todesangst im rauschenden Fest. Zum fragwürdigen Symbol dieser Welt- und Lebenserfahrung wird die Sünderin Maria Magdalena in ihren unterschiedlichen Rollen: als *weltflüchtige Eremitin*, als *Büßerin*, als *große Liebende*, die ihre einstmals sündige Liebe auf Jesus überträgt. Diese teilweise neuen Assoziationen, die Maria Magdalena im 17. und 18. Jahrhundert auf sich zieht, lassen sich an Bauwerken (1), Bildern (2) und Texten (3) aufzeigen, die den Geist ihrer Zeit spiegeln.

1. Die Einsiedeleien im barocken Park

Jede Epoche hat Rollen und Figuren, in denen sie sich besonders ausdrückt; im 17. und 18. Jahrhundert wird der Fürst zum Repräsentanten der Zeit. Das treffendste Beispiel ist der junge Ludwig XIV., der 1653 im «Ballet de la Nuit» die Rolle des Roi Soleil, der königlichen Sonne, tanzt und fortan als «Sonnenkönig» eine ganze Epoche beherrscht. Ist es im zentralistischen Frankreich der eine König, so sind es in anderen Ländern die vielen keinen Fürsten, die im Glanz dieser Sonne erstrahlen. Der Fürst steht im Mittelpunkt, was sich sinnenfällig in den Schloßanlagen zeigt, von denen die Straßen der Stadt und die Alleen im Park wie Strahlen von ihrem Zentrum ausgehen; das gilt vor allem für fürstliche Neugründungen (z. B. die Stadt Karlsruhe oder Schloß und Park Nymphenburg bei München).

Der Fürst des Barock ist keine Privatperson, sondern Repräsentant einer Staatsidee; seine Schlösser dienen nicht dem Wohnen, sondern der Repräsentation. Das barocke Schloß hat keine behaglichen Räume, denn das fürstliche Leben kennt keine Intimität (vgl. das «Lever», bei dem jede Phase des Aufstehens, Ankleidens, Frühstückens geregelt ist, oder das «Beylager» bei fürstlichen Hochzeiten). Das Zeremoniell verdeckt das Leben ebenso wie der Reifrock die Figur oder die Schere des Gärtners die gewachsene Natur.

In dieser Zeit hoher Künstlichkeit und Formalisierung des höfischen Lebens dient auch der Garten der repräsentativen Prachtentfaltung; aber wo Repräsentation zum Hauptzweck der Schloß- und Gartenarchitektur wird, wächst auch das Verlangen nach Rückzugsmöglichkeiten: Im Barockgarten tauchen – abseits der Hauptachse – kleine Schlößchen auf, die ihren Zweck im Namen offenbaren: Mon Repos, Mon Plaisir, Solitude, Sanssouci, Eremitage – Orte des Rückzugs, der Ruhe, der Lustbarkeit. Mitunter werden dabei fremde Stilrichtungen (vgl. die Vorliebe für ostasiatische oder türkische Architektur) oder altertümliche Stile (vgl. die künstlichen Ruinen) nachgeahmt, wie es der Zeitgeschmack und die Freude am Exotisch-Bizarren eingeben. Religiöse Bedürfnisse spielen bei den meisten Anlagen dieser Art keine Rolle (vgl. die Bauten in Potsdam oder der Württembergerhof in Basel mit einer künstlichen Eremitage), außer wenn es sich beim Auftraggeber um einen geistlichen Fürsten handelt (vgl. die Eremitage des Fürstbischofs Damian Hugo von Schönborn in Waghäusel). Diese Eremitagen sind – anders als die Staffagebauten in den Landschaftsgärten – durchaus auch Zweckbauten: für die Jagd, das Ballspiel oder auch galante Abenteuer.

Von ganz anderer Art sind jene Einsiedeleien in süddeutschen Schloßanlagen, die unter dem Namen «Magdalenenklause» bekannt sind (Favorite bei Rastatt; Nymphenburg). Diese Klausen liegen nicht an einem schönen Aussichtspunkt, sondern in einem Bereich, der Wildnis und Weltabgeschiedenheit symbolisiert. Sie demonstrieren schon äußerlich Hinfälligkeit und Preisgegebenheit an die Natur (vgl. die Borkenverkleidung in Favorite oder die künstlichen Risse im Mauerwerk in Nymphenburg) und wollen nicht – wie die Einsiedeleien der Landschaftsgärten – Stimmungen und Gefühle auslösen, sind nicht Staffage, sondern für den Gebrauch des Fürsten bestimmt: für Andacht, Buße, religiöse Betrachtung, wie sie in den etwa gleichzeitig entstandenen Versen eines spätbarocken Dichters zur Sprache kommen: «Verschleus, du abgetragnes Kleid (= der Leib), / Verwesung bringt Vollkommenheit»[5].

Die Weihe solcher Orte an Maria Magdalena und damit die Bindung der Heiligen an Orte der Buße und Selbsterniedrigung dokumentiert ihr in der Barockzeit vorherrschendes Bild als *büßende Sünderin* – verbunden mit dem Gedanken an die *Vergänglichkeit des Lebens*. Bauwerke, in die die Zerstörung durch die dahinfließende Zeit bereits als Stilmittel eingearbeitet ist, sind sinnenfällige Erinnerung an diese Vergänglichkeit. Der absolut herrschende Fürst, der – die Prachtfassade des Schlosses im Rücken – die geometrisch geordnete Gartenanlage verläßt und sich auf den Weg in die ungeordnete Natur, in die Wildnis begibt, wird bereits beim Anblick einer solchen Klause an die eigene Hinfälligkeit und Endlichkeit gemahnt.

Die beiden Einsiedeleien, die mit dem Namen der Heiligen verbunden sind und hier etwas näher betrachtet werden sollen – Nymphenburg und Favorite (bei Rastatt) – gehen auf katholische Fürsten zurück, die stark vom Geist der Gegenreformation geprägt sind: Kurfürst Max Emanuel von Bayern (1662–1726) und Markgräfin Sibylla Augusta von Baden (1675–1733).

Die Magdalenenklause in Nymphenburg entsteht zwischen 1725 und 1728 nach einem Entwurf von Joseph Effner. Sie wird von Kurfürst Carl Albrecht vollendet und am 4. April 1728 von seinem Bruder, dem Kölner Erzbischof Clemens August, feierlich eingeweiht.

Die Eremitage in Favorite wird 1717/1718 von Ludwig Michael Rohrer erbaut. Die Markgräfin hat zwar 1722 bei einem Besuch in München die Pagodenburg mit ihrem achteckigen Grundriß gesehen, weshalb unmittelbare Einflüsse auf Rohrers Arbeiten in Rastatt und Waghäusel anzunehmen sind; die Klause in Favorite, ebenfalls ein Rundbau, folgt jedoch anderen Vorbildern, die in Rohrers böhmischer Heimat zu suchen sind.

Beiden Fürsten ist auch gemeinsam, daß sie durch die Kriegsereignisse des 17. und 18. Jahrhunderts (Türkenkriege, pfälzischer und spanischer Erbfolgekrieg usw.) unmittelbar betroffen waren und durch die Wankelmütigkeit des irdischen Glücks motiviert wurden, sich den beständigen Werten, wie sie die Religion verbürgt, zuzuwenden. Der Kurfürst stand während des Spanischen Erbfolgekriegs auf der «falschen», der französischen Seite gegen Habsburg und mußte die Zeit von 1704 bis 1715 teils in den Niederlanden, teils im französischen Exil verbringen. Die Markgräfin hatte als Frau und Fürstin eines durch Kriegswirren verarmten Landes ein härteres Schicksal.

Sibylla Augusta[6], Prinzessin von Sachsen-Lauenburg, wuchs auf den böhmischen Besitzungen der Familie auf und stand nach dem Tod der Eltern, zusammen mit ihrer älteren Schwester, unter kaiserlicher Vormundschaft. Der Anspruch der Schwestern auf die weibliche Erbfolge in Sachsen-Lauenburg wurde abgewiesen, statt dessen standen sie als reiche Erbinnen sehr bald im Zentrum eines üblen Heiratsschachers. Schließlich erhielt Markgraf Ludwig Wilhelm von Baden-Baden (der «Türkenlouis») die reiche Erbin zur Braut; sie war die Belohnung des finanzschwachen Kaisers an seinen Generalleutnant, der für die zerstörte Markgrafschaft dringend Geld brauchte. In Baden übernahm sie, da der Markgraf weiterhin in kaiserlichem Dienst stand, die Aufgaben einer regierenden Fürstin, bis sie nach dem Tod ihres Mannes (1707) für 20 Jahre offiziell die Regentschaft innehatte. Sibylla Augusta erwies sich als umsichtige und tatkräftige Regentin, die das zerrüttete Land wieder in geordnete Verhältnisse führte. Auch in ihrem privaten Leben mußte sie viele Schicksalsschläge hinnehmen.

Das Leben der Markgräfin ist nur wenig dokumentiert, aber ihre Bauten lassen den Typ eines barocken Herrschers erkennen, in dem sich weltliche Prachtentfaltung und ernste Religiosität vereinen. Als Landesfürstin folgte sie dem geforderten zeremoniellen Lebensstil, aber als Beichtkind wollte sie wie «ein gemeines armes Bettelweib» behandelt werden[7]. Ihre tiefe Religiosität erweist sich auch in zahlreichen Wallfahrten, Pilgerreisen, frommen Stiftungen und der Mitgliedschaft in religiösen Gemeinschaften. Nach ihrem Tod wurde sie im Gewand einer Karmelitin unter der Schwelle der Rastatter Schloßkirche beigesetzt: jedermann sollte sie mit Füßen treten! –

Beide Einsiedeleien sind als Wohn- und Gotteshaus konzipiert. Der Nymphenburger Bau[8], bestehend aus Grottenhalle, Kapelle und einfachem Appartement mit vier Wohnräumen für den Fürsten, war zum Wohnen, Schlafen, Essen, Beten und Betrachten eingerichtet. Er war zwar als «Behausung eines Eremiten gedacht»[9], aber die fürstliche Würde dieses Eremiten wurde nicht übersehen, wie das kostbare Tafelgeschirr vermuten läßt. Der Schmuck im Inneren sollte in unterschiedlicher Weise an die Letzten Dinge mahnen; dazu gehörten auch Deckenbilder und Gemälde mit Darstellungen aus dem Leben der Büßerin Maria Magdalena sowie eine Standfigur der Heiligen über einem Brunnen (das Wasser sollte ihre Reuetränen symbolisieren und galt als heilkräftig bei Augenleiden), ihre Attribute sind Kruzifix und Totenkopf.

Diese Magdalenenklause gilt zwar als «eine der bedeutendsten religiösen Eremitagebauten der ausklingenden Barockzeit»[10], doch ist die barocke Idee in Favorite noch deutlicher ausgeprägt: Die Eremitage hier ist schon von den Ausmaßen her wesentlich bescheidener[11], was bereits ein zeitgenössischer Reisender feststellte: «Diese Einsiedelei ist gerade das Gegenspiel von der Nymphenburgischen Hermitage, welche etwas Großes in ihrer gleichsam versteckten Pracht hat», während die badische in ihrer natürlichen Einfalt eher den Charakter «einer zur geistlichen Betrachtung bequemen Einöde» aufweist[12].

Es handelt sich um einen achteckigen Zentralbau, in dessen Mitte sich die Magdalenenkapelle befindet. Unter den sonstigen Räumen ist ein Speiseraum mit den Figuren der Heiligen Familie und einem Sitzplatz für die Markgräfin zu erwähnen sowie der Schlafraum und eine Küche, die wahrscheinlich nicht benutzt wurde. Zur heutigen Ausstattung gehören ein Ölgemälde «Maria Magdalena unter dem Kreuz» (18. Jahrhundert) und ein sogenanntes «Memento Mori» (18. Jahrhundert), ein mit Edelsteinen geschmückter Totenschädel. Der Bau ist außen mit echter Rinde verkleidet, im Innern sind die Wände und Decken mit gemalter Rinde versehen, was ebenso wie die kleinen Fenster den Eindruck des Kärglichen verstärkt.

Das Besondere dieser Eremitage ist jedoch ihre Kapelle, in der mit Hilfe von lebensgroßen Wachsfiguren das Leben der Heiligen nachgestellt wird: 1. Magdalena salbt Jesus die Füße, 2. die klagende Magdalena unter dem Kreuz, 3. das Grab Jesu, 4. Christus erscheint Magdalena als Gärtner. An den Wänden befinden sich die Leidenswerkzeuge, die an die Passion erinnern. Vermutlich gehört der im Schlafzimmer aufgestellte Totenschädel zu einer nicht mehr vorhandenen Szene mit der büßenden Magdalena.

Der Zweck dieser Kapelle geht weit über den gottesdienstlichen Gebrauch hinaus. Der Betschemel der Markgräfin beim Grab Jesu und die lebensechten Gesichtszüge der Magdalenenfiguren, die vielleicht «sogar Portraitzüge der Markgräfin selbst besitzen»[13], verweisen auf die Funktion dieses Raumes als «religiöses Theater» mit der Markgräfin als «Darstellerin» der trauernden und büßenden Magdalena. Aus heutiger Sicht mag dieses «Spiel» geschmacklos wirken; für einen Menschen des Barock, dem die Welt als Theater und das Theater als Symbol der Welt erscheinen, hatte die Verbindung von Religion und Theater, von Bußernst und Spiel eine tiefere Bedeutung, weshalb das Theater auch ein bevorzugtes Medium der Belehrung war, das von den Schulorden – Jesuiten und Piaristen – häufig eingesetzt wurde, um den Glauben sinnlich erfahrbar zu machen.

Vor allem zu den Piaristen lassen sich Verbindungen der Markgräfin nachweisen: Wahrscheinlich wurde die Prinzessin von Piaristen unterrichtet; sicher ist, daß sie Angehörige dieses Ordens in ihre Residenzstadt Rastatt holte, und es waren auch Piaristen, die die Festlichkeiten bei den Geburtstagen der markgräflichen Familie gestalteten. Vorbereitung und Durchführung von höfischen Festen wurden von den Fürsten so ernst genommen, daß nur die besten Künstler – von Rubens bis Goethe – oder gelehrte und kunstsinnige Ordensleute dazu herangezogen wurden. Als echtes Kind des Barock liebte auch die Markgräfin das Spiel der Verkleidung und das Hineinschlüpfen in mythologische oder biblische Rollen. Wo es zwischen religiös und profan nur fließende Grenzen gibt, kann sich das «Spiel» auch in Kapelle und Klause fortsetzen.

Die Wurzeln dieser Frömmigkeit reichen allerdings – gerade im Fall der Sibylla Augusta – weiter zurück: Im Mittelalter war es vor allem die franziskanische Frömmigkeit, die Szenen aus dem Leben Jesu mit lebensnahen Requisiten nachvollzog, wozu Saskia Esser bemerkt: «In der besonders in Böhmen stark ausgeprägten Bewegung der Gegenreformation lebte diese mystische, von starkem Realismus und dem Bedürfnis nach unmittelbarer Teilnahme geprägte Religiosität wieder stark auf; Sibylla Augustas Frömmigkeit ist vor diesem Hintergrund zu verstehen»[14]. Die Markgräfin wird selbst zu einer Figur des religiösen Spiels: sie ist die büßende Magdalena. In Demut, Selbsterniedrigung und Meditation, aber auch in der zupackenden, dem einfachen Volk zugewandten Hilfsbereitschaft drückt sich ihre Bußgesinnung aus. Ihre «Demut» vollendet sich in dem von ihr gewünschten Grabspruch: «Betet für die große Sünderin Augusta!» Dieser Spruch und das Wissen um die Bußklause im Schloßpark führte später zu unterschiedlichen Reaktionen.

Karl Julius Weber beschreibt 1826 in einer Reisebeschreibung die Räumlichkeiten aus ironischer Distanz: «Hier machte die letzte Markgräfin Baden-Badens, die letzte Prinzessin vom Hause Lauenburg und Witwe des Helden Louis, die sündhafte Sibylla (Sperrung I. M.), die reuige Magdalena»[15], während im Volk, dem Park und Klause im 19. Jahrhundert nicht zugänglich waren, die Erinnerung an einen düsteren, unheimlichen und spukhaften Bau weiterlebte[16].

Für die dem Denken der Zeit verpflichtete Fürstin war jedoch das Bußspiel ein echter, tief empfundener Ausdruck ihrer Frömmigkeit, weshalb auch die einfachen Leute ihrer Zeit voll Bewunderung zu ihr aufblickten. Allerdings macht die Betonung ihrer herausragenden Rolle als Büßerin deutlich, daß es sich um eine Ausnahme handelt: Die «normalen» Frauen hatten gar nicht die Möglichkeit, ihre religiösen Gefühle in dieser Intensität auszuleben. Ihr Leben war viel zu hart, um ihnen derart extravagante religiöse Übungen zu erlauben; man denke etwa an die neugegründeten Manufakturen, die ohne Heimarbeit bzw. Mitarbeit von Frauen nicht hätten betrieben werden können, an die Mägde in den bäuerlichen Betrieben oder das weibliche Personal in städtischen Haushalten, die keine Zeit für ausgedehnte religiöse Übungen hatten. Selbst die Buße der Fürstin war ein Privileg ihrer herausgehobenen gesellschaftlichen Stellung.

2. *Die Büßerin Magdalena als Symbol der Vergänglichkeit – zu einem Bild von Januarius Zick*

Nichts ist dem Menschen der Barockzeit so gewiß wie die Vergänglichkeit der Welt und alles Irdischen; nichts hat Bestand, alles ist eitel, ist Schein, Maske, Traum und Schaum. Hinter dem schönen, gesunden Leib steht der Tod, hinter der Zeit als einer nur vordergründig-scheinbaren Realität die Ewigkeit. Calderons Dramentitel «Das Leben ein Traum» könnte als Motto über der ganzen Epoche stehen, denn allen gelten die belehrenden Schlußworte des Helden, «daß das Glück des Menschen alles / wie ein Traum schwindet». Dieser Überzeugung korrespondieren auf der einen Seite Jenseitsmystik und Todessehnsucht; wer je eine Bach-Kantate gehört hat, wird sich an Bitten dieser Art erinnern: «Ach striche mir der Wind schon über Gruft und Grab» (BWV 57) oder «Ich freue mich auf meinen Tod, ach hätt' er sich schon eingefunden» (BWV 82). Die andere Seite ist die Beurteilung der Welt als «vanitas» (Nichtigkeit, Eitelkeit), eine Überzeugung, die von unzähligen Dichtern immer neu variiert wird und in der – trotz Konfessionszerrissenheit – alle übereinstimmen: der Protestant Andreas Gryphius

> «Du siehst, wohin du siehst, nur Eitelkeit auf Erden.
> Was dieser heute baut, reißt jener morgen ein,
> Wo itzund Städte stehn, wird eine Wiesen sein,
> Auf der ein Schäferskind wird spielen mit den Herden»[17],

ebenso wie der Katholik Angelus Silesius

> «Die Welt vergeht mit ihren Lüsten,
> Des Fleisches Schönheit dauert nicht,
> Die Zeit kann alles das verwüsten,
> Was Menschenhände zugericht»[18].

Diese Äußerungen aus dem 17. Jahrhundert haben auch 100 Jahre später nichts von ihrer Aktualität verloren, wie die Mahnung des Mystikers Gerhard Tersteegen zeigt:

> «Verlier dich selbst samt Welt und Zeit
> Und senk dich in die Ewigkeit,
> So hast du, glaub es, Tag und Nacht
> Die Zeit aufs beste zugebracht!»[19]

Gleichsam als bildnerisches Pendant zu Tersteegens Spruch kann das Bild «Büßende Magdalena» seines Zeitgenossen Januarius Zick gesehen werden. Der Künstler, Sohn und Schüler des Malers Johannes Zick, geboren 1730 in München, gestorben 1797 in Ehrenbreitstein, wurde vor allem in Paris und Rom ausgebildet, wo er sich dem Studium der barocken Maler widmete. Etwa ab 1760 arbeitete er als Hofmaler am Kurfürstlichen Hof zu Trier; in dieser Zeit (1765) entstand auch die «Büßende Magdalena» (Staatliche Kunsthalle Karlsruhe, Inv. Nr. 1480, vgl. unten, Abb. S. 120).

Das kleinformatige Bild (46:35,2) stellt eine in sich versunkene Frau dar, die sich von der Welt abgewandt und – dem Rat des Dichters folgend – in die Ewigkeit vertieft hat. Es handelt sich weder um ein Altarbild für einen öffentlichen Kirchenraum noch um ein Repräsentationsobjekt für einen profanen Raum, sondern um ein intimes Gemälde, das für die private Andacht und Betrachtung eines – wahrscheinlich männlichen – Besitzers gedacht ist[20].

Was sieht der Betrachter? Zunächst eine in die Lektüre versunkene junge Frau. Oberkörper und Beine sind nackt, das Haar nicht bedeckt; die Frau ist der Welt entflohen und hat alles abgetan, was ihre Stellung in der Gesellschaft anzeigen könnte. Zu ihren Füßen befindet sich ein schlichtes Eßgeschirr, das an die Notwendigkeiten des irdischen Lebens erinnert. In ihrem Schoß hält sie einen Totenkopf. Frau, Totenkopf und Buch sind in helles Licht getaucht, das auch den Hintergrund erleuchtet. Die Gruppe mahnt an die Vergänglichkeit des Lebens, durch den Kontrast von Jugend und Tod noch unterstrichen. Die Szene ist durch das steil nach rechts oben ragende Kreuz als religiöses Memento mori gekennzeichnet. Das Kruzifix versinnbildlicht in diesem Zusammenhang neben der Liebe zu Christus vor allem die Versenkung in sein Leiden und seinen Tod, wie auch der Totenschädel neben der allgemeinen Verbindung zum Tod an den Schädel Adams bei vielen Kreuzesdarstellungen erinnert: Die Todverfallenheit des Menschen (= Adam) wird durch das Kreuz in Leben verwandelt.

Die Frau sitzt auf einigen aufgeschichteten Steinen, den zerfallenden Resten einer Mauer oder eines Brunnens. Das Bild zeigt nicht eine natürlich gewachsene Wildnis, sondern verweist auf eine dem Verfall preisgegebene Kulturlandschaft: Was Menschen geschaffen haben, wird im Lauf der Zeit zerstört; alles Festgefügte bricht auseinander. Die Ruine erfüllt damit die gleiche Funktion wie die künstlichen Ruinen in den Gärten des 18. Jahrhunderts: Sie ist Symbol der vergehenden Zeit. Selbst das Buch, Träger von überdauernden Ideen, ist alt und zerlesen und zeigt an den Rändern bereits Spuren des Verfalls. Das Bild könnte als zeitlose Allegorie auf die Vergänglichkeit gelesen werden, wäre da nicht jenes Gefäß im Hintergrund, das zu den stehenden Attributen der Maria Magdalena gehört: Salbgefäß und Kreuz identifizieren die Frau als Magdalena.

Titel und ikonographisches Programm stellen das Bild in eine längere Tradition, denn bereits im 16. Jahrhundert taucht ein Bildtyp auf, der verschiedene heilige Büßer und Eremiten – Antonius, Hieronymus, Magdalena und andere – in wilden Gebirgs- und Wüstenlandschaften zeigt. Die «modernen» Künstler, die gerade die Naturdarstellung entdeckt haben, schwelgen in wild-romantischen Landschaften, die den Hauptteil der Bildfläche ausfüllen; die Eremiten selbst werden in der Regel nur am äußersten Bildrand sichtbar. Neben der Andeutung von Einsiedlerklausen gehören auch Symbole von Tod und Vergänglichkeit zum Bildprogramm. Im Motiv der Magdalena poenitens, das sich bis ins 19. Jahrhundert erhalten hat, sind Kreuz, Buch, Totenkopf und Salbgefäß feste Attribute; andere – wie Sanduhr oder Marterwerkzeuge – können das traditionelle Ensemble ergänzen[21].

Die Botschaft dieses Bildtyps, «der geradezu ein Schlüsselthema der barocken Malerei genannt werden muß»[22], ist klar: Buße ist Vorbedingung für die himmelwärts gerichtete Ekstase, in der sich barocke Frömmigkeit gefällt. Abtötung des irdisch-sinnenhaften Lebens und übersteigerte Sehnsucht nach dem Jenseits gehören unmittelbar zusammen. Daß es sich dabei nicht nur um theoretische Überlegungen handelt, lehrt ein Blick in die Ordens- und Heiligengeschichte der Zeit. In katholischen Ländern wie Frankreich, Spanien oder Italien gibt es im 16. und 17. Jahrhundert eine starke Bewegung der Weltabkehr, verbunden mit Ordensgründungen (die hl. Angela Merici und die Ursulinen, 16. Jahrhundert) oder der Reform bestehender Orden (die hl. Teresa von Ávila und der Karmel, 16. Jahrhundert; Armand-Jean de Rancé und die Trappisten, 17. Jahrhundert), die sich bald über die Ursprungsländer hinaus verbreiten. (Zu den neuen Orden gehören bezeichnenderweise auch die «Schwestern vom Orden der hl. Maria Magdalena», 17. Jahrhundert, die sich der Besserung gefallener Mädchen widmen.) Vor allem Frauen der höheren Schichten verlassen oft unvermittelt das oberflächliche Leben der Gesellschaft und suchen in klösterlichen Gemeinschaften nach einer sinnvollen Alternative. Die rasche Verbreitung sowohl streng kontemplativer als auch sozial-engagierter Frauenorden wäre nicht möglich gewesen ohne die ideelle und finanzielle Unterstützung vornehmer Gesellschaftsdamen[23]. Diese Männer und Frauen folgen dem gleichen Ideal der Buße und Weltabkehr, das auch für die Darstellungen der büßenden Magdalena richtungweisend geworden ist. Ähnliches gilt für die Heiligsprechungen der Zeit: So wird 1728 Margareta von Cortona (13. Jahrhundert) kanonisiert, die – nach einem sündhaften Verhältnis und späterem strengem Bußleben – unter den Ehrennamen «die Büßerin» und «die zweite Magdalena» in die Heiligengeschichte eingegangen ist[24]. Auch diese Heilige, deren Frömmigkeit vom Doppelaspekt von Buße und Hingabe an das Jenseits geprägt ist, entspricht in vollkommener Weise dem Heiligkeitsideal, das sich im kanonisch gewordenen Bild der Büßerin Magdalena ausspricht. Denn wer die Lehre von der Unbeständigkeit aller irdischen Dinge recht begriffen hat, wird schließlich «bereuend und entsagend der Welt Ade sagen» und sein Leben als Einsiedler oder im Kloster mit der «Betrachtung der unvergänglichen Dinge» beschließen[25]. Heilige und Schelme, Ordensleute und Fürsten, Damen und Herren finden dafür ein Vorbild in der Gestalt der büßenden Magdalena.

Doch auch für diese weltflüchtige Buße gilt: Nichts ist so ernst, daß es nicht auch zum Spiel werden könnte. Viele Damen des Hofes – Fürstinnen wie Mätressen – und der Halbwelt haben die büßende Heilige «gespielt» und sich in dieser Pose, die eine freizügige Darstellung des weiblichen Körpers erlaubte, porträtieren lassen.

Januarius Zick hat den Bildtyp der büßenden Magdalena aufgegriffen und zugleich variiert. Wo das Hochbarock das Wissen um die Eitelkeit des irdischen Glücks in Prunk und Fest erstickt und sich einer Stimmung zwischen Rausch und Buße hingibt, liebt das Rokoko leisere Töne, die ekstatische Geste macht stiller Resignation Platz. Zicks intime Rokokoversion des Themas holt die Frau vom Bildrand ins Zentrum, formt aus der grandiosen Wildnis eine Idylle und nimmt dem Ganzen durch Blüten und Blätter am Rande alles Bedrohliche. Entgegen der Titelaussage handelt es sich nicht um eine «büßende» Magdalena; die Frau sitzt vielmehr sinnend, in beschauliche Meditation versunken und leitet den Betrachter dazu an, sein eigenes vergängliches Leben unter dem Blick der Ewigkeit zu betrachten. Nur so wird er erkennen, was Lyriker und Erzähler immer wieder einschärfen: daß alles Irdische nur eine Zeitlang währt.

Zicks Magdalena verweist auf einen weiteren Motivzusammenhang: Die biblische Figur wird ersetzt – wie bereits in der Bildbeschreibung angedeutet – durch die allegorische Gestalt der Melancholie. Eine entsprechende Darstellung von Domenico Feti «Die Melancholie» (um 1613, Paris, Louvre) zeigt eine junge Frau in die Betrachtung eines Totenschädels versunken, umgeben von Gegenständen, die auf die Vergeblichkeit irdischer Gelehrsamkeit hinweisen: alte Bücher, ein antiker Torso, verschiedene Werkzeuge, ein Globus; den Hintergrund bildet ein altes, bereits im Verfall begriffenes Gebäude. Der Gedanke an die Melancholie, die resignierte Einsicht in die Nichtigkeit der Welt und des Weltlebens überlagert die Darstellungen der büßenden Magdalena, «die achtlos die Zeichen menschlicher Tätigkeit beiseiteschiebt» und versunken in «Todesmeditation und Jenseitshoffnung» dem Lebensgefühl der Zeit gültigen Ausdruck verleiht[26]. Im Austausch mit der Gestalt der Melancholie hat Magdalena ihren Heiligenschein verloren und ist selbst zu einem Vanitas-Symbol geworden.

3. *Sündige und büßende Liebe*

Das Bildmotiv der büßenden Magdalena prägt in der Barockzeit die Vorstellung von Heiligkeit so stark, daß einerseits auch andere Heilige – zeitgenössische oder jetzt erst kanonisierte – an diesem Maßstab gemessen werden, und andererseits der Topos «Büßerin» für Magdalena allmählich zu einer Leerformel wird. Selbst Autoren, die ganz andere Intentionen verfolgen, können gelegentliche Hinweise auf die tränenselige Büßerin nicht ganz vermeiden (vgl. die «büssend Magdaleen» bei Friedrich Spee). Bei anderen – Künstlern wie Autoren – gewinnt man sogar den Eindruck, die Liebe der Magdalena, die vor allem «Bußliebe» ist, sei nur deshalb so interessant, weil sie ihre Intensität aus der überwundenen sündigen Liebe erhält. Ist doch Magdalena nach der Vorstellung der Zeit die Sünderin, die beim Gastmahl des Pharisäers Simon erscheint, um über Jesu Füßen zu weinen und sie zu salben – eine Szene, die von den Malern auf unzähligen Bildern verewigt wurde. Sie wird allerdings nicht als zerknirschte Büßerin dargestellt – was ihre jugendliche Schönheit nur beeinträchtigen würde –, sondern als verführerisch-schöne Dame, die einen von Jesu nackten Füßen liebkost und die durch ihr Erscheinen ebenso wie durch ihr zärtliches Tun die vornehme Tischgesellschaft in Aufregung versetzt. Die intime Nähe von Sinnlichkeit und Göttlichkeit erhöht den Reiz solcher Darstellungen, vor allem, wenn auf die sündige Vergangenheit der Frau so dezent hingewiesen wird wie bei dem Gemälde «Christus und Maria Magdalena beim Gastmahl des Pharisäers Simon» von Jean-Baptiste Jouvenet (17. Jahrhundert, Staatliche Kunsthalle Karlsruhe)[27], wo die schöne Sünderin von absichtsvoll verstreuten, abgebrochenen Blüten umgeben ist. Die Verwendung solcher Gastmahlszenen vor allem in Refektorien oder klösterlichen Festsälen macht die Sünderin zur Repräsentantin der irdisch-sündigen Welt, die zugleich beunruhigt und fasziniert[28].

Nur als diese welterfahrene Sünderin kann sie unter Tränen sprechen:

> «Nimm, Jesus, ein Herz, das deiner nicht mehr würdig ist, da es andern gehört hat als dir; aber eines, das wenigstens aus seiner unseligen Erfahrung den Vorteil zieht, in seinem ganzen Gefühl überzeugt zu sein, daß du der Einzige bist, der Liebe verdient» (S. 16).

Dieses Zitat stammt aus dem Text eines unbekannten französischen Autors, der von Rainer Maria Rilke ins Deutsche übersetzt wurde: «Die Liebe der Magdalena. Ein französischer Sermon / gezogen durch den Abbé Joseph Bonnet / aus dem Manuskript Q I 14 der / Kaiserlichen Bibliothek zu / St. Petersburg»[29]. Es handelt sich demnach um einen von Abbé Bonnet in St. Petersburg entdeckten und 1909 in Paris veröffentlichten Text. Als Verfasser wird allgemein Jacques-Bénigne Bossuet (1627–1704) vermutet, der unter Ludwig XIV. als Politiker und Bischof wirkte und besonders als Kanzelredner berühmt war[30].

Rilke (1876–1927), der mehrfach fremdsprachige Werke übertrug, hat diese Übersetzung 1911 in Paris angefertigt. Der Dichter, von der Arbeit am Malte-Roman erschöpft, durchlebte eine Zeit des Zweifels an den eigenen schöpferischen Fähigkeiten und übernahm bis Kriegsausbruch mehrere Auftragsarbeiten, darunter die Übersetzung des kurz zuvor in Paris erschienenen Traktats. Vom äußeren Anlaß her handelt es sich um eine Brotarbeit, dennoch reiht sich die Gestalt der grenzenlos liebenden Magdalena nahtlos in die Reihe der vom Dichter immer wieder beschworenen Frauen ein, deren Liebe die der Männer übersteigt und vor denen die Männer versagen (Marianna Alcoforado, Louïze Labé, Gaspara Stampa, Heloïse, Bettine Brentano); vor allem einzelne Passagen im Malte-Roman lesen sich wie ein vorausgenommener Kommentar zur «Magdalena».

Der Traktat beschreibt die dreifache Gestalt der Liebe der Magdalena, wie die Eingangszeilen ankündigen:

> «Magdalena, Jesu heilige Liebende, hat ihn geliebt in seinen drei Zuständen. Sie hat ihn geliebt als Lebendigen, sie hat den Toten geliebt, den Auferstandenen hat sie geliebt» (S. 9).

Die erste Gestalt ihrer Liebe, die dem gegenwärtigen Jesus gilt, ist die kühne Zärtlichkeit der Bußliebe, die sich dem Geliebten und Gemahl nähert und sich gleichzeitig von ihm zurückzieht, um gerade so von seiner Liebe gehalten zu werden. Der Autor wird «nicht müde, die wunderbaren Verhältnisse unserer heiligen Büßerin zu betrachten» (S. 13). Seitenlang kann er die leidenschaftlich-zärtlichen Spiele der Liebe beschreiben, die Seufzer und Tränen der Magdalena zu Jesu Füßen. Um so befremdlicher erscheint ihm Jesu Grausamkeit («Was für ein befremdliches Spiel treibst du mit den Herzen, die dich lieben!» S. 19), die in seinem Verhalten am Kreuz ihren Höhepunkt findet: ein gutes Wort für alle, aber keines für die Liebende unter dem Kreuz. Die zweite Gestalt der Liebe gilt dem Toten und besteht im geduldigen Ausharren am Grab, die dritte Gestalt zeigt sich im Wüten und in den Ausschweifungen der verlassenen Liebe. Der aufgefahrene Jesus ist der grausame Liebhaber, der die zurückgelassene Liebende über jedes Maß hinaus quält. Ihre Verzweiflung streift die Grenzen des Wahnsinns: «In diesem Zustand der Liebe wird alles zu Grauen und Entsetzen» (S. 27).

Diese dritte Gestalt von Magdalenas Liebe, das sehnsüchtige Warten auf die Wiederkehr des Gemahls, wird vom Hohenlied her beleuchtet und ist zugleich transparent auf die Kirche hin. Die Geliebte des Hohenlieds glaubt sich bisweilen verschmäht, sie zieht sich in Wüste und Felsengebirge zurück und sucht Trost in der Einöde – so auch Magdalena:

> «Was anders als dies hat Magdalena in die Schrecken jener gespenstischen Wüste getrieben und in die lautlose Furchtbarkeit der zwielichtigen Höhlen, in denen sie ihr Herz der Wut ihrer verlassenen und aufgegebenen Liebe vorwarf?» (S. 25)

Die Klagerufe dieser Liebenden sind auch die Klagen und Seufzer der Kirche, die nach dem Verschwinden Jesu als «trostlose junge Witwe» (S. 23) zurückgeblieben ist. Wie die Braut des Hohenlieds, wie Magdalena, so stöhnt auch die Kirche, «die ihres Gemahls beraubt ist» (S. 23). So wandelt sich das «Hohelied der Synagoge», die den Geliebten noch nicht gesehen hat, über das «Hohelied der Bußliebe», mit der Magdalena ihn umarmte, in das «Hohelied der Kirche», die ihn gesehen und berührt hat und unaufhörlich nach dem Gottgemahl ruft:

> «Diesem zweiten Erscheinen Jesu Christi brennen alle Eingeweide der Geliebten entgegen, aber die Wartezeit auf dieses Wiedersehen ist ein einziger Schmerz ... Es ist in der Tat die Absicht dieses heiligen Gemahls, uns beständig in Erwartung zu halten, in einer Erwartung, die stöhnt und sehnlich nach ihm verlangt» (S. 23 f.).

Was im Hohenlied vorgebildet und in Magdalena Wirklichkeit geworden ist, ist das Geheimnis der Liebe, das sich in der Kirche durch die Jahrhunderte vollzieht: «Von solcher Beschaffenheit ist die Liebe derer, die unterwegs sind; Gott teilt sich in ihr nur mit, indem er sich verbirgt» (S. 29). Die göttliche Liebe wird sich für Magdalena wie für die Kirche erst nach der Zeit der Verbannung, in der Fülle der Zeiten, vollenden.

Der Traktat übernimmt das traditionelle Bild der Maria Magdalena (die Schwester der Marta, die Sünderin) und steht auch in der Tradition der typologischen Auslegung biblischer Texte im Blick auf die Kirche; von der gerade aufkommenden Bibelkritik ist er noch völlig unberührt (was auch für die vermutete Verfasserschaft Bossuets spricht!). Dennoch zeichnet der Text das Bild jener «anderen» Magdalena, das die europäische Malerei in vielen Gastmahlszenen gestaltet hat: Sie ist die reizende Büßerin, die als solche nur interessant ist, weil sie die Sünderin zur Voraussetzung hat. Ihre Liebe wird trotz des leidenschaftlichen Inhalts aus einer kühlen Distanz geschildert; ihre Buße – diese artige Bußliebe (S. 11) – ist nicht die Revision eines verfehlten Lebens, sondern Vorwand für «die reizenden Zärtlichkeiten» und «die heiligen Galanterien der büßenden Liebe» (S. 15), mit denen der neue Liebhaber gefesselt wird; selbst die Bußgesten des Evangeliums werden erotisch umgedeutet:

> «Löse dein Haar, Magdalena, und binde damit die Füße Jesu … Wie soll er seine Füße herausfinden aus dem Netz aller deiner Haare?» (S. 14)

Der Liebe dieser Magdalena fehlt letztlich der existentielle Ernst, mit dem sich die wahren Büßerinnen und Büßer der Zeit an ihre Lebensumkehr hingeben; sie ist trotz der Emphase nur unverbindliche Tändelei, ein Spiel aus galanter Zeit.

Der kleine Traktat bekommt eine besonders pikante Note, wenn man ihn aus dem geistlich-typologischen Geflecht herauslöst und mit der profanen Wirklichkeit in Verbindung bringt: als Kanzelrede vor einer höfischen Gesellschaft, in der die Maitresse des Fürsten einen offiziellen Platz einnimmt. (Auch Jouvenets Magdalena vollzieht eher einen Hofknicks als einen demütigen Bußgestus!).

In dem französischen Text wie in den bildlichen Darstellungen der Zeit verkörpert Maria Magdalena durchweg die demütige Sünderin (und leidenschaftliche Büßerin unter dem Kreuz), während Osterszenen mit ihr (vgl. das ältere Noli-me-tangere-Motiv) auffallend zurücktreten. Sie wird so zur Schwester jener edlen Kurtisanen, die im 18. Jahrhundert die Literatur bevölkern[31]: Durch echte Liebe zu einem edlen Mann bekehren sie sich zu einem tugendhaften Leben an seiner Seite oder sie entsagen seiner Liebe, um seiner Zukunft nicht im Wege zu stehen. Der Typ der bekehrten Kurtisane (vgl. die Manon Lescaut des A.-F. Prévost d'Exiles, 1731), die von Autoren wie Publikum in die Nähe der büßenden Magdalena gerückt wird, lebt über die Romane des 18. und 19. Jahrhunderts (vgl. A. Dumas: Die Kameliendame), über die Oper (vgl. Verdi: La Traviata, Puccini: Manon Lescaut) und über die Verfilmung dieser Literatur- und Opernstoffe bis in die Gegenwart weiter und wirkt umgekehrt auf das Bild der biblischen Magdalena zurück.

Rückblickend erweist sich Maria Magdalena als ein perfektes Symbol des Barock: Inbrunst und Spielerei, irdische und himmlische Liebe, Buße und Himmelssehnsucht, Aufschwung ins Jenseits und schließlich auch Melancholie und Resignation – alle wichtigen Themen des Barock werden von ihr besetzt. Nur sie selbst, Maria aus Magdala, die alle diese Assoziationen auf sich zog, sie bleibt außer Betracht, wird von der Bilderflut, die sie auslöste, völlig verdeckt. Sie ist ein zeitgebundenes Symbol, das nur in Teilaspekten überdauert: die schöne Sünderin als Objekt männlicher Begierde. Die Darstellung der nackten Büßerin oder der sich erniedrigenden Sünderin paßt nahtlos in das Denken einer Zeit, die die Frau als «Hexe» fürchtet und sich zugleich lüstern an ihren perversen Liebesspielen weidet.

VI

MARIA MAGDALENA ZWISCHEN RELIGION UND ÄSTHETIK

In der Literatur des 17. und 18. Jahrhunderts, zwischen Barock und Klassik begegnen bei zwei großen Dichtern überraschende Magdalenenbilder, die ohne die bekannten Züge der Sünderin oder Büßerin auskommen. Im 17. Jahrhundert schreibt Friedrich Spee sein großes Magdalenenlied; im 18. Jahrhundert wird sie in Klopstocks «Messias» als Jüngerin des göttlichen Menschenfreundes gefeiert. Allerdings könnten Voraussetzung und Intention beider Dichter nicht unterschiedlicher sein: Während Spees literarische Tätigkeit aus einer tiefen Frömmigkeit erwächst und seine kirchliche Arbeit als Priester und Lehrer begleitet, ist Klopstocks Werk weder Ausdruck einer persönlichen noch einer kirchlich gebundenen Frömmigkeit, sondern Repräsentant eines neuzeitlichen Kulturchristentums: Die tiefe Innerlichkeit des Pietismus wird ästhetisch profaniert; das gilt auch für die biblischen Texte: Ihre Kenntnis stammt nicht aus der Mitfeier gottesdienstlicher Vollzüge, sondern gehört ebenso zum Bildungskanon der Zeit wie die Kenntnis griechischer, indischer oder nordischer Göttergeschichten.

1. Die «gespons Jesu» (Friedrich Spee)

Das Magdalenenlied des *Friedrich Spee von Langenfeld* (1591–1635), das sich sowohl in der Liedsammlung «Trutz-Nachtigall» von 1649 als auch im «Güldenen Tugend-Buch» (Pariser Handschrift von 1640) findet[1], ist nicht nur ein langes (472 Verse bzw. 59 Strophen), sondern mehr noch wegen seiner inhaltlichen und formalen Qualitäten auch ein großes Gedicht.

Kontext und Überschriften variieren in den beiden Werken:

a) Im *Güldenen Tugend-Buch,* das nach den drei göttlichen Tugenden Glaube, Hoffnung, Liebe gegliedert ist, gehört das Lied in den zweiten Teil, der mit «Hoffnung oder Liebe der Begierlichkeit» überschrieben ist.

Spee hat in der Einleitung, in der er sich zum Gebrauch des Buches äußert, mit der scholastischen Theologie zwei Arten von Liebe unterschieden: die «liebe der Begierlichkeit» (amor concupiscentiae) und die «liebe der Gutwilligkeit oder der Freundschafft» (amor benevolentiae), deren erste ersehnt, was man noch nicht hat, deren zweite dem andern von Herzen wohl will[2]. Unter den Übungen der «begierlichen Liebe» finden sich Lieder, in denen die Gespons Jesu (= die gottliebende Seele) nach ihrem Bräutigam seufzt[3] und sich vor Sehnsucht die Kehle wundschreit, bis sie schließlich einen Ruhepunkt findet:

«Für deinem Creutz will tag vnd jahr
Mit Magdalenen sitzen.»[4]

Abschluß und Höhepunkt der Liedreihe bildet das Magdalenenlied, das mit seinem barocken Titel noch einmal den Bezug zum zweiten Teil des Buches herstellt: «Andere Werck der Hoffnung oder Liebe / der Begierd / Von / Maria Magdalena da sie nach dem / Jüdischen Osterfest, oder grossem Sabath / morgens früh ihren Jesum in dem / grab gesucht.»

b) Während Maria Magdalena hier als Prototyp der Hoffnung auftritt, hat sich ihre Funktion in *Trutz-Nachtigall* gewandelt. Das Lied folgt den Nummern 2–10, die jeweils «Liebgesang der Gespons Jesu» überschrieben sind, als Nr. 11 mit dem Titel «Spiegel der Liebe. oder von Maria Magdalena ...» Maria Magdalena hat sozusagen die Tugend gewechselt, denn: «Die liebe der Freundschafft aber, ist die dritte Göttliche Tugend, welche man schlecht vnd recht ohn zusatz die liebe nennet, darumb weil sie fürtrefflicher ist als die liebe der begierlichkeit, oder Hoffnung.»[5]

Der Wandel von Maria Magdalena als Bild der Hoffnung bzw. der suchenden Liebe im *Güldenen Tugend-Buch* zum Inbegriff der wahren und eigentlichen Liebe in *Trutz-Nachtigall* läßt sich sehr schön an einer der wenigen Textänderungen ablesen; hat es im *Tugend-Buch* noch geheißen «Wen sie da sucht, nitt findet», so ist die Stelle in *Trutz-Nachtigall* viel eindeutiger: «Den Liebsten sie nitt findet»[6].

Das Magdalenenlied in der Fassung von *Trutz-Nachtigall* ist ein Osterlied, das in beiden Versionen ausdrücklich die Situation von Johannes 20 (Maria am leeren Grab, ohne die anderen Frauen) voraussetzt (Strophe 1).

«Die Sonn sampt ihren Rossen
Späth Oesterlich bezecht
Mitt Schlaff noch vbergossen
Wollt früh kaum wachen recht:
Da fand ich schon beyzeiten

Am Grab in trawren stehn,
Vnd Salb, vnd Büchs bereiten
Die weinend Magdaleen.»

Am Anfang steht eine Naturschilderung: Die Sonne und ihre Strahlen sind noch schlaftrunken. In dieser Morgenfrühe beginnt ein dramatisches Geschehen, das von Trauer zu Jubel hinführt. Die poetischen Mittel, mit denen Spee diese Eingangsstrophe gestaltet, sind typisch für ihn; man vergleiche nur die erste Strophe des bekannten «Trauergesangs von der Not Christi am Ölberg im Garten»:

«Bey stiller Nacht
Zur ersten Wacht
Ein Stimm sich gund zu klagen.
Jch nahm in acht,
Was die dan sagt;
That hinn mitt augen schlagen.»[7]

In beiden Strophen findet sich das Ineinander von Bericht und Dichterrede (Da fand ich … / Ich nahm in acht …) und von Naturschilderung als Ausdruck einer besonderen Stimmung (die Sonne, die nicht leuchten will / die tiefe Nacht als Bild der Trauer); das gilt auch für den meisterhaft gestalteten Gegensatz von Natur und Mensch: auf der einen Seite die herrscherliche Sonne mit ihrem von Pferden gezogenen Prachtwagen, auf der anderen Seite ein Bild des Jammers, die weinende Frau (oder die tiefe Stille der Nacht, aus der sich allmählich ein Klagelaut erhebt). Hier kündigt sich ein neuer, moderner Ton in der deutschen Lyrik an, wie er vielleicht erst in der Naturlyrik Goethes voll zum Tragen kommt.

Bei diesem Gedicht sind sowohl einige inhaltliche Besonderheiten als auch die Plazierung im Gesamtzyklus von *Trutz-Nachtigall* von Bedeutung.

a) *Inhaltlich* fällt vor allem auf, was *nicht* dasteht: Marias Klage ist ausschließlich Liebesklage und nicht – wie in den mittelalterlichen Osterspielen – Klage über die sündige Vergangenheit. Eine ältere Magdalenenklage[8], die – wie Spee – die Entdeckung des leeren Grabes durch Magdalena voraussetzt («Owe der maere, / owe der jaemerlichen klag / Das Grab ist laere …»), begründet die Klage der Magdalena mit ihrer Reue:

«Wa (= wo) ist nu mein trost,
der mich von sunden hat erlost,
ich waer armiu gar verlorn,
er wart durch (= wegen) mein hail geborn.»

Hier hat die Sünderin ihren Heiland verloren und ist dadurch in die alte Verlorenheit zurückgefallen. Die Magdalena des Friedrich Spee aber ist keine Sünderin. Sie wird zwar an einer Stelle «Die wainend Büsserinn» (Strophe 42) genannt, doch dies geschieht, ebenso beiläufig wie der in einem anderen Lied verwendete (und eigentlich unpassende) Name «büssend Magdaleen» oder ihre Erwähnung zusammen «mit dem bußfertigen König David», wo sie – offensichtlich nur wegen der nachfolgenden männlich-weiblichen Anrede «O Sünder, vnd o Sünderin!» – sprachlich ungeschickt nachgeschoben wird[9]. Natürlich kennt auch Spee die Mehrfachgestalt der Maria Magdalena, wie ein Hinweis auf Maria von Betanien im Magdalenenlied beweist («Der best erwehlte theil», Strophe 29); daß er aber den Bußaspekt ihrer Gestalt nicht weiter aufgreift, ist das eigentlich Aufsehenerregende. Wenn Spee wirklich ein neutestamentliches Beispiel für Sünde und rechte Buße vorstellen will, bedient er sich anderswo: Es ist ausgerechnet der heilige Apostel Petrus, der Tag und Nacht in einer Höhle bei Jerusalem weint und büßt, während Maria Magdalena im gleichen Kapitel zwar ebenfalls weint («Maria Magdalena weinet sehr»), aber nicht wegen ihrer Sünden, sondern aus Mitgefühl mit dem gemarterten Jesus[10]. Das gilt auch für das Magdalenenlied: Maria Magdalena ist bei Spee gerade nicht die reuig-weinende Büßerin, die ihre Sünden beklagt, sondern die Frau, die um ihren Geliebten weint.

b) Daß es dem Dichter nicht darum geht, die Frau (alle Frauen!) auf die Rolle der Sünderin festzulegen, zeigt auch die *Plazierung* dieses Lieds im Rahmen der *Trutz-Nachtigall:* Es gehört nicht zu den Reue- und Bußliedern, sondern schließt die Reihe der Liebeslieder ab, die die Gespons (= Braut) Jesu an den Geliebten richtet. Maria Magdalena ist Inbegriff dieser Braut. Aber sie ist – anders als das Vorbild aus dem Hohenlied – nicht nur die Frau im Gegenüber zum Mann; die «gespons» steht für die «Seele», d. h. für jeden Menschen – ob männlich oder weiblich – im Gegenüber zu Jesus. Maria Magdalena ist vom Kontext aus gesehen der Mensch schlechthin. Sie repräsentiert jeden Menschen, der in Jesus das Leben sucht. Daher werden an anderer Stelle alle Seelen, die sich mit «meiner geliebten Maria Magdalena» an der Suchbewegung der Liebe beteiligen, selig gepriesen[11].

Spees erstaunliches Magdalenen-Bild kommt nicht von ungefähr: Er erweist sich auch in seinen anderen Werken als Anwalt der Frauen; so in der 1631 erstmals erschienenen *Cautio criminalis,* wo er mutig für die als Hexen bedrohten Frauen eintritt, wohl wissend, daß er dadurch die Sicherheit des eigenen Lebens und die Karriere als theologischer Lehrer aufs Spiel setzt, oder in seinem *Güldenen Tugend-Buch,* das Anweisungen für Frauen enthält, die – außerhalb von Kloster und Klausur – in ihrem Alltag ein geistliches Leben führen wollen. Auch dieses zweite Buch ist anstößig, weil es sich an Adressaten wendet, die es eigentlich gar nicht geben dürfte. Denn im Gefolge des Konzils von Trient gingen die kirchlichen Bestrebungen dahin, Frauen mit einer spirituellen Berufung auf Klausur, Ordenskleid und lateinisches Stundengebet zu verpflichten.

Die negativen Auswirkungen zeigen sich in den folgenden Jahrhunderten am demütigenden Kampf von Frauen um die kirchliche Anerkennung weiblicher Kongregationen. Beispielhaft sei hier auf zwei Stifterinnen verwiesen, die beide nach dem Vorbild der heiligen Maria Magdalena in Erziehung, Unterricht und Fürsorge tätig waren: Julie Françoise Cathérine Postel (1756–1846, heiliggesprochen 1925), die «Maria Magdalena» als Ordensnamen wählt, und Catharina Damen (1787–1858), die sich Sr. Magdalena nennt.

Da es päpstlich anerkannten Ordensfrauen verboten war, die Klausur zu verlassen, waren apostolische Tätigkeiten für Ordensfrauen nicht möglich, oder umgekehrt: Frauen, die ein tätiges Ordensleben anstrebten, waren nach kirchlichem Recht keine Ordensfrauen. Der zermürbende Kampf beider Stifterinnen läßt sich u. a. daran erkennen, daß Sr. Magdalena Damen erst mit 49 Jahren und Sr. Maria Magdalena Postel mit 51 Jahren den Ordensnamen annehmen konnten. Auch bei der Gestaltung der Ordensregel waren beide vielfachem kirchlichem Druck ausgesetzt, was bei Sr. Maria Magdalena dazu führte, daß sie im Alter von 82 (!) Jahren noch einmal ein Noviziat mit anschließender zweiter Profeß machen mußte.

Wieviel Kraft das kirchliche Mißtrauen gegenüber Gestaltungswillen und Tatendrang von Frauen gebunden hat, läßt sich nur erahnen[12].

Im Gegensatz dazu verfaßt Pater Spee seine geistlichen Übungen und Meditationstexte für «weltliche» Frauen[13]; er verwendet die für alle verständliche deutsche Sprache und legt Wert auf regelmäßige, aber zeitlich beschränkte Betrachtungen (täglich ein Viertelstündchen!), die auch von Frauen mit Haushaltspflichten, von Ehefrauen und Müttern durchgeführt werden können, wobei er gerade für diesen Personenkreis auch Übungen in tätiger Nächstenliebe (z. B. Krankenpflege, Fürsorge für Arme und Gefangene, Stipendien für Schüler) vorschlägt. Diese weltliche Spiritualität ist auch heute noch modern.

Es ist beachtlich, daß ein Theologieprofessor sich überhaupt mit Bildungsarbeit für Frauen abgibt, wenn man die folgenden, einem damals höchst aktuellen Buch entnommenen Äußerungen über Frauen, ihren Charakter und ihre Bildungsfähigkeit dagegenhält:

– Frauen sind leichtgläubig «und weil der Dämon hauptsächlich den Glauben zu verderben sucht, deshalb sucht er lieber diese auf».

– Frauen haben wegen «ihrer natürlichen Anlage zur Leichtgläubigkeit» auch geringeren Glauben, was bereits in der Etymologie des Wortes «femina» (= Frau) angelegt ist: «das Wort *femina* nämlich kommt von *fe* und *minus* (*fe* = fides, Glaube; *minus* = weniger, also *femina* = die weniger Glauben hat), weil sie immer geringeren Glauben hat und bewahrt».

– Frauen sind von Natur aus leicht zu beeinflussen.

– Frauen sind seit Eva schlecht (aber wegen der Umwandlung des *Eva* in das *Ave* darf man nur vorsichtig darüber predigen).

– Frauen sind dumm, denn «was den Verstand betrifft, oder das Verstehen des Geistigen, scheinen sie von anderer Art zu sein als die Männer».

– Frauen sind glaubensschwach, denn die natürliche Schlechtigkeit des Weibes zeigt sich darin, daß «es schneller am Glauben zweifelt, auch schneller den Glauben ableugnet».

– Frauen, selbst die heiligen, sind streitsüchtig, wie man am Verhalten der Marta gegen Magdalena (!) (Lk 10) sehen kann.

Um das Maß der Frauenfeindlichkeit vollzumachen, versichern die Verfasser, das alles sei niedergeschrieben, «ohne das Geschlecht zu verachten, in welchem Gott stets Großes schuf, um Starkes zu verwirren»; sie empfehlen sogar, «zur Ermahnung der Weiber» darüber zu predigen, «wenn man solches nur diskret vorbringt».

Dies ist das Frauenbild des «Hexenhammer»[14]: schlecht, leichtfertig, unverständig. Spee dagegen beschreibt seine Leserinnen so: andächtig, fromm, verständig[15].

Man kann Spees anderes Frauenbild eigentlich nur verstehen, wenn man darin sein anderes Gottesbild aufleuchten sieht: Sein Gott ist «eine gütige lieb-reiche Mutter», ein Gott, der ein «zart- vnd mehr dan mütterliches hertz» besitzt, und er beschwört bei seiner Seligkeit, daß der allmächtige Gott «warhafftig eine solche mutter ist. Er, er selbsten, Gott Vatter, Sohn vnd H. Geist, ist eine solche mutter, vnd wir seind seine Kinder»[16]. Es hat in der katholischen Kirche – anders im Pietismus – lange gedauert, bis ein Papst, der gütige Johannes Paul I., die Gläubigen mit einer ähnlichen Aussage schockierte. Daß Spee auch den «normalen» Frauen – gegen die kirchlichen Tendenzen der Zeit – ein Recht auf spirituelle Bildung zugesteht, und daß er ihnen theologische Abhandlungen zumutet, wo doch alle Hexenjäger genau wissen, daß Frauen dumm, bösartig und glaubensschwach sind, wirft ein besonderes Licht auf seine Maria Magdalena, die zwar auch «ohn Verstand» ist, aber *aus Liebe,* und die *aus Liebe und Glaubensstärke* ihren Weg geht. Diese Maria Magdalena ist der gestaltgewordene Protest gegen alle Verunglimpfung von Frauen in Spees Zeitalter[17].

Die Qualität dieses Magdalenen-Bildes ist leider in der Folgezeit abhanden gekommen und wäre heute neu zu entdecken.

2. *Die Jüngerin des göttlichen Menschenfreundes (Klopstock)*

In der Mitte des 18. Jahrhunderts prägen zwei geistige Strömungen, die sich nicht immer streng trennen lassen, das literarische Bild in Deutschland: Aufklärung und Empfindsamkeit. Bei der einen Richtung steht die Philosophie im Hintergrund, bei der anderen verschiedene Erweckungsbewegungen (Pietismus); bei beiden geht es auch um die Religion, die entweder von Dogma und Irrationalismus gereinigt oder aus Dogma und ritueller Erstarrung zu einer tieferen Innerlichkeit befreit werden soll.

Als wichtigster Vertreter der Empfindsamkeit gilt *Friedrich Gottlieb Klopstock* (1724–1803) mit seinem Hauptwerk «Der Messias» (1748–1773)[18]. Sein Einfluß auf die Entwicklung der deutschen Sprache und Dichtung kann kaum überschätzt werden, auch wenn der heutige Leser nur noch schwer einen Zugang finden mag. Dabei ist allerdings zu bedenken, daß die pathetische Gefühlssprache, die uns heute eher kalt läßt, die Zeitgenossen des Dichters zu Tränen rührte[19]. Lessings boshaft-distanzierter Ausspruch «Wer wird nicht einen Klopstock loben; / doch wird ihn jeder lesen? Nein!» mag zutreffen, dennoch gilt: Der «Messias» war in seiner Zeit ein Werk, das auf ein breites – durchaus nicht immer literarisch vorgebildetes – Publikum und auf nachahmende Dichter eingewirkt, Maßstäbe für die Zukunft gesetzt hat und – in bewußter Nachahmung der antiken Literatur – den Anspruch erhebt, gleichwertig neben der als vorbildlich anerkannten griechischen Literatur zu bestehen. Der Bildungsanspruch trifft auf Leser, zu deren Ausbildungsprogramm die Lektüre griechischer Texte gehört und die im Wiedererkennen antiker Vorbilder im unerwarteten Gewand der eigenen Sprache ästhetisches Vergnügen empfinden und voll Stolz erkennen, daß sich auch die deutsche Sprache in das Korsett des antiken Versmaßes einspannen läßt (was allerdings neue Wortschöpfungen und Vernachlässigung der Grammatik nötig macht).

Diesem selbstgesetzten Anspruch dient bereits der berühmte Einleitungsvers, der den «hohen» Ton anschlägt, der über 20 lange Gesänge durchgehalten wird:

«Sing, unsterbliche Seele, der sündigen Menschen Erlösung».

In der Nachbildung der Eingangsverse von *Ilias* («Singe den Zorn, o Göttin, des Peleiden Achilleus») und *Odyssee* («Sage mir, Muse, die Taten des vielgewanderten Mannes») wird der Anspruch des Dichters, der deutsche Homer zu sein, überdeutlich.

Die klassische Selbstaufforderung zum Gesang wiederholt sich mehrfach, wobei auch das große Leitmotiv der Epoche anklingt: «Singe, mein Lied, / ... so fließe mein Lied voll Empfindung und Einfalt» (XII, 254–257). Der Dichter bzw. das poetische «Ich» ist dabei nicht Sprecher oder Schreiber, sondern – wieder in Anlehnung an das Vermächtnis der Antike – der Sänger mit der Harfe, der Rhapsode (vgl. VII, 817 f.; XVII, 178f.). Kein Sterblicher könnte es wagen, das große Drama um den göttlichen Menschenfreund, das sich zwischen Himmel und Hölle entfaltet, darzustellen; doch belehrt und geführt von der Muse, geweiht und inspiriert[20], kann der Dichter-Sänger sein Lied wagen.

Der darzustellende Inhalt ist von solcher Erhabenheit, daß der Auserwählte nur in besonderen «Stunden der Weihe» (XI, 1567) darüber Belehrung erhält, und er seinerseits kann sich seinem Gegenstand nur nahen, wenn er in Anbetung und Nachahmung des Schöpfer-Geistes sein Werk als neue Schöpfung vollbringt (vgl. I, 8–12). Diese Haltung entspringt nicht religiöser Schau, sondern gehört zum ästhetischen Programm, dessen Ziel nicht Religion (im kirchlichen Verständnis), sondern Humanität ist, denn die Religion des Gebildeten ist Menschlichkeit, ihr Gegensatz ist Wahn, Aberglaube, Schwärmertum (X, 950–958), und ein strenges Gericht wird jene treffen, die das Heiligste im Menschen, das Bild Gottes in ihm, entweiht haben: die *Vernunft* (XVIII, 375).

Hier spiegelt sich der Optimismus der Aufklärung, der auf «Bildung» setzt, um so den ganzen Menschen zur Vollkommenheit zu führen. Ausdruck dieses Ideals ist das fühlende, mit großen *Empfindungen* erfüllte Herz. Das Bildungsprogramm des Dichters ist das gleiche, das auch der göttliche Meister verfolgt: «Empfindung ins Herz» der Menschen strömen zu lassen und das empfindende Herz zu bilden (vgl. III, 119; XI, 1 f.).

Inhaltlich geht es im «Messias» um Passion, Tod und Auferstehung, um Erscheinungen und Thronbesteigung Jesu. In diesen engen zeitlichen Rahmen ist in Form von Erinnerung und Ausblick der weite Bogen der Schöpfungs- und Menschheitsgeschichte zwischen Erschaffung und Weltgericht eingebaut.

Vor diesem grandiosen Hintergrund wird *Maria Magdalena* sichtbar, für deren Zeichnung der Dichter auf biblische Grundstellen zurückgreift, die er eigenständig weiter entwickelt, wobei interessant ist, welche Elemente des traditionellen Bildes hervor- oder zurücktreten. Für ihn ist sie Magdale Maria oder Maria Magdale oder einfach Magdale und wird durch diese Version ihres Namens von den vielen anderen Marien unterschieden. Die in der katholischen Tradition häufig zu beobachtende Verschmelzung mit Maria aus Betanien schließt er aus, da er die Schwester von Marta und Lazarus mit einer eigenen Biographie ausstattet. Beide Frauen sind als Freundinnen verbunden, aber nicht identisch (XII, 787 f.). Auch die andere, in der Tradition verhaftete und bis heute kaum ausrottbare Gleichsetzung von Maria Magdalena mit der Prostituierten (Lk 7) vermeidet Klopstock; ihre «Sünde» wird nicht benannt. Der fromme Voyeurismus, wie er im Umfeld der Maria Magdalena oft zu beobachten ist, fehlt völlig. Statt dessen ist Maria Magdalena die *begnadete* Sünderin. Dieser Aspekt ihres Bildes taucht an mehreren Stellen auf, wobei der Akzent immer auf der Gnade liegt. Nicht der Dichter beschreibt Sünde und Reue, sondern Personen der Heilsgeschichte erinnern in bedeutungsvollen Zusammenhängen an die «Sünde», die zur Bevorzugung dieser Jüngerin durch Jesus führte. Selbst die Mutter Jesu hofft, daß ihr die gleiche Gunst zuteil wird wie einst Magdalena: In den Wirren der Passion, den Tod des Sohnes vor Augen, hat sie nur noch den einen Wunsch, wie einst Magdalena weinend zu seinen Füßen niedersinken zu dürfen (IV, 898–900).

Später erinnert Magdalena in einem Zwiegesang mit Maria an die Vergangenheit, die ihr zum Heil wurde:

> «Ich, die Sünderin, sank zu seinen Füßen mit stiller Reu, und er erbarmt sich mein ...» (XIX, 420 f.).

Als Petrus von der Engelsbotschaft hört, wonach der Auferstandene den Jüngern und namentlich ihm erscheinen werde, kann er es nicht fassen. Im Vergleich zu Magdalena, die wie er gefehlt hat, wird ihm die künftige Gnade noch unwahrscheinlicher:

«Aber auch Magdale hat gesündigt! Wenn hat sie gesündigt?
Eh sie ihn kannte! Und hab ich geliebt, wie Magdale liebte?»
(XIV, 383 f.).

Die «Sünde» der Magdalena, die – im Gegensatz zum Versagen des Petrus – nicht geschildert wird, ist hier nur das auslösende Moment, um die liebende Geste der Demut zu erwähnen. Denn daß es sich bei den Tränen zu Jesu Füßen weniger um Reue als vielmehr um den Ausdruck der innigsten Liebe handelt, zeigt die Parallele mit dem geliebten Jünger:

«Da Johannes sich nahet', ...
Warf er zu Jesu Füßen sich nieder, und küßte sie weinend,
Trocknete dann die Tränen mit seiner fallenden Locke.»
(IV, 1166–1168)

An keiner Stelle des Buches wird Maria Magdalena wegen der früheren Sünde getadelt; ihr Rang unter den Freunden und Freundinnen bleibt unangetastet. Was sie jedoch vor allen anderen auszeichnet und was in Klopstocks Dichtung hervorgehoben wird, ist ihre Bevorzugung am Ostermorgen: sie wird – dem biblischen Vorbild getreu – an erster Stelle beim Gang zum Grab genannt, sie sieht die Engel und schließlich den Auferstandenen, und sie hält (anders als in Joh 20, 16 f.) «mit wankender Hand des Göttlichen Füße»; das folgende Berührungsverbot wird dadurch gemildert, daß ihr die Gegenwart Jesu und eine erneute Begegnung mit ihm verheißen wird. Schließlich darf sie die «Botschaft der Wonne» zu den anderen nach Jerusalem bringen (XIV, 1–133). Anders als in der biblischen Vorlage wird ihre Vorrangstellung, die in der ersten Erscheinung begründet ist, auch von Petrus anerkannt und mehrfach hervorgehoben:

«... hier stehen wir alle, die neune!
Magdale dann! dann ich! ...» (XIV, 799 f.)
«Magdale sah ihn zuerst, und allein; dann sahn ihn die neune, ...
Dann erschien er auch mir ...» (XIV, 1155–1157)

Das die liebende Frau vor allen Jüngern auszeichnende Geschehen am Grab wird – teilweise mit den gleichen Worten – mehrfach erzählt, zuerst vor Portia, der Frau des Pilatus, später im Lobgesang eines Kindes, schließlich greift auch die Mutter Jesu diese Erinnerung in einem Gespräch auf, in dem Maria Magdalena darüber nachdenkt, ob sie einst «das große Zeugnis» der Blutzeugen ablegen wird; Maria verheißt ihr, daß sie dann in allem Leid Kraft und Trost aus jener Erinnerung schöpfen kann.

Der protestantische Dichter, den keine dogmatischen Vorgaben binden, kann in Maria Magdalena den Anfang jener Gotteserkenntnis preisen, die sich als lebens- und schattenspendender Baum über die Völker der Erde ausbreiten wird (XIX, 537 f. 543–545). Diese Aussage bleibt als letztes Wort über sie stehen und muß nicht – wie in biblischen und außerbiblischen Traditionen – nachträglich zugunsten des Petrus und des an seine (Erst-)Erscheinung geknüpften Primats zurückgenommen werden.

Klopstock beschreibt in seinem Epos nicht «wirkliche» Menschen in ihrer Entwicklung, sondern Charaktere in ihrer idealen Erscheinung. Was bei einem (Entwicklungs-)Roman tödlich wäre, macht hier allerdings die eindringliche ästhetische Wirkung aus. Maria Magdalena ist *der vorbildliche Mensch,* der – von tiefen Empfindungen sicher geleitet – seinen Weg geht, unbeirrt und unbeirrbar. Ihr Leben ist vollendet, ihr Bild liegt von Anfang an fest – die Darstellung einer späteren Lebensrevision in büßender Zurückgezogenheit würde der ein für allemal erreichten Vollkommenheit der «schönen Seele» widersprechen.

Denn die fast nebensächlichen Erwähnungen von Magdalenas «Sünde» und «stiller Reu» und der Verzicht auf pathetische Bußübungen machen sie zu einer Schwester jener Stiftsdame, der Goethe mit den «Bekenntnissen einer schönen Seele» im 6. Buch von Wilhelm Meisters Lehrjahren ein Denkmal gesetzt hat. Sie lehnt die Praxis mancher Bekehrungs- und Erweckungsbewegungen, den Sünder in Angst und Schrecken zu versetzen, damit er seine Sündhaftigkeit erkennt und vor der Begnadigung die Furcht vor der Hölle durchlebt, ab. Denn die tief empfindende «schöne Seele» braucht weder Angst noch Reue, weil sie ständig die Nähe des unsichtbaren göttlichen Freundes fühlt[21].

Dem Leser des «Messias» bleibt das Bild einer Frau in Erinnerung, die mit Begriffen wie Ruhe, Hoheit, Zuversicht, Unerschütterlichkeit charakterisiert wird und vollendet in sich ruht (vgl. XIV, 362–365):

«... Sie lächelt dem Sturme,
Der in der nächtlichen Tiefe der Todestale daherrauscht!»

„Magdalena mit Salbengefäß" – Die Patronin,
Meister von Moulins (Ende 15. Jh.),
Louvre, Paris.

„Hl. Magdalena von den Engeln erhoben“,
Tilman Riemenschneider (um 1490),
Bayerisches Nationalmuseum, München.

VII

EINE PERLE, KÖSTLICHER ALS VIELE – MAGDALENA IN BRENTANOS JESUS-ROMAN

1. Das Werk

In seinem großen Alterswerk «Lehrjahre Jesu», das ursprünglich von den Visionen der stigmatisierten Nonne Anna Katharina Emmerick angeregt wurde, beschreibt Clemens Brentano (1778–1842) eine auf den 30. Juli 1821 datierte Vision über Magdalena:

> «Guck einmahl, da seh ich sie über ihrem Schloß stehen, hinter ihr bricht ein Glanz hervor wie ein Mond, vor ihr aber ists wie ein schwarzer Berg, den muß sie unter die Füße haben, dann ist ihr geholfen. – Sie ist unfruchtbar ... Als sie Jesum erkannt, und Buße gethan, hat sie viele Kinder geboren im Geist» (I, 51).

Der Text liest sich wie eine vorausschauende Zusammenfassung aller folgenden «Mitteilungen» über Magdalena: ihre Zeit in der Sünde (schwarzer Berg, unfruchtbar); ihre Bekehrung (Glanz hinter ihr); ihre Zukunft (Bußleben, geistige Fruchtbarkeit). Ein Sinnbild, das das ganze Leben der Heiligen umschließt.

Das Werk, dem diese Zeilen entnommen sind, ist heute nahezu unbekannt. Aber anders als bei Klopstocks *Messias,* der bei seinem Erscheinen bejubelt und dann bald vergessen wurde, gab es bei Brentanos Jesus-Buch nichts zu vergessen, da der Dichter das Werk bei Lebzeiten zurückhielt und seine Erben nur eine «zensierte» Version veröffentlichen ließen.

Schon bald nach Clemens' Tod äußert sein frommer Bruder Christian, «er werde Sorge treffen, daß nach seinem Tode Niemand diese Papiere je mehr in die Hände bekomme, weil dieselben nur die Sektirerei und allen denkbaren geistlichen Verwirrungen Anlaß u. (!) Nahrung bieten würden»[1]. Dieser Wunsch Christians ging für über 100 Jahre in Erfüllung!

Unter den geistlichen Freunden und späteren Bearbeitern war das Werk – ähnlich wie die anderen Manuskripte aus Brentanos Dülmener Zeit (Bitteres Leiden 1833, Marienleben 1852) – umstritten. Die Beurteilung schwankte zwischen (göttlicher) Inspiration und (menschlicher) Phantasie. Das schließlich von Pater Schmoeger zwischen 1858 und 1860 publizierte dreibändige «Leben Jesu», das bis heute als Erbauungsbuch gelesen wird, ist jedenfalls mit Brentanos Textfassung nicht identisch, sondern eine dem Zeitgeschmack und der kirchlichen Lehre angepaßte Version[2]. Die von Brentano selbst besorgte und bereits 1838 vorliegende Endredaktion der «Lehrjahre Jesu» erscheint erst jetzt im Rahmen einer kritischen Ausgabe von Brentanos Gesamtwerk durch das Freie Deutsche Hochstift in Frankfurt, das die Manuskripte seit 1969 als Leihgabe verwahrt[3].

Während der Arbeit verwandelte sich Brentanos Rolle als «Schreiber» der Visionen und Biograph der Nonne zum schöpferischen Gestalter des Materials. Anders als die Nonne, die – ausgehend von den eigenen Stigmata – in ihren Visionen vor allem die Passion Jesu betrachtet, interessiert sich der Schreiber für das ganze Leben Jesu samt Vor- und Nachgeschichte[4] und benutzt die Nonne durch seine suggestiven Fragen als Inspirationsquelle für sein «historisches» Interesse. Walter Frühwald, der Bibelkritik und Leben-Jesu-Forschung zu den zentralen geistesgeschichtlichen (nicht: theologischen!) Problemen des 19. Jahrhundertes rechnet, ordnet – wie schon Albert Schweitzer[5] – auch Brentanos Werk in diesen Zusammenhang ein[6]. Wie die liberale Leben-Jesu-Forschung hinter die dogmatisch verformten Evangelien zurückgehen wollte, so wollte Brentano mit Hilfe der Nonne hinter den Evangelien die wahre Geschichte Jesu finden. Was die Evangelien verschweigen oder nur knapp berichten, will er detailgenau darstellen, denn hinter der historischen Wirklichkeit leuchtet die absolute Wahrheit auf. Der Rückgriff auf die Visionen soll dabei die Funktion eines fiktiven Garanten für den Wahrheitsgehalt seiner Phantasie übernehmen[7]. Der heutige Leser wird gut daran tun – Brentanos Wahrheitsanspruch bedenkend –, auch das Urteil seines Neffen Lujo Brentano über ein anderes Emmerick-Werk als hermeneutische Hilfe im Auge zu behalten: Es handle sich um «eine der größten poetischen Schöpfungen der Weltliteratur; aber selbstverständlich kommt ihm keine historische Wahrheit zu»[8].

Im Rahmen dieser «poetischen» Jesusdarstellung nimmt Magdalena einen breiten Raum ein: Ihr «historisches» Leben ist «Symbol» oder, um mit Brentano zu sprechen: Sie ist nicht als Individuum, sondern als Gattung bedeutsam. Denn auch von ihr gelten die Worte, die unter dem 31. 7. 1822 über Dina, die Frau aus Samaria, notiert sind:

> «Ich habe immer gefühlt und erkannt, daß die Personen, mit welchen der Erlöser etwas zu thun hatte, nicht blos allein einzelne Menschen waren, sie waren auch immer ein vollkommenes Bild einer ganzen Gattung von Menschen» (I, 463).

Sehen wir, welche Art von Menschen Magdalena in diesem Werk abbildet.

2. *Magdalena in den «Lehrjahren Jesu»*

Herkunft und Familie

Nach romantischem Geschichtsverständnis sind alle Menschen über eine Ur-Familie miteinander verwandt; Brentano hat diese Vorstellung bereits in einer breit entfalteten Familien- und Sündengeschichte in den «Romanzen vom Rosenkranz» verarbeitet und wendet sie auch auf die Personen um Jesus an: Seine Anhänger gehören durch komplizierte Verwandtschaftsverhältnisse zum Kreis seiner (vor allem durch die drei Ehen der Mutter Anna) großen Familie. Durch diese romantische Konzeption wird Magdalena von Anfang an dem natürlichen Umfeld Jesu zugeordnet.

Die Familiengeschichte des Lazarus wird nach den Vorgaben der alten Legenden gestaltet: Der Vater ist ein syrischer Fürst, der durch Kriegsdienst zu Besitz in verschiedenen Landesteilen – unter anderem in Betanien und Magdala – gekommen ist; die Mutter ist eine vornehme Jüdin. Magdalena stammt demnach aus einer edlen und reichen Familie. Wie wichtig diese Herkunftsbeschreibung ist, zeigt sich in einer Kontrastfigur: Judas wird durch uneheliche Geburt, den unsteten Lebenswandel der Eltern und die Berufe von Vater (Militär) und Mutter (Tänzerin) negativ charakterisiert.

Die Probleme, die sich aus der Identität der Maria von Magdala und der Maria von Betanien ergeben könnten, löst Brentano dadurch, daß er Lazarus drei Schwestern zuordnet: (Maria) Magdalena, Marta und die stille Maria, die Irdisches und Himmlisches nicht trennen kann und deshalb vor den Menschen als «blöd» gilt: Diese Schwester stirbt noch während Jesu öffentlicher Tätigkeit «vor Schmerz über die Größe seiner Leiden, die sie im Geist voraus sah» (I, 130–132.365); in ihr vereinigt sich das Bild der biblischen Maria von Betanien und der am Leiden Jesu mitleidenden Visionärin. Durch die Einführung dieser Schwester wird Magdalena stärker als Weltdame (und weniger als meditativ veranlagte Hörerin) profiliert: Vornehme Herkunft und äußere Schönheit gehören zu ihrem Bild:

> «Sie war größer als alle die andren Frauen, mächtig,
> fleischig und doch schlank, sie hatte sehr schmahle(!) und schöne spitze Finger, kleine aber schlanke Füsse, eine edle Bewegung, sehr schöne reiche lange Haare.» (II, 371)

Ihr Auftreten wird durch viele Notizen vorbereitet: Sie hat einen Teufel, lebt in Ausschweifung und Verachtung, war «damals recht im Wohlleben» (I, 63); aber auch ihre spätere Bekehrung wird bereits an früher Stelle vorausdeutend notiert (I, 51).

Die Folgen ihrer teuflischen Besessenheit spiegeln sich in ihrem gesellschaftlichen Abstieg, der durch den Zustand von Schloß und Garten und durch die Art ihrer Umgebung versinnbildlicht wird. Zunächst heißt es von Haus und Gärten, sie seien «vernachlässigt, und schienen zu verfallen, außer den Gemächern, die sie bewohnte» (I, 426). Später, als sie bereits von sieben Teufeln besessen ist, ist der Verfall fortgeschritten, wie auch ihr Umgang stufenweise nach unten führt. Anfangs heißt es von den Menschen, mit denen sie sich umgibt, es seien «keine vornehmen Leute, sondern Künstler, Offiziere und Abentheurer» (beachte: alle drei Kategorien sind auch bei den Eltern des Judas vorhanden!). Dieser ersten Stufe ihres Abstiegs (I, 425) folgt bald eine weitere: Ihre Umgebung ist nun

> «vornehmes gemeines Sündenvolk, das nach dem Fleisch lebt, und seine Schande und Abscheulichkeit mit schönen Kleidern und zierlichen Manieren bedeckt, aber sie waren doch viel geringer, als der frühere Umgang Magdalenas ...» (I, 440)

Hieß es im Zusammenhang mit der früheren Umgebung, ihr Ruf sei «etwas herunter gekommen» (I, 425), so ist später von gesellschaftlicher «Gesunkenheit» (I, 440) die Rede. Die tiefste Stufe ihres Niedergangs ist die Prostitution: «Sie ist ganz in den Händen des schlechten Mannes, der mit ihr wohnt, und er läßt sich von ihren Buhlern bezahlen.» (II, 489)

Auch ihre eitle Kleidung ist ein Indiz für ihren Abstieg in die Besessenheit; selbst die Frauen im Gefolge des Herodes werden besser beurteilt: Sie sind zwar prächtig, aber ehrbar gekleidet, Magdalena dagegen «war in ihrem Putz fantastischer» (I, 67). Immer wieder werden ihre auffallende Kleidung, ihr Schmuck, ihre Perlen oder ihre Frisur mit einem negativen Unterton geschildert; bisweilen wird auch tadelnd vermerkt, daß sie keinen Schleier trägt. Ihr maßloses Äußeres kennzeichnet ihren inneren Zustand, ihre Besessenheit. Vor ihrer zweiten Begegnung mit Jesus, wo sie auf dem tiefsten Punkt ihres Lebens angelangt ist, wird das Waschen, Salben, Frisieren, Ankleiden und Schmücken in extremer Ausführlichkeit bis ins letzte Detail beschrieben (II, 526–528). Was für die Haare gilt («man konnte die

Haare vor Schmuck gar nicht viel sehen»), gilt für den ganzen Menschen: Magdalena verschwindet auf dem Höhepunkt ihrer Besessenheit völlig unter ihrer eitlen Pracht. Daß die Kleidung gleichsam stellvertretend für den (sündigen) Menschen selbst steht, wird auch am Beispiel einer Ehebrecherin deutlich, die nach der Versöhnung mit ihrem Mann «mehrere schöne seidne Kleider, in denen sie vor ihrem Buhlen Eitelkeit getrieben», verbrennen ließ (II, 248).

Die Ambivalenz in der Beschreibung der Magdalena (zwischen Vornehmheit und Eitelkeit; von edler Abstammung und dennoch von gesellschaftlichem Abstieg bedroht) zeigt sich besonders schön bei einigen Tanzszenen. War schon bei der Mutter des Judas die negative Bewertung des Tanzes aufgefallen, so gilt dies auch für Magdalena. Der Tanz ist an sich nicht schlecht, er gehört zu festlichen Veranstaltungen. Wo in schicklicher Weise getanzt wird – wie bei der Hochzeit zu Kana oder anderen Festen –, berühren sich die Tänzer nicht mit den Händen, «sondern faßten an das Ende von Tüchern, die sie in den Händen halten» (II, 518, ähnlich I, 267). Doch manche geben sich auch anderen Formen des Tanzes hin: Beim Namensfest eines vornehmen Mannes sind die tanzenden Frauen so gekleidet, daß man beim Tanz «die Bildung des Körpers zu sehr bemerkte»; daher gab es viel Gelegenheit, sich gegenseitig «zu betrachten und bösen Gedancken Raum zu geben» (I, 137), und am Geburtstag von Magdalenas Buhler findet der Tanz in einem Saal statt, wo sich die Tanzenden in Spiegeln sehen können[9] – was sie als sündig in sich selbst verliebte Menschen kennzeichnet. Auch dieser Tanz drückte «allerlei Leidenschaften und Thorheit aus und war ein stätes Prangen und Locken mit dem Leibe». Magdalena läßt diesen Tanz in ihrem Hause zu, aber es wird ausdrücklich vermerkt, daß sie selbst nicht mittanzt (I, 439 f.). Ihr ausschweifendes Leben und ihre sittlichen Verfehlungen werden in den «Lehrjahren» beredet, aber nicht oder nur sehr zurückhaltend geschildert. Dagegen nimmt die Schilderung ihrer Extravaganzen in Kleidung und Benehmen, ihrer Stimmungen und ihres kompromittierenden Umgangs breiten Raum ein. Bei näherem Hinsehen verkörpert Magdalena alles, was Brentano an Frauen tadelt, wie vor allem die Briefe an die jüngere Schwester Bettine zeigen. Auch ihr werden Gefühlsausbrüche, auffallendes Benehmen oder vermeintlich schlechter Umgang vorgeworfen und die hohe Tugend einer vernünftigen Bürgerlichkeit als Ideal vor Augen gestellt. Häufig wird sie ermahnt, das alltäglich-bürgerliche Leben nicht zu verachten, denn Empfindung, Bildung oder Kunst dienen oft nur dazu, die eigene Blöße zu bedecken, «was sehr häufig bei den Weibern der Fall» ist.

Alles Extravagante, das unter dem Stichwort «Empfindsamkeit» zusammengefaßt wird, ist gefährlich, denn auch die «Besessenen und Hexen» der Vergangenheit waren «hypochondrische Personen»[10]. Die brüderlichen Ratschläge gipfeln schließlich in der Formel: liebenswürdig sein «ohne aufzufallen»[11].

Bettine setzt sich gegen die Zähmungsversuche von Familie und Bruder zur Wehr: «Aber meine Seele ist eine leidenschaftliche Tänzerin ... Alle schreien, ich soll ruhig werden, und Du auch, aber ... wenn der Tanz aus wär, dann wär's aus mit mir»[12]. Wie ein spätes Echo auf dieses Bekenntnis zum leidenschaftlichen Gefühl liest sich auch die Mahnung, die Fontane (1895) der Frau von Briest in den Mund legt: «Nicht so wild, Effi, nicht so leidenschaftlich» (Effi Briest, 1. Kapitel). – Die beiden Zitate umschließen eine ganze Epoche, die – vor allem im Benehmen von Frauen – die übersteigerten Gefühlsregungen als affektiert und unnatürlich ablehnt. Man fordert Zurückhaltung bis hinein in die Körpersprache und findet «natürlich», was bereits «durch Selbstzwang reguliert» wurde[13]. Gefühle sind wichtig in der Erziehung zum Menschsein, sie sind nützlich als Gegengewicht gegen die monotone Arbeit, aber sie müssen «Ausnahme, Besonderheit, Ausgegrenztes im nüchternen bürgerlichen Alltag» bleiben[14].

Die geforderte Zurückhaltung umfaßt bei Frauen und Mädchen auch die intellektuelle Beschäftigung. Ihre Lektüre beschränkt sich auf «tugendhafte» Bücher und überläßt Kunst und Philosophie dem Mann, wie ein anderes Mitglied der Brentano-Familie ausführt. Die 21jährige Gundel (= Kunigunde Brentano, spätere Frau von Savigny) schreibt an Clemens: «Siehe, ein Mädchen wie ich darf nicht sagen: bei Schlegel und Goethe. Denn das ist gegen die Ehrbarkeit, die sich für unsereins schickt»[15]. Diese Äußerung ist nicht etwa ironisch gemeint, sondern setzt der Exzentrik der Geschwister Clemens und Bettine die «Normalität» entgegen.

Die Frau wird am Beginn des 19. Jahrhunderts auf ihre «natürlichen» Eigenschaften wie «sanft, liebend, sorgend, bescheiden, zärtlich, tugendhaft, duldend, triebverzichtend» festgelegt, ihre Lebensaufgabe besteht in Unterordnung unter (Ehe-)Mann und Mutterschaft. «Hinter dieser Ideologie vereindeutigt sich die geschlechtsspezifische Arbeitsteilung ... die allerdings idyllisch verklärt wurde»[16]. – Die Schwestern Gundel und Bettine sind diesem Programm wie Regel und Ausnahme zuzuordnen.

Bettine wird eine Ausnahmeerscheinung bleiben und nach ihrem eigenen Gesetz leben. Auch dem geliebten Bruder wird sie sich nicht unterordnen, sondern seine Erziehungsmaßnahmen halb ärgerlich, halb spöttisch kommentieren: «Deiner Bruderliebe zapfst Du ein Schöppchen Moral ab»[17]. Vielleicht ahnt sie auch die tiefere Ursache für des Bruders Besorgnis: Clemens und Bettine sind Seelenverwandte; der Bruder tadelt an der Schwester, was ihm selbst als Gefährdung erscheint – das Abweichen von der bürgerlichen Ordnung –, und er tadelt, was er Jahrzehnte später bei Magdalena im Bild der «Besessenheit» darstellt.

Eine Frau, die aus dem Rahmen fällt, die sich nicht standesgemäß benimmt, die ihre Gefühle leidenschaftlich auslebt, die wenig Rücksichten auf den Ruf der Familie nimmt, die sich lieber mit Kunst und Philosophie statt mit Kochen und Putzen beschäftigt – eine solche Frau ist von bösen Geistern besessen und muß – wie Bettine und Magdalena – zu den Alltagspflichten zurückgeführt werden. Das alles gilt natürlich nur für Frauen, denn Clemens selbst wird – dank des väterlichen Erbes – nie eine bürgerliche Existenz aufbauen (was ihn von allen Dichtern der Zeit unterscheidet!).

Bekehrung von Frauen

Die dramatischen Bekehrungsszenen der Magdalena werden durch die Bekehrungen anderer Frauen, die ihr ähnlich sind, vorbereitet. Es handelt sich teilweise um biblische, teilweise um erfundene Gestalten, die mit einer entsprechenden Biographie ausgestattet werden. Nur einige können hier genannt werden: Eine *Witwe,* die nach einer Fernheilung von ihrem Teufel befreit wird, übt Reue, lebt der Buße und verteilt ihr Vermögen an die Gemeinde der Jesus-Anhänger: «Sie hatte viel ähnliches mit Magdalena, ausser, daß sie verheurathet gewesen war» (I, 72 f.). *Dina,* die Frau aus Samaria, wird wie Magdalena als geistreiche und vornehme Dame geschildert. Sie hatte fünf Männer, die «theils durch Kummer, theils durch ihre Liebhaber hinweggeräumt» wurden; auch aus Magdalenas Leben wird hier nachgetragen, daß einer ihrer Liebhaber durch einen anderen umgebracht wurde. «Dina hatte Manches gleich Magdalena in ihrem Leben, aber sie war tiefer gesuncken» (I, 469 f.). Nach ihrem Gespräch mit Jesus ruft sie die Stadtbewohner vor das Tor, wo Jesus einige Minuten zu ihnen spricht und ihnen sagt, «sie sollten Alles glauben, was das Weib ihnen gesagt habe» (I, 470). – Die samaritanische Frau als Missionarin ihrer Stadt ist ein erstaunlicher Zug, der sonst nur in der feministischen Theologie hervorgehoben wird.

Besonders ausführlich wird die Geschichte der *Mara von Suphan* erzählt (II, 154–160.237–239), die äußerlich kostbar gekleidet und mit Perlen geschmückt ist, im Inneren aber mehrere Teufel – einen von ihrem Ehemann, vier von ihren Buhlern – in sich trägt. Jesus befreit sie von den Dämonen und vergibt ihr die Sünden. Zum Dank bringen sie und ihre Kinder kostbare Gewürze als Geschenk zu Jesus, was den Widerspruch der Pharisäer hervorruft; später gießt sie bei einem Mahl «eine Flasche Wohlgeruch über sein Haupt» (II, 239).

Während die Evangelien nur von zwei «Sünderinnen» erzählen (Lk

7,36–50; Joh 7,53–8,11) wird das Schicksal vieler solcher Frauen in den «Lehrjahren» entfaltet. Ihr ungeordnetes Leben steht in schroffem Gegensatz zu den «heiligen Frauen» um Jesus, weshalb er das Volk nicht nur allgemein über Keuschheit, Enthaltsamkeit, Ehe und züchtige Kleidung belehrt, sondern im Falle der Sünderinnen auch ihre Ehen ordnet und die Entfernung der unehelichen Kinder veranlaßt. «Sünde» ist bei Frauen fast durchgehend eine Unordnung im sexuellen Bereich, die sich in Krankheit und Besessenheit bei ihnen selbst oder bei ihren im Ehebruch gezeugten Kindern manifestiert; daher fallen bei den Frauen Bekehrung und Heilung immer zusammen.

Magdalena als Typos

Bei Jesu Begegnung mit Dina, der samaritanischen Frau, werden die Menschen um Jesus als «vollkommenes Bild einer ganzen Gattung von Menschen» bezeichnet (I,463). Wenn daher die Bekehrung einzelner Sünder und Sünderinnen erzählt wird, so werden dabei gleichzeitig die unterschiedlichsten Arten von Bekehrung dargestellt. In einer Vision über Kranke, die schon mehrmals bei Jesus waren, wird erklärt, daß es sich dabei um die lauen, trägen Sünder handelt, die sich schwerer bekehren als die großen Sünder:

> «Magdalena bekehrte sich mit Kampf nach mehreren Rückfällen, dann mit großer Gewalt, Dina Samaritis schnell, Mara Suphanitin lange sehnsüchtig, dann plötzlich. Alle die großen Sünderinnen sehr schnell und kräftig, so auch der starke Paulus wie mit einem Blitzstrahl ...» (II,381)

Magdalenas Sünden- und Bekehrungsgeschichte ist also ein «Bild» für alle Sünder, deren Bekehrung in Etappen vor sich geht.

Brentanos Überzeugung, daß die Evangelien nicht die ganze Jesusgeschichte darstellen, sondern manches verschweigen, was nur für eine bestimmte Zeit nützlich ist, und nur das berichten, was zum Nutzen aller Zeiten dienen kann, gilt besonders für Magdalena. Die Auswahl der Evangelisten orientiert sich demnach nicht an ihrem Interesse für die dargestellten Personen an sich, sondern an deren Nutzen für die Menschen einer späteren Zeit, anders ausgerückt: sofern sie «eine gewisse Gattung in der Kirche bezeichnen». Daher sind die vielen Sünderinnen im geschichtlichen Leben Jesu «blos durch die Geschichte Magdalenas repräsentirt» (II,360).

Brentano ist ferner der Überzeugung, daß die Evangelien wichtige Vorgänge, die sich über einen längeren Zeitraum erstrecken, nur knapp und summarisch berichten: die Bekehrung, die Lukas in einer einzigen Szene (Lk 7,36–50) zusammenzieht, geschieht in Brentanos «Rekonstruktion» in mehreren Schritten.

Die erste Begegnung Magdalenas mit Jesus wird sorgfältig vorbereitet. Von der Aussage, daß «bis jetzt noch nicht in Jesu Gegenwart» von ihr gesprochen wurde (I,128), geht es weiter über Gespräche Jesu mit Marta (Magdalena «werde gewiß nachkommen» I,132f.) und der stillen Maria (sie wird alles gut machen, I,201) bis zum ersten Hinweis auf Magdalenas innere Unruhe und Sehnsucht nach Rettung (I,230). Von Marta überredet, reist sie in die Gegend, wo Jesus sich aufhalten soll; aber dieser erste Versuch einer Begegnung mit Jesus schlägt fehl. Dennoch sagt Jesus bald darauf in einem Gespräch mit Lazarus, es sei «schon ein Funken des Heils in sie gefallen» (I,302). Auf Anraten der Geschwister und Freunde soll Magdalena einen zweiten Versuch unternehmen, Jesus zu sehen und vielleicht sogar zu hören. Tatsächlich sieht sie durch ein Fenster ihrer Herberge, wie Jesus vorbeigeht und sie anblickt. Dieser Blick hat «sie so tief in die Seele getroffen, und so wunderbar in Beschämung und Verwirrung gesetzt», daß sie für einige Zeit ganz erschüttert ist (I,311f.). Ihre innere Bewegung führt jedoch nicht zu einer Bekehrung, da sie noch zu stark in ihrem eitlen Leben befangen ist: «Sie hatte ihren Putz nicht abgelegt» und will sich nicht «so gering» kleiden wie die anderen Frauen (I,313). Die Kurve ihres Sündenlebens weist sogar nach unten: Sie «war tief herab gekommen … und war noch mehr gesuncken» (I,427). Dennoch ist aus dem Munde Jesu mehrfach zu hören, daß es gut mit ihr ausgehe und sie vielen ein Beispiel geben werde.

Der Wechsel zwischen «Rührung» und «Gesunkenheit» nach der ersten indirekten Begegnung mit Jesus wird sich noch mehrmals wiederholen.

Von Marta überredet, reist Magdalena erneut zu Jesus und findet sich unter den Zuhörern einer Bergpredigt über Sünde und Strafe ein. Diese Rede spiegelt sich in Magdalenas Körpersprache und Gemütsbewegung: von stolzer Selbstsicherheit über Beben und Weinen bis zu einem Schritt vorwärts. Dabei kommt es zu einer Art geheimer Zwiesprache zwischen Jesus und Magdalena:

«Jesus aber, als wisse er Magdalenas Rührung, antwortete sogleich mit Trost auf dieselbe, indem er fortfuhr: ‹Wenn auch nur ein Funke der Buße, der Reue, der Liebe, des Glaubens, der Hoffnung durch seine Worte in ein armes verirrtes Herz gefallen sei, es solle Früchte tragen …› Diese Worte trösteten Magdalena, sie fühlte sie durch und durch, und setzte sich wieder zu den Andern.» (II, 366)

Nach diesem Erlebnis sucht Magdalena die unmittelbare Nähe Jesu und folgt ihm – trotz der Bedenken der Jünger – auf dem Weg zum Festhaus, wo Simon ein Gastmahl vorbereitet hat. Während des Mahles geht sie – demütig und verschleiert – auf Jesus zu, gießt Salbe auf sein Haupt und streift mit dem Schleier über seine Haare. Hier wird deutlich, weshalb bei den Tanzszenen regelmäßig auf den «Handschleier» hingewiesen wurde: Magdalena ist Jesus ganz nahe, aber es kommt – anders als bei den neutestamentlichen Salbungsszenen – nicht zu einem Körperkontakt! Jesus spricht ihr die Vergebung zu, und sie verläßt gerührt und erschüttert das Haus. Aber noch ist ihre Bekehrung nicht vollendet, denn sie reist nicht mit den anderen nach Betanien, sondern kehrt nach Magdalum zurück.

Nach dieser ersten direkten Begegnung mit Jesus wiederholt sich der Stimmungswechsel: Magdalena wird rückfällig und sinkt noch tiefer. «Der Satan ficht sie jetzt heftiger an, weil er gesehen daß er sie verlieren kann» (II, 447). Körperlich äußert sich die Besessenheit in Konvulsionen, Krämpfen und Fallsucht.

Auf dem Höhepunkt des Rückfalls – sie ist jetzt von sieben Teufeln besessen – ist es erneut Marta, die den Kontakt zwischen Jesus und der Schwester herstellt. Diese zweite Begegnung soll in Azanoth in Galiläa stattfinden; sowohl der gepflegte Ort als auch das gute Wetter werden eindrücklich beschrieben. In das friedliche äußere Bild gerät die fantastisch geschmückte und besessene Magdalena. Wieder erscheint sie zu einer Rede Jesu, diesmal aber nicht «in einiger Entfernung», sondern «ganz frech, frei und schnöd vorn» (II, 528), und wieder beginnt Jesus «eine große und strenge Lehre», in deren Verlauf er die Königin von Saba erwähnt, die gekommen ist, Salomos Weisheit zu hören. Nach diesem verschlüsselten Hinweis auf Magdalena wird er deutlicher:

«Unter Anderm erinnere ich mich, daß Jesus mit Bedacht auf Magdalena sagte, wenn der Teufel ausgetrieben und das Haus gefegt sei, dann kehre er mit sechs Gesellen zurück, und treibe es ärger als vorher. Ich sah, daß dieses Magdalena sehr erschreckte.» (II, 529)

Dann gebietet Jesus den Teufeln, aus denen auszufahren, die sich nach Befreiung sehnen. Wie sich Bekehrung bzw. Heilung der Magdalena bisher stufenweise vollzogen haben, so geschieht es auch bei dieser letzten Etappe. Dreimal wird sie von Ohnmacht und Krämpfen befallen, und dunkle Gestalten weichen von ihr. Die Geschwister bringen sie in die Herberge; sie ist erschüttert, aber «noch nicht ganz geheilt». Später am Tag erscheint sie bei einer anderen Belehrung Jesu, «nicht mehr so üppig gekleidet ... auch war sie verschleiert» – äußeres Indiz für eine wenigstens teilweise Heilung. Zum drittenmal lehrt Jesus «ihr sehr zu Gehör», und wieder geht ein böser Geist von ihr. Schließlich reißt sie sich von ihren Begleitern los, rennt wie eine Unsinnige zu Jesus, wirft sich ihm zu Füßen und fleht um Rettung. Jesus schickt sie mit beruhigenden Worten in die Herberge zurück (II, 529–531).

Mitten in dieser zweiten direkten Begegnung zwischen Jesus und Magdalena bricht der bislang publizierte Teil der «Lehrjahre» ab.

Hinweise auf die Zukunft

Die Beschreibung von Magdalenas Sündenleben ist von Anfang an mit Voraussagen auf ihr künftiges Leben durchsetzt. Vom Hinweis auf ihre geistige Fruchtbarkeit war bereits am Beginn dieses Kapitels die Rede.

Auch bei der Vorstellung der vier Geschwister fällt die ambivalente Darstellung der jüngsten Schwester auf: Lazarus, Marta und die stille Maria werden positiv erwähnt; von Magdalena, die hier mit ihrem wahren Namen genannt wird, heißt es: «Die Jüngste Schwester Maria ist verirrt aber sie wird zurückkehren und höher stehen als Martha» (I, 99). Später wird die stille Maria, die wie eine Heilige geschildert ist, von der Schwester sagen «Eine von uns, Eine von uns» (I, 201) und ihr so – im Vorgriff – einen Platz unter den übrigen Heiligen zuweisen. Auch Jesus zeigt in den Gesprächen mit den Geschwistern und Freunden, daß er in der Sünderin immer schon die Bekehrte sieht.

In einer besonders hübschen Szene spielen die heiligen Frauen ein Spiel, bei dem eine Perle verloren geht; als sie schließlich nach einigem Suchen gefunden wird, deutet Jesus den Vorgang in einem Gleichnis ausdrücklich auf Magdalena: «eine Perle, köstlicher als viele» (I, 451).

Bisweilen legt der Dichter die Maske des Protokollanten ab und ergreift selbst das Wort; so auch in einer Anmerkung über die Sünderinnen Dina und Magdalena (I, 469). Von dieser sagt er, sie sei durch ihre Familie im

«Gesetz des wahren Glaubens aufgewachsen» und faßt das Auf und Ab ihres Lebens im Bild eines Gartens zusammen:

> «Magdalena erwuchs gehütet, gepflegt im Garten des Gesetzes zwischen den edelsten Pflanzen, aber durch Eitelkeit, falsche Wißbegier, Sucht zu glänzen, rankte sie an gebrechlichem Rohr über den Zaun hinüber und sanck mit allen ihren herrlichen Blüthen nieder in den Sumpf, bis sie die Füße Jesu umschlang, ihren Duft über sein Haupt goß und am Kreuze der Erlösung zum Licht empor stieg.»

Dieser Weg Magdalenas dient «denen draußen» als Gleichnis: Wenn der Weg der Sünde, der nach unten führt, in das Niedersinken zu Jesu Füßen einmündet, dann ist der Weg der Erlösung, der nach oben ins Licht führt, eröffnet.

Daß Magdalena die «Gattung» der Sünder vertritt, daß sie als «Gleichnis» dient und daß ihre Lebens- und Bekehrungsgeschichte ein Sinnbild für alle Sünderbiographien darstellt, gilt insbesondere für den Dichter selbst, der in ihrem Bild seine eigenen religiösen Erfahrungen verarbeitet.

Magdalena in der Wüste

In einem Schlüsseltext zu Magdalena sagt die stille Maria über die Schwester:

> «die Magd ist in der schrecklichen Wüste, wo die Kinder Israel waren, an der bösen Stelle, wo es so finster ist, und nie eines Menschen Fuß gewesen ist, aber sie wird heraus in eine andre Wüste Alles mit Buße gut machen.» (I, 201)

In den Legenden lebt Magdalena in der Einöde, an einem wüsten Ort, aber nicht in der «Wüste». Dieses Stichwort gehört eher in die Legende der Maria Aegyptiaca[18], stammt aber noch mehr aus Brentanos Poetisierung des eigenen Lebens. Auch für ihn ist die Wüste mit dem Doppelaspekt – der schreckliche Ort, aber auch der Ort, wo alles gut wird – zum Symbol des gefährdeten und geretteten Lebens geworden.

In dem autobiographischen Gedicht von 1816 «Ich bin durch die Wüste gezogen»[19] ist die Wüste zunächst der Ort von Verzweiflung und Tod. Im Bild einer Reise durch die tödliche Dürre und Hitze der Wüste verarbeitet er die Verzweiflung seines Lebens: den Tod der geliebten Frau und der Kinder, aber auch die innere Unruhe seines Wesens und die geistige Heimatlosigkeit:

«Ich wühlt noch ein Grab in den Sand
Und bin in Verzweiflung gesunken,
Ach, weil ich kein Wasser fand ...
Der Brunnen war trocken und tot ...»

Selbst der Tod, der ihm in der Wüste begegnet, flieht ihn und verweigert die Erlösung mit den Worten:

«Denn sterben – heißt Ruhe erwerben,
Drum kannst du nicht leben, nicht sterben,
Der Durst ist unendlich in dir.
Dein Erbteil, das will ich nicht erben.»

In der tiefen Verzweiflung begegnet ihm der «Engel der Wüste» und beantwortet die Frage nach dem Wasser:

«Da sprach er: Wer treulich büßte,
Der steht an der Brunnenschwell.»

Dann wandelt sich das Bild der Wüste; sie wird zum Ort der Erlösung:

«Da sah ich den Himmel wohl offen,
Ach, Gott! kühl niedergetroffen
Kam Gnade, kam Segensflut;
Da konnte ich endlich auch hoffen
Auf meines Erlösers Blut.»

Der Sprechende erkennt in der Rückschau:

«Die Wüste, das waren die Wehen,
In denen mein Leben gekreist»,

jetzt aber ist sie – durch Tränen und Reue – zum «Garten voll Segen» geworden, wo der Geist mit «unverbotener Frucht» gelabt wird.

Neben Brentanos eigener «Wüsten»-Situation tauchen hier auch Motive auf, die im Magdalenen-Zitat der Lehrjahre eine Rolle spielen: die Wüste als Ort der Verirrung und Sünde, als Ort von Buße und Reue, als Ort, wo das Kreuz eine neue Lebensmöglichkeit eröffnet. Wenn im Blick auf Magdalena von der Verwandlung «der schrecklichen Wüste» in eine «andre Wüste» gesprochen wird, so spiegelt sich darin die eigene Lebenswende, und es wird die Hoffnung auf Rettung des stets gefährdeten Lebens beschworen. Die ausführliche Schilderung von Magdalenas sündigem Lebenswandel (sexuelle Unordnung und Beschäftigung mit der Kunst!) sowie die wiederholten Hinweise auf ihre spätere Rettung werden für den Dichter zu einer existentiellen Notwendigkeit. Die «erfundene» Biographie erweist sich nicht einfach als Produkt einer ungezügelten Phantasie, sondern dient Brentanos Selbstvergewisserung des eigenen Heils.

3. *Ergänzungen aus dem «Leben Jesu» (1858–1860)*

Die Nachrichten über Magdalena, die im *Leben Jesu*[20] auf die Bekehrung folgen, sind zwar zahlreich, aber nicht mehr so ausführlich. Das Jesuswort «Sie war eine große Sünderin, aber sie wird auch das Muster aller Büßenden zu ewigen Zeiten sein» (2,265) gibt die Richtung an, in der sich alle weiteren Hinweise auf sie ergehen: Sie ist die *ehemalige Sünderin,* die andere Sünder zur Bekehrung motiviert (2,273) und deren geduldete Nähe Jesus in Verruf bringt (2,296); sie ist die *dankbare Büßerin,* die entweder in Betanien in einem «Bußwinkel» sitzt (2,323.427) oder sich heimlich zu Jesus begibt, um dankbar seine Füße zu umarmen (2,298.425f.); sie ist die *salbende Frau,* die bei mehreren Anlässen sein Haupt oder seine Füße salbt, zuletzt bei einem Abschiedsmahl vor seinem Tod (3,411.413.433–440). Nach ihrer Bekehrung wird sie mehrfach unter den heiligen Frauen genannt, die an unterschiedlichen Orten mit Jesus zusammentreffen (2,279; 3,143.237); die geistreiche Dame, die den freien Umgang mit Männern und Frauen gewohnt war, hat sich nun in die Gruppe der sittsamen Frauen um Jesus eingereiht:

> «Die Frauen sassen am einen Ende des Saals abgesondert ... Die Frauen sprachen nicht eher mit Jesus, bis Er das Wort an sie richtete, und dann eine nach der andern» (3,143).

Durch ihr Bußleben ist Magdalena ferner bleich und abgehärmt geworden und hat ihre ehemalige Schönheit verloren (3,144). Im Leben Jesu spielt sie fast keine Rolle mehr, auch nicht bei jenen Gelegenheiten, von denen die Evangelien ausführlich erzählen (Auferweckung des Lazarus, Ostermorgen). Und nach Jesu Tod ist sie mit den heiligen Frauen in Betanien: aus Trauer ist sie wie von Sinnen; bei einer Erscheinung Jesu während eines Liebesmahls der Apostel ist sie zwar anwesend, wirkt aber wie eine Statistin, während die Apostel bei dieser Gelegenheit in ihre Ämter eingesetzt werden. Magdalena hat keine apostolischen Aufgaben in der Gemeinde, statt dessen wird sie gelegentlich bei weiblichen Tätigkeiten wie Nähen, Sticken, Weben, Flechten usw. gezeigt (3,493.536). Brentano und die Herausgeber des 19. Jahrhunderts haben aus der stolzen Magdalena ein geschäftiges Hausmütterchen gemacht, wie es den Vorstellungen der Zeit entspricht, wo eine Frau selbst zu Nachmittagseinladungen ihren Handarbeitsbeutel mitbringen muß – eine Sitte, die sich in Anstands- und Kochbüchern bis ins 20. Jahrhundert erhalten hat.

Die zu beobachtende Tendenz, Magdalena im Rahmen der Lebensbeschreibung Jesu auf die Rolle der Sünderin und Büßerin zu beschränken und ihre österliche Rolle zugunsten der – in einer feierlichen Zeremonie zu Bischöfen eingesetzten – Apostel zu retuschieren, läßt sich noch stärker beim Nachtrag zum *Leben Jesu* (mit «Bildern» aus dem Leben der Apostel und Zeitgenossen Jesu) nachweisen. Zum Magdalenenfest (22. Juli) 1820 wird das weitere Leben der Heiligen skizziert, wobei die großen kirchlich-missionarischen Leistungen von Lazarus und Marta gewürdigt werden, während bei Magdalena wiederum nur der Bußaspekt herausgestellt wird; ihre Predigttätigkeit, ihre täglichen Erhebungen und ihre Versorgung mit himmlischer Nahrung werden ebenso unterschlagen wie ihre wunderbare letzte Kommunion (3,627–633). Das Verschweigen dieser Kommunion und die fast beiläufige Erwähnung ihrer ersten Kommunion bei einem früheren Anlaß (3,503) könnte damit zusammen hängen, daß eine apostolische Aufwertung vermieden werden soll, denn von der Mutter Jesu heißt es, daß sie nach ihrer ersten feierlichen Kommunion dem Kreis der Apostel näher steht und «selbst wie ein Apostel» geworden ist (3,491).

4. Brentanos Magdalena im Kontext der Leben-Jesu-Forschung

Was Brentano – im Blick auf Maria Magdalena – von anderen Verfassern von Leben-Jesu-Büchern im 19. Jahrhundert unterscheidet, ist nicht so sehr die ausdrücklich behauptete Identität der Sünderin Magdalena, der salbenden Frauen und der Maria von Betanien (3,627), als vielmehr das Hervorheben ihrer Rolle als Sünderin und das gleichzeitige Verschweigen ihrer Bedeutung für die Anfänge der Kirche. Bei den von A. Schweitzer in seinem Literaturüberblick behandelten rationalistischen und liberalen Autoren ist es dagegen vor allem die Magdalenerin, die den aus Ohnmacht oder Scheintod erweckten und mit einem Gärtnergewand bekleideten Jesus erkennt und seinen Jüngern als Lebenden verkündigt (K. F. Bahrdt, K. H. Venturini, H. E. G. Paulus, F. E. D. Schleiermacher[21]), bis sie schließlich bei E. Renan überhaupt zur Urheberin des Auferstehungsglaubens wird. Nach seiner Darstellung ist sie zwar «eine sehr überspannte Person», zugleich aber auch «das vorzüglichste Werkzeug, durch welches der Glaube an die Auferstehung entstand»; hat doch ihre starke Einbildungskraft bei dieser Gelegenheit die Hauptrolle gespielt: «Göttliche Gewalt der Liebe! heilige Augenblicke, in denen die Leidenschaft einer Visionärin der Welt einen auferstandenen Gott gibt[22]!«

Die fast gleichzeitig erschienenen «katholischen» Darstellungen des Lebens Jesu (Brentano 1858–1860 postum, Renan 1863) könnten in bezug auf Maria Magdalena nicht unterschiedlicher sein: bei Renan die zukunftsweisende Visionärin, die das Christentum in Gang setzt, bei Brentano die handarbeitende Büßerin, die sich schließlich ganz von der Welt zurückzieht.

Auch Bücher haben ihre Schicksale: Renans poetisches *Leben Jesu* landet auf dem Index, Brentanos ebenso poetisch-phantastisches Werk erhält durch den Bischof von Limburg die kirchliche Approbation mit dem ausdrücklichen Hinweis, daß hier nichts enthalten sei, was gegen die katholische Glaubens- und Sittenlehre verstößt (Rückseite des Titelblatts). Brentanos Bild der Magdalena fügt sich nahtlos in das kirchliche Frauenbild des 19. Jahrhunderts ein, das mehr von Demut als von Selbstbewußtsein bestimmt ist.

„Magdalenas Nachtwache“,
Georges de La Tour (Mitte 17. Jh.),
Louvre, Paris.

„Büßende Magdalena“,
Januarius Zick (1730–1797),
Staatliche Kunsthalle, Karlsruhe.

VIII

DIE GEFALLENE FRAU – DIE EDLE KURTISANE

1. Die Schutzpatronin der Gefallenen und Kindsmörderinnen

Am 13. März 1846 kam in Königsberg ein Schauspiel zur Uraufführung, das zuvor in Berlin vom Generalintendanten abgelehnt und in Wien von der Zensur verboten worden war: «Maria Magdalena» von *Friedrich Hebbel* (1813–1863)[1]. Es handelt von Verführung, unehelicher Schwangerschaft und Selbstmord eines jungen Mädchens. Nach der Uraufführung in Königsberg sagten die Damen der Gesellschaft, «... eine Dame von Reputation könne doch nicht ein Stück mit ansehen, dessen Heldin ‹eine Verführte› sei», während vier Wochen später, bei der Berliner Erstaufführung, viele weibliche Besucher das Theater «in auffallender Weise» verließen, nachdem die Schwangerschaft der Heldin offenbar geworden war[2]. Aber nicht nur die Zensurbeamten oder Teile des Publikums fanden das Stück unmoralisch, auch die von Hebbel ursprünglich für die weibliche Hauptrolle vorgesehene Schauspielerin Auguste Stich-Crelinger lehnte die Übernahme der Rolle mit der Begründung ab, der Dichter habe mit der Darstellung einer offensichtlich schwangeren Heldin gegen «die zarten Gesetze der Sitte» verstoßen[3]. Hebbels Hinweise (in seinem Antwortbrief[4]) auf andere «unmoralische» Gestalten wie Gretchen (Faust) und Klärchen (Egmont) ist insofern berechtigt, als das Motiv des verführten bzw. gefallenen Mädchens seit Jahrzehnten zum festen Bestandteil der deutschen Bühnenliteratur geworden war.

Während Emilia Galotti, Lessings heroische Heldin, ihre Tugend um den Preis des Lebens bewahrt, bringen die Dichter des Sturm und Drang das «gefallene» Mädchen auf die Bühne (J.M.R. Lenz, Der Hofmeister, 1772/1773; F. M. Klinger, Das leidende Weib, 1774). Das Motiv wird schließlich noch zugespitzt, indem die Mädchen nicht nur ihre Tugend verlieren und sich so ins gesellschaftliche Abseits manövrieren; sie kommen bei ihren verzweifelten Bemühungen, ihre Lage durch Abtreibung oder Kindstötung zu verbergen, auch noch in Konflikt mit dem Gesetz und werden mit dem Tode bestraft (H. L. Wagner, Die Kindermörderin, 1776; vgl. auch Schillers

Jugendgedicht «Die Kindesmörderin»). Die bedeutendsten Gestaltungen dieses Motivs vor Hebbel finden sich in Goethes Faustdichtungen sowie in Brentanos «Geschichte vom braven Kasperl und dem schönen Annerl» (wahrscheinlich zwischen 1815 und 1817 entstanden).

In allen diesen Dichtungen erwächst die besondere Tragik aus der Zugehörigkeit von Verführer und Verführter zu unterschiedlichen Gesellschaftsschichten, weshalb sich als Lösung des Konflikts niemals eine Heirat, sondern (fast immer) der Tod des Mädchens anbietet. Diese unschuldig-schuldigen Mädchen können dem Ideal weiblicher Tugend nicht entsprechen, weil die Gesellschaft ihr Recht auf Integrität nicht anerkennt. Tugend ist das Privileg der Vornehmen; bei Mädchen aus den niederen Ständen wird vorausgesetzt, daß sie für die Herren der höheren Stände verfügbar sind.

Beaumarchais, der mit seiner Komödie «Die Hochzeit des Figaro» (1784; Mozart 1786) die Feudalstruktur gerade am Beispiel des «ius primae noctis» kritisch hinterfragt, gilt nicht ohne Grund als einer der geistigen Wegbereiter der Französischen Revolution!

Aber damit war das Problem natürlich nicht gelöst. Als das Geld den Adel verdrängte, hatte auch das wiederum Folgen für die weibliche Tugend, wie es der junge Rilke in einem 1896 uraufgeführten Einakter formuliert: «Wissen Sie, wenn Eine wovon zu nagen hat, dann kann sie sich ja auch den Luxus gönnen, so eine Tugend zu halten (!), so wie andere Leute einen Hund oder einen Canari ... aber ... Sie ...» (!)[5] Tugend ist jetzt zu einem Privileg der Reichen geworden.

Als Hebbel im Jahre 1841 daran ging, das «bürgerliche Trauerspiel Klara» zu konzipieren, griff er also auf ein geläufiges Motiv zurück, das er vordergründig nur in einem Punkt veränderte: er verzichtet auf den vornehmen Verführer und läßt das Stück konsequent im Bürgertum spielen. Denn das Zusammenstoßen «des dritten Standes mit dem zweiten oder ersten in Liebesaffären» ist für den Dichter des 19. Jahrhunderts höchstens traurig, aber nicht mehr tragisch, wie er in seinem Vorwort ausführt. Seine Tragödie erwächst aus der veränderten Einstellung zu moralischen Werten wie Ehre oder Schande, die nicht mehr an sich bedeutsam sind, sondern vom Ansehen bei den Mitbürgern abhängig gemacht werden.

Ein Vertreter dieser bürgerlichen Moral ist Meister Anton, Klaras Vater. Normverletzungen durch seine Kinder (vermeintlicher Diebstahl des Sohnes, uneheliche Schwangerschaft der Tochter) nehmen ihm die Ehre und damit den notwendigen Halt, den er zum Leben braucht: «Ich kann's in einer Welt nicht aushalten, wo die Leute mitleidig sein müßten, wenn sie nicht vor mir ausspucken sollen» (II, 1). Am Ende aber geht nicht der Vater zugrunde (er bleibt «ratlos» zurück), sondern Klara, das verführte und im Stich gelassene Mädchen.

Die lebensfeindliche Moral – verkörpert durch die Männer (Vater, Bräutigam, Jugendfreund), die sich mit den Augen der Mitbürger zu sehen gewohnt sind – treibt Klara in den Tod. Ihre Tragik ist es, daß sie selbst diese von außen gesetzten Normen verinnerlicht hat. Sie bleibt in der starren Haltung ihrer Umwelt gefangen, der Hartherzigkeit ausgeliefert, ohne Möglichkeit, aus sich heraus ihre Situation zu bewältigen. Ihre Lage ist nicht mit Begriffen wie Sünde und Reue zu erfassen; es geht vielmehr um Angst vor Schande und dem Verlust der gesellschaftlichen Reputation. Für eine Gefallene, die Schande über die Familie gebracht hat, gibt es keine Zukunft – weder für sie selbst noch für das ungeborene Kind. Der Weg aus dem Konflikt heraus führt nicht zu einer lebensfähigen Lösung, sondern in den Selbstmord, der allerdings – um Fragen nach dem Motiv abzuweisen – als Unglücksfall getarnt werden muß. Die einzige «Hilfe», die Klara in diesem Schauspiel zuteil wird, ist daher der Wunsch des Bruders nach einem Glas Wasser, wodurch sich der späte Gang zum Brunnen motivieren läßt: «Nun werden sie doch sagen: sie hat ein Unglück gehabt! Sie ist hineingestürzt!» (III, 8). Daß Klaras Opfer nutzlos war, weil sich am Ende weder Schwangerschaft noch Selbstmord verheimlichen lassen, erhöht die dumpf-traurige Stimmung, die wie ein Schleier über dem Stück liegt. In diese geschlossene Welt selbstgerechter Moral fällt kein Strahl der Gnade; Vergebung ist nicht zu erwarten (wie am Verhalten des Vaters gegenüber dem Sohn demonstriert wird), Barmherzigkeit hat keine Chance. Auch das Christentum, die vielberufene Religion der Liebe, hält hier für die Unglückliche keinen Trost bereit.

Das wird bereits in der Eingangsszene deutlich, wo die Mutter im Bild vom himmlischen Hochzeitsmahl das eigene Versagen erkennt: «So gnadenvoll war er gegen jene sieben (!) Jungfrauen im Evangelium ... nicht!» (I, 1). War das Bild des strengen Richtergottes für die Mutter noch Ansporn, die frommen Vorsätze zu erneuern, wirkt es auf die Tochter nur noch vernichtend. Sie kann aus der Religion weder Kraft zum Leben noch Trost zum Sterben schöpfen.

Klaras Schlußworte beschwören nur den Wunschtraum von einem gnädigen Gott, von dem sie nicht wirklich Hilfe erwartet. Denn sie weiß, daß für die Selbstmörderin, die damit zugleich zur Kindsmörderin wird, nur das Los in der «furchtbaren Ewigkeit» (III, 4) bleibt. Hier herrscht eine andere Stimmung als wenige Jahrzehnte vorher bei Brentano, der die Schuld der verführten Frauen und Kindsmörderinnen im rosigen Licht der Gnade verklärt:

Das schöne Annerl wird zwar hingerichtet, dann aber unter Kreuz und Gnadenschleier in einem ehrlichen Grab bestattet, und in der Freudenhausromanze erscheint das (abgetriebene oder nach der Geburt getötete?) Kind mit der Botschaft «Gott ist versühnet», denn Jesus, selbst ein «gemordet Kind», erlöst durch die Macht seines Blutes[6].

Auch Goethe, der Gretchens Schicksal im Urfaust mit den Worten «Sie ist gerichtet» besiegelt, gibt der endgültigen Fassung von Faust I einen versöhnlichen Schluß, wenn die «Stimme von oben» Gretchens Rettung verkündet – von ihrer Apotheose am Schluß von Faust II ganz zu schweigen[7]. Selbst Hebbel hat sich einige Jahre vor der «Maria Magdalena» in zwei eher sentimentalen Gedichten an einer christlich verbrämten Lösung versucht. In dem Gedicht «Versöhnung» (1836) lauten die letzten Verse:

«Milde Mutter, Gnadenmutter,
Neige dich und sprich sie los;
Ihr Versöhner und ihr Mittler
Ist das Kind in ihrem Schoß …
Und so zahlt es überreichlich
Alle ihre Schulden ab.»

Und im Gedicht «Auf eine Verlassene» (1838) heißt es:

«Und wenn Dich Einer schmähen will,
So zeig' ihm stumm Dein schönes Kind …
So frag' Du leise bei ihm an,
Ob er vergebe, daß es lebt.»[8]

Im vorliegenden Trauerspiel jedoch, wo Hebbel zu seiner eigenen Sprache gefunden hat, sind solche versöhnlichen Töne nicht mehr zu erwarten. Für Klara gibt es keine Gnade. Denn die Religion ist nur Teil der Milieuschilderung und verkörpert die Zwänge, in denen sich die Menschen verfangen. So hat Hebbel eine Tragödie geschrieben, in der alles mit schicksalhafter Notwendigkeit auf das schlimme Ende zuläuft. Aber anders als in der antiken Tragödie unterstehen die handelnden (oder leidenden!) Personen nicht mehr dem übermenschlichen Schicksal – ihr Schicksal liegt in ihrem Charakter beschlossen. Und während die alte Tragödie den Zuschauer ergriffen und «gereinigt» (Katharsis) entläßt, fühlt er sich bei Hebbel eher niedergeschlagen.

In den Jahren vor der Niederschrift des Dramas hat sich Hebbel mehrfach mit dem Motivkreis Verführung – Schande – Selbstmord beschäftigt, bis sich schließlich der Plan für das «bürgerliche Trauerspiel Klara» herausbildete, dessen Titel auf jene Gestalt im Drama verweisen sollte, die im Zentrum eines komplizierten Beziehungsgeflechtes steht. Doch bereits zur Zeit der Niederschrift wird «Maria Magdalena» als Titel genannt[9]. Da der Name der Heldin vom neuen Titel unberührt bleibt und es im Stück auch keine Hinweise auf Maria Magdalena gibt, ist zu fragen, wie Titel- und Hauptgestalt des Trauerspiels zusammenpassen und welches Bild von Maria Magdalena dabei vorausgesetzt wird.

Hebbel hat sein Stück mit einem biblischen Namen versehen, und entsprechende Erwartungen geweckt, aber er hat kein biblisches Stück geschrieben. Aus der Bibel wird die Gestalt einer moralisch anfechtbaren und von der Gesellschaft geächteten Frau übernommen; der Charakter dieser Frau, wie er sich in der Vorstellung der Tradition herausgebildet hat, wird jedoch verändert: Es handelt sich nicht um die aktiv Verführende (die Sünderin, die magna peccatrix), die schließlich aus eigenem Antrieb ihre Situation zu verändern sucht, sondern um eine passiv Verführte, über die das Schicksal unerbittlich hinwegrollt. Klara ist zwar die Hauptgestalt, weil sich alles auf sie bezieht, aber nicht als Handelnde, sondern als Leidende. Sowohl in der Vorgeschichte als auch im Stück selbst ist sie das passive Opfer, und ihre «Schuld» besteht darin, daß sie etwas mit sich geschehen läßt und dem Willen der anderen (Vater, Bräutigam) keinen eigenen Willen entgegensetzt. Die einzige Tat, zu der sie sich aufrafft, ist ein Akt der Selbstzerstörung, wie der einundzwanzigjährige Hebbel für sich selbst befürchtet hat: «die Lage zerstört den Menschen, wenn der Mensch die Lage nicht zerstören kann»[10].

In der biblischen Erzählung hat die Reue eine Aktion ausgelöst und Zukunft eröffnet; die Verzweiflung Klaras führt nur in die Ausweglosigkeit. Die Sünderin wird ins Leben zurückgeschickt; Klara wird – wie Hebbel während der Arbeit am ersten Akt schreibt – «aus der Welt herausgedrängt»[11], die Hoffnungslosigkeit treibt sie in den Abgrund, was durchaus wörtlich zu verstehen ist: Sie stürzt sich in den Brunnen. Das wichtige und für Heuchler aller Zeiten provozierende Wort von der Vergebung und Ermutigung aus Lk 7 wird weggebrochen – für den Dichter in der Mitte des 19. Jahrhunderts ist ein solches Happy end unvorstellbar.

Die deutsche Literatur des 18. und 19. Jahrhunderts ist voll von den Tragödien der gefallenen Mädchen und Frauen, aber erst Hebbel bringt sie mit dem biblischen Motiv der Sünderin in Verbindung. Von seinen kunsttheoretischen Überlegungen ausgehend, wäre der zeitweilig verwendete Titel «Ein bürgerliches Trauerspiel» erhellender gewesen; aber das neue Drama sollte die bisherigen «Frauen-Dramen» (Judith, Genoveva) weiterführen, jedoch anders als bisher nicht mehr die weibliche Hauptgestalt im Titel nennen, sondern mit einem «symbolischen Titel»[12] auf die inhaltliche Problematik verweisen. Daß Hebbel bei der Suche nach einem solchen symbolischen Titel für seine Frauentragödie auf die Gestalt der Maria Magdalena stieß, daß er diese ganz selbstverständlich mit der «großen Sünderin» gleichsetzte und damit selbst in einer säkularisierten Öffentlichkeit verstanden wurde, zeigt einmal mehr, wie sehr diese Gleichsetzung zum allgemeinen Bildungsgut gehörte. Der Titel war nur möglich, weil Autor und Publikum die gleichen Assoziationen mit dem Namen verbanden: ein Fehlverhalten im Bereich der Sexualität; andere Aspekte sind ausgeblendet (die Heilige, die Jüngerin, die Osterzeugin). Was bleibt, ist die düstere Namenspatronin für gefallene Frauen, die in einer gnadenlosen Welt zugrunde gehen.

Wenn Hebbel den Namen der Maria Magdalena als Synonym für eine gefallene Frau wählte, durfte er mit dem Verständnis der Zeitgenossen rechnen. Wo man ihm jedoch nicht zu folgen vermochte, war die naturalistische Darstellung der geschundenen Frau, die er mit diesem Namen in Verbindung brachte. Für die Zeitgenossen hat Maria Magdalena andere Facetten: Sie ist die «schöne Sünderin», die auf unzähligen Gemälden, aber auch in der Trivialliteratur der Zeit dargestellt wird.

In einer 1824 publizierten Erzählung des damaligen Erfolgsautors *Carl Heun* (1771–1854) werden die körperlichen Reize eines jungen Mädchens namens «Magdalis» oder «Lenchen» (!) beschrieben (der schöne Körper, die zarten Gliedmaßen, die Schwanenbrust), die nur vom aufgelösten, langen Haar umhüllt werden und unweigerlich an ein Gemälde denken lassen: «Ich meinte wahrhaftig, die heilige Magdalene zu sehen, wie sie beim Herrn im Schlafzimmer hängt»[13]. Daß dieses laszive Bild in einem Herrenschlafzimmer hängt, unterstreicht noch den Charakter der anstößigen Schönheit. Wo gesellschaftliche Konvention (Mode!) und politische Zensur den weiblichen Körper in der Öffentlichkeit verhüllen, dient die Kunst als Ventil für Männerphantasien, die sich im privat-intimen Bereich ausleben.

Wenn sich der lüsterne Blick auf weibliche Reize spontan mit dem Gedanken an Maria Magdalena verbindet, muß Hebbels Auffassung von der gequälten, leidenden Frau befremden. In der auf Breitenwirkung angelegten Trivialliteratur konnte sich seine Auffassung jedenfalls nicht durchsetzen.

Noch der 1915 erschienene und zum Bestseller gewordene Roman «Ferien vom Ich» von *Paul Keller* arbeitet mit allen Versatzstücken, die zum Bild der Magdalena gehören: Das «unselig schöne(n) Mädchen, dem die Schönheit zum Fluche gegeben war» und das schließlich zur Ehebrecherin und «Sünderin» wird, legt sich – bereuend – den Namen «Magdalena» zu, nachdem ihr Anblick bereits zuvor Assoziationen an Maria von Magdala, die Freundin des Heilands, geweckt hat[14].

Für eine breite Leserschicht des 19. Jahrhunderts ist Maria Magdalena nur in der Rolle der schönen Sünderin und reuigen Büßerin interessant, was die Vorbehalte von Hebbels Zeitgenossen gegen das Stück erklärt. Sie waren irritiert: Statt frivoler Tändelei erwartete sie bittere Sozial- und Religions-Kritik.

Hebbel hat die «Sünderin» Maria Magdalena zur Schutzpatronin der gefallenen Frau gemacht, aber er war nicht der erste oder einzige, der diese Verbindung herstellte; vor und neben ihm gibt es andere Dichter, die sie vorsichtig ins Spiel bringen. Zu erinnern ist an Clemens Brentanos (1778–1842) Romanfragment «Der schiffbrüchige Galeerensklave vom toten Meer» oder an Georg Büchners (1813–1837) Schauspiel «Woyzeck». Allerdings waren diese Werke beim Erscheinen von Hebbels «Maria Magdalena» noch längst nicht im Druck erschienen.

In *Brentanos* Fragment[15], dessen Teile erst in den Jahren 1852, 1921 und schließlich 1949 veröffentlicht wurden, taucht das irrlichternde Wesen Perdita auf: eine kleine Hure, schön, gottlos und schlecht; und doch spricht der Kavalier, den sie gerade belogen und bestohlen hat, von einem «eigentlich guten Kind». Das ist kein Widerspruch, denn um wirklich «schlecht» zu sein, müßte sie gut und bös unterscheiden können; Perdita aber ist a-moralisch. Nichts ist ihr ernst, mit allem kann sie nur spielen: mit der Liebe, von der sie lebt, mit der Religion, wo «das kleine Jesuskind» die höchste Instanz ist, mit der toten Mutter, für deren angebliches Begräbnis sie neue Kleider erschwindelt. Auch sie selber läßt sich nicht festlegen; innerhalb weniger Stunden wandelt sich das Bild des schamhaft-schamlosen Mädchens, bis man ahnt, daß auch die verschämten Gesten nur ein freches Spiel waren. Perdita ist von genialer Gottlosigkeit, die in ihrer Wahrhaftigkeit schon wieder als Religion zu bezeichnen ist, weshalb sie auch sagen kann: «Ich aber will nicht katholisch werden, dazu habe ich zuviel Religion». Dieses Geschöpf ist in seiner Art sogar wahrhafter als die nächste Geliebte des Kavaliers, eine Schauspielerin, darin geübt, viele Rollen zu spielen; Perdita dagegen spielt auf ihre rührend-freche Art nur sich selbst. Nichts kennzeichnet dieses Mädchen, dessen Geschick bereits im Namen («die Verlorene») vorentschieden ist, besser, als die fromm-verlogenen Worte, mit denen sie ihre «Unschuld» beschwört:

> «O ihr himmlischen Sterne, bekennet meine Unschuld! Nie mehr will ich den Leib des Herren empfangen, nie soll mir das kleine Jesuskind meine Sünde verzeihen, nie soll die heilige Magdalena für mich bitten, wenn deine Eifersucht wahr ist.»

Das Bild der Heiligen spiegelt sich im Wesen der Sprecherin, der die Sünde zur zweiten Natur geworden ist. Die heilige Magdalena, deren Solidarität in diesem frivolen Spiel augenzwinkernd eingefordert wird, gehörte selbst zu den «Verlorenen» und ist jetzt im Himmel für Mädchen wie Perdita zuständig.

Auch in *Büchners* Woyzeck (entstanden 1836/37, uraufgeführt 1913)[16] geht es um Tugend und Moral; aber am Ende tötet Woyzeck seine Marie nicht wegen fehlender Tugend, sondern aus Eifersucht. Denn «Tugend» können sich beide nicht leisten, wie Woyzeck in der Eingangsszene («Beim Hauptmann») sagt:

> «Sehn Sie: wir gemeine Leut, das hat keine Tugend …
> Es muß was Schönes sein um die Tugend, Herr Hauptmann!
> Aber ich bin ein armer Kerl!«

Das gilt natürlich auch für Marie, die in einer aufschlußreichen Szene («Mariens Kammer») in der Bibel blättert und dort auf die Erzählung von ihrer Namenspatronin stößt:

> «Herrgott! Herrgott! Ich kann nicht! –
> Herrgott, gib mir nur so viel, daß ich
> beten kann … (Schlägt sich auf die Brust:) Alles tot!
> Heiland! Heiland! ich möchte dir die Füße salben!»

Marie hat das vergebende Wort des Heilands gelesen; aber es bleibt Papier und wird für sie nicht zur Wirklichkeit: Woyzeck, dessen Leben sie zerstört, wird das ihre zerstören. – Die Sünderin der Bibel und die Frau, die teilweise ihren Namen trägt, fügen sich zu einem Bild zusammen: Die Heilige ist die Hure, die ein glückliches Schicksal – anders als bei Marie – aus der Verlorenheit gerettet hat.

Brentano wie Büchner bringen ihre – sehr unterschiedlichen – Frauengestalten mit der sündigen Magdalena in Verbindung. In der Berufung auf sie wird – wenn auch vergeblich – eine neue Lebensmöglichkeit erhofft. Wenige Jahre später, bei Hebbel, ist Magdalena nur noch das Urbild der «verlorenen» Frau und in der Spiegelung der Dramenheldin eine tragische Gestalt.

Klara ist aber nur eine unter den vielen «Magdalenen» in der Literatur des 19. Jahrhunderts; denn die «gefallene» Frau, die durch ihr Fehlverhalten die verletzliche Ehre des Mannes in Frage stellt und deshalb aus der Gesellschaft verstoßen wird und oft mit ihrem Leben bezahlt, wird zu einer Lieblingsfigur der Literatur (Effi Briest, Madame Bovari, Anna Karenina u.a.). Wo immer eine Dramen- oder Romanheldin die moralischen Gesetze verletzt, steht das Magdalenen-Motiv unübersehbar im Hintergrund, auch wenn es nicht immer ausdrücklich zitiert wird.

Theodor Fontane vermeidet in «Effi Briest», seiner berühmtesten Gestaltung dieses Themas, jede Anspielung auf das biblische Vorbild, während er in anderen Romanen höchstens indirekt auf die «büßende Magdalena» hinweist: Melanie in «L'Adultera» (Kapitel 16) sehnt sich nicht danach, eine «büßende Magdalena» zu sein; in «Cécile» (Kapitel 8) betrachten die für die Handlung wichtigen Personen eine Schönheitsgalerie fürstlicher Mätressen und bezeichnen sie als «Galerie von Magdalenen». Alle diese Frauen nennt der Dichter seine «Magdalenen», denen seine Liebe gilt: «nicht um ihrer Tugend willen, sondern um ihrer Menschlichkeit, das heißt, um ihrer Schwächen und Sünden willen»[17].

Wenn die Gesellschaft an den Frauen straft, was sie bei den Männern bewundert oder stillschweigend duldet, so entspringt dieses Verhalten der unterschwelligen Angst vor der sexuell aktiven Frau, wie sie einerseits in den gleichzeitig entstehenden Balladen (und Opern)[18] und andererseits in den theoretischen Schriften zur weiblichen Erziehung behandelt wird[19].

Im Gegensatz zu den in diesem Abschnitt genannten Autoren, die den Namen der Maria Magdalena im übertragenen Sinne gebrauchen, um ein Gegenwartsthema kritisch zur Sprache zu bringen, greifen die folgenden Autoren historisierend auf die biblische Sünderin zurück, um sie als edle Kurtisane zu verherrlichen.

2. *Die edle Kurtisane*

Um die Jahrhundertwende hatte der Magdalenenstoff Hochkonjunktur[20]. Unter dem Deckmantel einer biblischen Gestalt konnten Themen behandelt werden, die sonst weder die Zensur passiert noch Eingang in bürgerliche Bücherschränke gefunden hätten – geht es doch um eine Frau, die ihre

Sinnlichkeit auslebt und die Regeln der Doppelmoral in Frage stellt. Maria Magdalena ist hier eine außergewöhnliche Frau, die außerhalb der gesellschaftlichen Normen ihr Glück sucht. Sie entspricht damit dem «Bild der Kurtisane als einer durch Anlage und Schicksal zur Außenseiterin Verdammten»[21], die sich – wie viele ihrer literarischen Verwandten – aus innerem Adel über die «normalen» Frauen erhebt. Vor allem zwei – zu ihrer Zeit berühmte – Autoren haben das Thema in diesem Sinne literarisch gestaltet: Paul Heyse und Anna von Krane.

a) *Paul Heyse* (1830–1914, Literaturnobelpreis 1910) macht in seinem Drama «Maria von Magdala» (1899) die biblische Gestalt – anders als Hebbel – nicht nur zum Titel, sondern auch zur Heldin eines fünfaktigen Dramas[22]. Der Ort der Handlung ist Jerusalem, die Zeit umfaßt die letzten Tage vor der Hinrichtung Jesu mit Rückblenden auf das Leben der Maria und einem Ausblick auf die Auferstehung am dritten Tag. Jesus selbst tritt nicht als handelnde Person auf, weshalb die Begegnungen zwischen ihm und Maria in der Form des Botenspruchs erzählt werden; sein Bild als sanftmütiger Heiliger wird ebenfalls nur im Reflex anderer Personen sichtbar.

Maria aus Magdala wird als vornehme Kurtisane mit moralischen und nationalen Grundsätzen vorgestellt: Sie ist keine Dirne, die sich jedem Beliebigen verkauft, sondern sie erwählt den, den sie auch lieben kann, und sie hat gelobt, ihr Haus keinem Römer zu öffnen (vgl. I, 4).

Das Drama ist eingespannt zwischen zwei fast gleichlautende Ausrufe der Maria: «Er kommt nicht» – «Er wird wiederkommen» (I, 1; V, 6). Das erste Wort bezieht sich auf Judas, den Geliebten der Maria, und signalisiert ihre beginnende Ablösung von ihm; das zweite Wort gilt Jesus, der nun das Denken und Fühlen der Maria beherrscht. Zwischen den beiden Ausrufen läuft das Drama vor dem Zuschauer ab: Nicht nur die jeweils erwarteten Männer sind ausgetauscht, auch die Frau, die diese Worte spricht, ist eine andere geworden. Das Drama erzählt von den Wandlungen der Maria und greift mit den Rückblenden weit in ihre Biographie zurück, denn ihre Art zu leben («nur den Hunger unsrer Sinne zu stillen, alle Freuden der Jugend zu genießen») wird mit ihrer Vergangenheit erklärt.

Als Fünfzehnjährige wurde sie gegen ihren Willen mit einem reichen, alten Mann verheiratet. Drei Jahre später floh sie mit einem anderen, der vorgab, sie aus der unerträglichen Ehe retten zu wollen, in Wirklichkeit nur nach ihrem Geld gierte. Enttäuscht lebte sie fortan nur der Lust. Als sie von den glatten Jünglingen genug hatte, wählte sie einen Freund, «rauh und heftig»: Judas, von dem sie sich am Beginn des Dramas zu lösen beginnt.

Durch Judas und den Römer Flavius, die beide um Maria werben, hört sie zum ersten Mal von dem Heiligen aus Nazareth. (Der Name «Jesus» wird während des ganzen Dramas nicht genannt.) Sie fühlt sich von ihm angezogen und will ihn sehen, nicht als den Messias und Heiland, sondern weil «er nie ein Weib berührt hat» (I,7). Als ihr Wunsch bekannt wird, tritt eine neue Versuchung an sie heran: Der Hohepriester verspricht ihr Dank und hohe Ehren, wenn sie ihre Schönheit noch einmal als Werkzeug gebraucht. Sie soll ihre Reize ausspielen, um jenen Heuchler zu entlarven; seine Macht über das Volk wäre dahin, wenn es sehen könnte, daß auch er «ohnmächtig gegen den Zauber der Sünde ist» (II,5)[23]. Was Maria zu anderer Zeit vielleicht verlockt hätte, um ihren Platz in der Gesellschaft zurückzugewinnen, prallt jetzt an ihr ab; zu sehr fühlt sie sich von dem Propheten, den sie nur vom Hörensagen kennt, angezogen.

Als sie schließlich in seine Nähe gelangt, wird sie von der Menge als «das Weib von Magdala, die Ehebrecherin, die Dirne» erkannt. Aber nicht das Schwert des Flavius, sondern das Wort des Heiligen rettet sie vor der Steinigung (II,7.8). Maria ist verwandelt. Sie sucht ein zweites Mal seine Nähe, ohne auf die damit verbundene Gefahr zu achten. Was sich im Hause Simons abspielt, wird in dreifacher Spiegelung geschildert. Zuerst berichtet Hananja, ein vornehmer Fremder: Sie

> «schritt durch die Leute hindurch, die zur Seite wichen, und nahte dem Propheten. Und da er die Augen still zu ihr erhob, sank sie ihm zu Füßen. Sie trug ein Salbengefäß in der Hand, aber seine Füße salbte sie mit den Tränen, die ihr aus den Augen brachen wie ein Strom, und trocknete sie dann mit ihrem langen Haar» (III,9).

Die gleiche Szene sah Judas mit dem Blick des enttäuschten Liebhabers. Während Maria die Füße Jesu mit ihren Tränen wusch, las er in ihren Augen:

> «Du bist mein Herr und Gebieter und sollst herrschen über mich, die ich dein bin mit Seel' und Leib» (III,10).

Maria setzt ihre eigene Sicht des Vorgangs dagegen. Nach der eher sachlichen Schilderung des Hananja und der verhöhnenden des Judas wird ihre Darstellung durch die Szenenanweisung «ekstatisch aufblühend» besonders hervorgehoben. (Die gleiche Anweisung findet sich nur noch bei ihren Schlußworten am Ende des Dramas.) Hat Maria nach der ersten Begegnung den Blick Jesu als richtend-vernichtend erfahren («Wer rettet mich vor diesen Augen!», II, 9), so empfindet sie den gleichen Blick bei der zweiten, direkten Begegnung wie ein Feuer, das «alle Eitelkeit und sündige Begier zu Asche» brennt und die «Seele erhellt und wärmt» (III, 10). Sie gibt Judas darin recht, daß sie diesen Mann liebt – aber anders, als sie bisher einen Mann geliebt hat, und anders, als Judas es zu begreifen vermag:

> «Dafür werd' ich ihn lieben ... mit einer Liebe, die rein ist wie das Sonnenlicht, die nichts begehrt, als ewig zu ihm aufzublicken und ihm zu danken, daß er das irrende, verirrte Weib begnadet hat mit seiner Himmelshuld» (III, 10).

Judas verkennt die Absichten des Heiligen, wie er auch die Haltung der Maria verkennt, und befindet sich darin in ungewollter Gemeinschaft mit den Römern, die den Mann aus Nazaret als Helfer zur Unterdrückung des Volkes mißverstehen und ihn nach Vollendung seines Werkes nach Rom senden wollen, um ihn dort für seine Verdienste zu belohnen. Auch Maria hat in dieser Perspektive ihren Platz:

> «Vielleicht begleitest du ihn, und auch deine schöne Freundin entschließt sich zu der Fahrt. In der Hauptstadt der Welt kann sie ihr Glück machen» (III, 12).

Die Äußerungen von Judas und Flavius vermitteln ein Bild der Maria, das der Vergangenheit angehört und ihre Verwandlung nicht zur Kenntnis nehmen will. Für Judas ist sie eine von den «Schwachen und Gelüstigen» (III, 10), für Flavius die Kurtisane, die mit Schönheit und Gefälligkeit «ihr Glück machen» kann. Die Mißverständnisse um die Liebe der veränderten Maria werden weitergeführt durch die Dienerin, für die die neue Liebe nach den Spielregeln der früheren zu handhaben ist:

> «Wenn jener Wundermann Liebe geweckt hat in deinem Herzen, warum schickst du ihm nicht Botschaft durch mich: Komm! denn Maria vergeht nach dir –?» (IV, 1)

Nach der Verhaftung und Verurteilung des Heiligen wird Maria mit einem zweiten Erpressungsversuch konfrontiert; sollte sie früher den heiligen Mann verführen, um ihn als Falschmessias zu entlarven, so soll sie jetzt – um seiner Befreiung willen – den Lockungen des Flavius nachgeben (IV, 2)[24]. Die Frau, die sich gerade von aller Unreinheit befreit wähnte, soll wieder aus dem Becher trinken, «den Eros mit Rosen kränzte» (IV, 2). Sie entschließt sich «zum Opfer für den Heiligen», allerdings nicht ohne zugleich den Ausgang zu bedenken: Sie wird sich retten «in die ewige Nacht, die jede Schande begräbt» (IV,3). Auch Judas stellt sie vor eine Wahl: Flucht mit ihm oder Tod durch ihn. Damit ist ihr Weg vorgezeichnet; sie wird Flavius erhören und dann willig von der Hand des Judas sterben. Doch in der entscheidenden Stunde erinnert sie sich an Ihn und kann die Tür für Flavius nicht öffnen.

Maria hat die Sünde nicht begangen, sie hat ihren Leib nicht befleckt, ihre Seele rein bewahrt und ist gerade dadurch – nach ihrer eigenen Deutung – «schuldig» geworden. Nach der Kreuzigung tritt sie «mit der Gebärde einer Irrsinnigen» auf und ruft den Leuten zu:

> «Blickt mich nur an, ihr Männer und Frauen von Jerusalem, ich tat's, ich habe euren Herrn und Heiland in den Tod getrieben» (V,5).

Flavius, der an ihr das «Fieber der Todessehnsucht» (V,6) erblickt, will sie vor sich selbst retten. Doch sie plant keinen Selbstmord; sie hat andere Pläne:

> «In die Wüste will ich mich bergen, dort mich in den Gedanken an meinen Herrn und Heiland versenken ...» (V,5).

Erst der Hinweis des Simon, in dessen Haus sie vor Tagen die entscheidende Wandlung erfahren hat, daß der Tote von seiner Wiederkehr und Auferstehung gesprochen habe, bewirkt ihre erneute Verwandlung. Ihre Schlußworte werden wieder mit der Anweisung «ekstatisch» versehen:

> «Er wird wiederkommen? O welch eine Verheißung! ...
> Laßt uns anbeten und danken!» (V,5)

Diese Aufforderung wird nach einer letzten Szenenanweisung des Dramas vom anwesenden Volk mitvollzogen.

Die Wandlung der Maria von der stolzen, selbstbewußten Frau zur Büßerin und schließlich zur Anführerin des gläubigen Volkes wird vom Dichter durch genaue Anweisungen für ihre äußere Aufmachung unterstrichen. Die Maria des Anfangs ist eine Frau, die sich ihres Werts bewußt ist und als Herrin andere beherrscht. Dieser Haltung entspricht ihre Haartracht: «ihr reiches Haar in Zöpfen geflochten» (I,4). Dagegen wird bei der Büßerin der innere Zustand durch die aufgelösten Haare nach außen sichtbar gemacht (vgl. die Szenenbeschreibungen IV,1 und V,5).

Ähnliches gilt von der Kleidung, die der Dichter für Maria vorschreibt. Vor ihrer Begegnung mit dem Propheten wird sie von Bewunderern und Gegnern als schön und stolz beschrieben und durch entsprechende Kleidung ausgezeichnet: ihre graue Haube ist «mit Gold durchwirkt» (I,4), sie tritt «in glänzender Kleidung, reich geschmückt» (II,4) auf. Nach ihrer ersten Begegnung mit dem Heiligen schreibt der Dichter ein schwarzes Kleid vor und läßt das Gesicht mit einem grauen Schleier verhüllt sein (III,3). Die Büßerin trägt ein «einfaches gelblichwollenes Kleid, ohne Schmuck» (IV,1), mit dem sie auch zur Hinrichtung erscheint (V,5). Besondere Beachtung gebührt der «grauen» Haube im ersten und dem «grauen» Schleier im dritten Akt; diese Farben sind mit Bedacht gewählt: Maria ist keine gewöhnliche Dirne, sondern von Anfang an eine «ehrbare Frau»[25], die ohne ihre Schuld aus den gesellschaftlichen Normen herausgefallen ist.

Heyses Drama «Maria von Magdalena» war bereits zur Zeit seiner Entstehung ein Anachronismus: Die idealisierende Historienmalerei führte an den literarischen Hauptströmungen wie Realismus oder Naturalismus vorbei. Daß es dennoch erfolgreich war, zeigt, wie sehr das Bild der reizvollen Sünderin dem Publikumsgeschmack entsprach und erklärt im nachhinein den Schock, den Hebbels Tragödie bei vielen Zuschauern ausgelöst hat. Ein ähnliches Bild – verbunden mit Angriffen auf eine bigotte christliche Moral – zeichnet auch die folgende Autorin.

b) *Anna Freiin von Krane* (1853–1937), eine vielgelesene Schriftstellerin am Beginn des Jahrhunderts, war vor allem mit ihrem Magdalenen-Roman «Magna Peccatrix» (1908) erfolgreich[26], in dem sie das Leben der Mirjam aus Betanien, die sich nach ihrem neuen Wohnort Magdalena nennt, beschreibt.

In der Exposition wird eine Frau vorgestellt, die als Geliebte des römischen Legaten Prokulus im Luxus lebt, nachdem er sie aus der Enge des Hauses in Betanien geholt und in allen Künsten der griechisch-römischen Kultur hat ausbilden lassen. Die gefeierte Tänzerin wird von den Fremden als «Stern von Magdala» (S. 10), als «Perle von Magdala» (S. 9) gepriesen, von den jüdischen Landsleuten aber als Abtrünnige verachtet.

Ein Blick des an ihrer Villa vorbeiwandernden Jesus verändert das Leben der stolzen Frau und führt sie schließlich auf die beschwerliche Suche nach dem Meister, nachdem sie zuvor das Angebot des edlen Römers Fabius abgelehnt hat, durch eine Ehe mit ihm ihre gesellschaftliche Position endgültig zu festigen. Ihre Hinwendung zu Jesus findet einen vorläufigen Höhepunkt in der Szene der Fußwaschung, die in einen flammenden Appell gegen die engherzige Moral gipfelt:

> «Damit schmetterte der Herr für alle Zeiten die Engherzigen, Kurzsichtigen, Hochmütigen nieder, die den Gefallenen jede Hoffnung nehmen, ihre Reue, ihre Scham, ihr Leid, ihre Tränen für nichts achten und sie für immer befleckt und gebrandmarkt dastehen lassen trotz aller Buße!» (S. 156 f.).

Der Weg der Magdalena wird in gefühlvollen Szenen beschrieben und im Schicksal der weißen Tauben sinnbildlich gedeutet: In Magdala hatte die bereits Verwandelte, aber noch im sündigen Luxus Befangene ihre schneeweißen Tauben mit der Botschaft ihrer Sehnsucht und Reue in die Freiheit entlassen und voll Freude gesehen, daß sie Jesus nachflogen (S. 56); später kehrten sie – gleichsam als himmlische Antwort – zutraulich zu ihr zurück (S. 101). Und lange bevor sie selbst dem Heiland zu Füßen sinken durfte, hatte er ihren verwundeten Tauber mit seinen Heilandshänden heil gemacht (S. 132); die Dankbarkeit des Taubers nimmt ihre eigene Reaktion auf die Begegnung mit Jesus vorweg: er «wußte nicht, was er vor Liebe und Treue beginnen sollte» (S. 133).

Die stolze Magdalena ist hier zur demütigen Taube geworden: Sie darf Jesus begleiten, für seine bescheidenen Bedürfnisse sorgen und steht mit den anderen Frauen unter dem Kreuz. – An dieser Stelle durchbricht die Dichterin den Faden der Handlung, um eine grundsätzliche Deutung des Vorgangs zu geben:

> «Es war der große Ehrentag des Weibes! In diesen furchtbaren Stunden machte die neue Eva unter dem Kreuz ihres Erlösers wieder gut, was die erste Eva an dem Menschengeschlechte gesündigt hatte!» (S. 197)

Aus der Tiefe des Schmerzes um den toten Jesus erwächst eine Vision, in der Magdalena den Sieg des glorreichen Christus über Luzifer und die Rettung der Seelen der Verstorbenen miterlebt. Bevor sie in die Wirklichkeit zurückgleitet, hört sie eine geheimnisvolle Stimme:

> «Aber sei getrost! Am Morgen, im Frühlingsgarten, wirst du mich wiedersehen!»

Die Melodie dieser Worte begleitet sie zum Grab und erklingt wieder im Garten (S. 218.220.222), bis sie in den Dialog «Maria – Rabbuni» einmündet.

> «Im Frühlingsgarten aber lag ein hochbegnadetes Weib auf den Knien, lachte und weinte vor seliger Lust und stammelte in einem fort mit freudebebenden Lippen: ‹Der Herr ist auferstanden!› » (S. 223)

Vom weiteren Leben der Magdalena (Verfolgung des Lazarus und seiner Schwestern, Fahrt im steuerlosen Schiff, Predigt der Geschwister in Marseille, zurückgezogenes Leben der Magdalena in einer Grotte) erzählt Peregrinus, hinter dem sich der zum Christentum bekehrte Legat Prokulus verbirgt, in einem Gespräch mit Fabius. Für den Heiden Fabius ist Magdalena «eine Priesterin eures Glaubens», für den Christen Peregrinus «eine Heilige Gottes» (S. 251).

Der Roman endet mit der Apotheose der Magdalena: Die Erkennungsszene aus dem Garten und der Dialog «Rabbuni ...!» – «Maria ...!» wiederholen sich und führen ins Paradies, zur himmlischen Hochzeit. Als Magdalena bedauert, daß sie dem Herrn nicht die Lilie der Jungfrauen übergeben kann, wird ihr gesagt: «Du brachtest mir die roten Rosen der Buße!», und die Engel setzen «einen Kranz von tiefroten Rosen auf ihr Haupt» (S. 258). Später wird Maximinus, der Bischof von Marseille, die Tote in der Höhle finden, die erfüllt ist von zartem Glanz und Rosenduft.

Anna von Kranes Roman, der – aus heutiger Sicht – die Grenze zum Kitsch an vielen Stellen übersteigt und wegen seiner antijüdischen Klischees ein bedenkliches Dokument christlicher Belletristik darstellt[27], hat sich in der «Frauenfrage» erstaunlich weit vorgewagt. Neben der Verurteilung der gesellschaftlich sanktionierten Doppelmoral und der Rehabilitierung Evas nimmt die Dichterin auch Stellung zu den aktuellen Fragen wie Recht auf Selbstbestimmung, Recht auf eigenes Denken und eigene Meinung:

> «Der Herr hat uns Männern dadurch gezeigt, daß dem Weibe eine andere Stelle gebührt, als wir ihm bisher einräumten ... Jesus Christus hat uns gelehrt, und nicht am wenigsten durch Magdalena, daß auch das Weib ein selbständig denkendes fühlendes Wesen ist, uns gleich, wenn auch verschieden in manchen Dingen. Er hat uns gezeigt, daß auch das Weib ein Recht auf Selbstbestimmung hat, daß es unabhängig von uns ist, ein Wesen mit Seele, Verstand und Vernunft begabt, das sich hindurchringt auf dem engen Weg, der zur Seligkeit führt, und das von Gott uns gleich gewertet wird!» (S. 247 f.)

Die Beschreibung der Frau als einem mit «Seele, Verstand und Vernunft» begabten Wesen wird zwar an Magdalena festgemacht und ist so ein Geschenk der Gnade und noch kein natürliches Recht; dennoch ist das Thema da, die zukunftsweisenden Stichworte sind gefallen und werden auch von solchen Lesern gelesen, die den Stimmen kämpferischer Frauenrechtlerinnen kein Gehör schenken würden.

3. *Maria Magdalena im Theater des 20. Jahrhunderts*

Hebbel war mit seiner Gestaltung des Magdalenen-Stoffes «moderner» als die eben vorgestellten jüngeren Autoren. Aber er wurde mit seiner Kritik an Religion und Gesellschaft bewußt mißverstanden, was sich erst im 20. Jahrhundert änderte, als Kunst nicht mehr das Schöne abbilden wollte, sondern sozialkritische Funktionen übernahm. Erst jetzt wurde die «Maria Magdalena» zu dem am meisten aufgeführten Stück Hebbels.

Gleichzeitig wird – gerade anhand großer Inszenierungen – die Frage laut, ob das darin verhandelte Problem noch aktuell ist. Während manche meinen, die Probleme, an denen Hebbels Personen zugrunde gehen, seien für uns «nur historisch, eben nur rückgewandt verständlich» (F. Luft), «über die man heute doch wohl anders denkt» (P. Hoffmann), entdecken andere hinter der scheinbaren Antiquiertheit die große Menschlichkeit, die auch heute noch darstellbar ist: «Eine Geschichte von gestern mit einer Lehre von heute» (G. Hensel)[28].

Nachdem Hebbels Trauerspiel seinen Siegeszug auf den Bühnen angetreten hatte, griffen andere sozialkritische Dichter auf den Stoff zurück, gingen aber – anders als Heyse oder von Krane – nicht von der biblischen Vorlage aus, sondern von Hebbels Bearbeitung des Themas und transponierten sein Drama in ihre jeweilige Gegenwart.

An erster Stelle ist *Ludwig Thoma* (1867–1921) zu nennen, der für sein Volksstück «Magdalena»[29] Titel und Handlungsgerüst von Hebbel übernimmt, den Namen seiner Heldin, «Leni», aber dem Titel anpaßt und die Handlung aus dem protestantisch-norddeutschen Milieu ins katholische Bauernmilieu seiner Wahlheimat bei Dachau verlegt.

Die Bauerntochter Leni ist in der Stadt, auf der Suche nach einem besseren Leben, «schlecht» geworden. Das Schändliche, das sie getan hat, wird nie offen benannt. Verschiedene Anspielungen lassen jedoch erkennen, daß sie nach der Enttäuschung durch einen Heiratsschwindler und nach dem Verlust ihrer Ersparnisse in die Prostitution abgeglitten ist. Nach der polizeilich erzwungenen Rückkehr ins Dorf kommt es zum Konflikt, da sie – anders als Hebbels Klara – ihre Situation nicht einschätzen kann («De woaß heut no net, was s'to hat», II,4). Die scheinheilige Moral des Dorfes – verkörpert durch Priester, Bürgermeister, junge Burschen – verlangt, daß das Mädchen verschwinden muß: Wir dulden keine, die mit der Schande das Brot verdient (III,9).

Thoma macht durch Kontrastfiguren deutlich, was Ehre und Moral wert sind: Der ehrenwerte Bürgermeister, dessen eigene Tochter ein lediges Kind hat und dennoch unbehelligt im Dorf lebt, benützt die «Schande» in der Familie des kleinen Bauern («De Schand tuat uns weh, daß so oane im Dorf is», II, 5), um billig an dessen Grundbesitz zu kommen; der Priester, ohne Verständnis für die Nöte der Menschen, verläßt die todkranke Bäuerin, als er hört, daß die verrufene Tochter jeden Augenblick ins Haus kommen kann.

Das Titelwort «Magdalena» steht – wie bei Hebbel – für das gefallene Mädchen, aber es geht – anders als bei Hebbel – nur vordergründig um ihr Schicksal; in Wirklichkeit zielt Thoma, der liberale Abgeordnete des bayrischen Landtags, auf Abrechnung mit staatlichen und kirchlichen Autoritäten, deren Scheinheiligkeit er am Verhalten gegen die – keineswegs sympathische – Heldin anprangert. War es bei Hebbel der starre Ehrbegriff des Vaters, der das Mädchen in den Tod trieb, so ist es bei Thoma die scheinheilige Moral der braven Bürger, die der Vater verinnerlicht und die den Tod des Mädchens verursacht. Auch Thoma weicht im entscheidenden Punkt von der biblischen Vorlage ab; es bleibt kein Raum für Milde, Nachsicht, Barmherzigkeit. Die Repräsentanten des Dorfes verlangen vom Vater, «daß du dei Leni weg toa muaßt!» (III, 8) – was er dann auch tut, sogar radikaler und endgültiger als von der Dorfgemeinschaft gefordert: In hilfloser Wut ersticht er die Tochter, die seine Ehre und damit seinen Halt im Dorf untergraben hat. Leni erfährt wie ihre Vorgängerin Klara keine Hilfe von außen und ist – als passive Heldin – auch nicht in der Lage, ihre Situation aus eigener Kraft zu bewältigen.

In der kleinbürgerlichen Welt Hebbels wie in der bäuerlichen Welt Thomas kommt es durch den Fehltritt der Tochter zur Familienkatastrophe; für beide Dichter liegt in einer solchen Situation das Material für ein bitterernstes Trauerspiel.

Inzwischen hat sich die Welt verändert: Wenn einer jungen Frau im Zeitalter der Pille eine Schwangerschaft «passiert», ist sie keine tragische Figur, sondern ein dummes Ding. Aus dem Trauerspiel wird eine Farce. So jedenfalls sieht es *Franz Xaver Kroetz* (geb. 1946) in seiner meisterhaften Adaption von Hebbels Trauerspiel. Im Untertitel zu seiner «Maria Magdalena»[30] und im Schlußspruch der gedruckten Fassung bekennt er sich ausdrücklich zu Hebbels Vorlage, die er bis in Einzelheiten hinein in die Gegenwart – das Augsburg der späten 60er Jahre – übersetzt. Die Menschen in dieser Komödie nehmen nichts wirklich ernst, weil alles gleich-gültig ist: Das Zerbrechen einer Kaffeekanne wird genau so ausführlich geschildert wie der plötzliche Tod der Mutter (I, 8); sie lassen sich durch nichts, auch nicht den Tod, in Frage stellen: Während die Mütter bei Hebbel und Thoma in einer bisweilen skrupelhaften Frömmigkeit an den Tod denken, gibt es hier bei der Mama nichts

> «was der Reue würdig wäre.
> Mir sind katholisch und ham getan
> was mir können.
> Was will man mehr?» (I, 1)

Es gibt keine Werte jenseits der banalen Alltagswelt, keine Ansprüche von seiten einer höheren Instanz, keinen Gott und keine Religion und daher auch keine Sünde. «Sünde» wird nicht mehr von Gott her definiert, sondern von dem, was alle tun (I, 3):

> «Da muß man aufpassen, daß man ned
> ins Fettnäpfchen tritt!»

Gott ist nicht mehr für das Ganze zuständig, sondern nur für das Zweckdienliche, wie es Marie, die nicht an ihn glaubt, in einem «Gebet» ausspricht (I, 4):

> «Lieber Gott,
> mach daß das Kind ein Abgang wird.
> Sei vernünftig lieber Gott,
> bitte!»

In dieser Welt gibt es keine Werte, nur Statussymbole, keine Moral, nur Karriere, nur ein Ziel: möglichst viel vom Kuchen des Wirtschaftswunders zu erwischen. Leo gibt dieser Denkart präzisen Ausdruck, wenn er eine Heirat ohne Mitgift ablehnt: «Ich bin ein normaler Mensch» (I, 6); dieser Leo ist kein unmoralischer Mensch (er weiß gar nicht, was das ist!), aber er kann rechnen: Eine Ehe kostet eben Geld. Auch eine uneheliche Schwangerschaft wird nach diesen Maßstäben bewertet: «Es ist kein Unglück wie früher, bloß ein Blödsinn» (III, 13), sagt Marie, und liefert bald darauf eine Begründung (III, 15):

> «Für die Petra Schürmann is ein ledigs Kind
> eine billige Publicity.
> Und für mich is es
> ein Knopf in der Zukunft.»

Das sehen die von Maries Schwangerschaft betroffenen Männer genauso: der Vater («Blöder Trampel», III, 16), der Freund («Bist deppert», II, 12), der

Vater des Kindes («Aber ein ledigs Kind ist heut kein Beinbruch mehr», III,13). Tragik hat hier keinen Platz. Am Ende treffen sich alle – statt zum Duell (Hebbel) – zu einer Runde Skat: Leo, der das Mädchen sitzen läßt, Peter, der sie nur als Geschiedene heiraten würde, der Vater, den das alles nichts angeht, der Bruder, der sie mit seiner Hilfe auf später vertröstet. Niemand ist für Marie und ihr Kind zuständig; die Worte des Vaters gelten für alle: «Ich denk an mich und überleb» (III,17). Daher läßt sich auch niemand durch Maries Selbstmorddrohung aus der Ruhe bringen (III,17):

«Zerscht mußt tot sein,
dann glauben mir es! ...
Hol ein Bier, is gscheiter.»

Niemand wäre erschüttert, wenn sie sich wirklich vergiftet hätte, es wäre nur unangenehm und würde die Bequemlichkeit der Skatrunde stören. Und Marie spielt das gleiche Spiel wie alle: sie holt das Bier. Sie stirbt nicht, sie hat nur ihr Leben verpfuscht. Wo alles beliebig ist, wäre der Selbstmord eine zu endgültige Lösung.

Bei Kroetz' Komödie bleibt einem das Lachen im Halse stecken. Was in der Maske eines Volksstückes mit dummen Phrasen daherkommt, ist eine todtraurige Geschichte, die eine ganze Epoche der deutschen Nachkriegszeit abbildet: Das gilt nicht nur für die Männer, die zu keiner Verantwortung fähig sind, sondern auch für die Frau, die in ihrer Lethargie alles mit sich geschehen läßt, statt das eigene Leben in die Hand zu nehmen. Marie muß kein Gift nehmen, weil alles in dieser Welt der Belanglosigkeit vergiftet ist. Da ist kein Kontrast zwischen abgrundtiefer Not und erlösender Zuwendung, wie in der Bibel, keine Tragödie, die aus der versagten Hilfe entsteht, wie bei Hebbel; es gibt weder die starken Gefühle von Schuld und Reue noch eine Erlösung. Konfliktlösung oder, religiös gesprochen, Erlösung reichen nicht mehr in die tiefen Schichten der Person. Finanzielle Sicherheit für Marie und ihr Kind würden genügen, so etwa, wie sie es in einem Tagtraum phantasiert, wenn der Vater sich umbringen und sie die Eigentumswohnung erben würde (II,2).

Hebbel, Thoma und Kroetz benützen den Namen der Maria Magdalena als Titel, ohne ein Drama über sie zu schreiben. Die Dichter können sich darauf verlassen, daß die Phantasie des Lesers die richtigen Wege geht. Der Name erfüllt eine Funktion: Der Leser oder Theaterbesucher wird auf ein Frauenthema eingestimmt, in dem es um Verführung geht, um die «Schwäche» der Frau und den «Erfolg» eines Mannes.

Kommt der Bezug zu Maria Magdalena bei diesen drei Autoren nur indirekt im Titel zur Sprache, so wird er bei anderen unmittelbar thematisiert:

Daphne Du Maurier (1907–1989) bringt Maria Magdalena auf subtile Weise mit Prostitution in Verbindung, wenn sie einen Vikar in einer ironisch gebrochenen Predigt von Jesus sagen läßt, er habe menschlich empfunden und sogar «Verständnis für die arme Magdalena» gehabt. Der gleiche Vikar wird wenig später ein schwangeres Mädchen mit dem Vorwurf der Prostitution einschüchtern und in den Tod treiben![31]

Bei *Tania Blixen* (eigentlich Baronin Karen Blixen-Finecke, 1885–1962), die in ihren Erzählungen auffallend oft Anspielungen auf biblische Stellen verarbeitet und mehrfach Maria Magdalena erwähnt, ist sie ebenfalls die gewesene Sünderin. Von ihr wird als von «jener hochrangierenden Himmelsheiligen» gesprochen, die «einer gewissen weltlichen Erfahrung» nicht ermangelt, und sie wird von den handelnden Personen immer dann zitiert, wenn es um das gesellschaftliche Spiel von Verführung und Verführbarkeit geht[32].

Der Weg vom 18. zum 20. Jahrhundert an der Hand einiger Dichter hat gezeigt, daß sich in dieser Zeit viele Wertmaßstäbe geändert haben, aber offensichtlich nicht die Tatsache, daß Frauen leicht zum Opfer der herrschenden (Moral?-)Vorstellungen werden. Klara (Hebbel) tötet sich, um Schande vom Vater abzuwenden; Marie (Büchner) wird vom Mann, Leni (Thoma) vom Vater erstochen, nicht zur Sühne eines Vergehens, sondern einfach aus hilfloser Wut, um die eigene Position zu verbessern. Die Gründe für den Untergang der Frauen wechseln, ihr Schicksal aber bleibt gleich: Gretchen (Goethe) oder das schöne Annerl (Brentano) müssen sterben, weil sie ihr Kind getötet haben, die Marie (Kroetz) wird beschimpft, weil sie die Pille vergessen und dann zu spät an eine Abtreibung gedacht hat.

Die Dichter stellen die Frauen nicht mehr (wie im Barocktheater) als heroische Heldinnen dar, sondern als gebrochene Figuren: verführte und schwangere Mädchen, gefallene Frauen, Huren, Ehebrecherinnen – Frauen, die mit einem Makel behaftet sind, die von der Gesellschaft geächtet werden und daran seelisch und körperlich zugrunde gehen. Und offenbar haben für die Dichter und ihr Publikum solche Frauen eine starke Affinität zu Maria Magdalena.

Das kirchliche Magdalenenbild, wie es sich im Mittelalter und im Barock herausgebildet hat, wird in seiner profanen Wirkungsgeschichte verfestigt: Maria Magdalena ist nur noch die gefallene Sünderin. Wo aber in der kirchlichen Tradition immer auch ihre Begnadigung thematisiert wird, ist dieser

Aspekt in der profanen Literatur verschwunden. Maria Magdalena ist jetzt nur noch die Frau am Boden, ohne Heiligenschein. Wo ihre Geschichte zitiert wird, geschieht es als Protest gegen eine Gesellschaft, in der kein Raum ist für die Opfer einer tödlich gewordenen Moral, wie es Hebbel in der bei Kroetz als Schlußspruch zitierten Briefstelle[33] formulierte:

> «Mich selbst
> erschüttert
> diese Klara
> gewaltig
> wie sie aus der Welt
> herausgedrängt
> wird.»

In Maria Magdalena spiegelt sich das Schicksal von Frauen, die hoffnungslos am Rande oder gar außerhalb der Gesellschaft stehen, von passiven Frauen, die das Urteil der anderen verinnerlicht und sich mit ihrer Lage abgefunden haben. Noch ist Magdalena nicht zum Synonym für die starken Frauen geworden, die ihre Sache selbst in die Hand nehmen, ihre Rechte einfordern, die Gesellschaft provozieren …

IX

DIE FRAU ZU JESU FÜSSEN – MARIA MAGDALENA IN DER GEISTLICHEN LYRIK DER NEUZEIT

Der Epochenwechsel vom Mittelalter zur Neuzeit mag aus der zeitlichen Distanz als Bruch erscheinen; aus der Nähe betrachtet, erkennt man jedoch an vielen Stellen fließende Übergänge. Das zeigt Magdalenas Rolle in der geistlichen Dichtung. Sie ist immer noch die große Heilige, das Vorbild für den Beter; an ihrem Lebensbeispiel kann er sich orientieren und darf hoffen, in ihrer Nachahmung das gleiche Heil zu finden, das ihr bereits zuteil geworden ist; er kann sich aber auch direkt an sie wenden, denn sie ist Fürsprecherin und Helferin. Diese Motive der mittelalterlichen Heiligenverehrung – Vorbild und Fürsprache – haben sich in der geistlichen Dichtung am Beginn der Neuzeit – wie etwa bei Angelus Silesius[1] – erhalten. In besonderer Weise gilt dies für das deutschsprachige Kirchenlied, das seit Reformation und katholischer Reformbewegung zu einem wesentlichen Ausdruck der Frömmigkeit geworden ist. Nach dem Vorbild Martin Luthers haben Dichter und Theologen den Glauben nicht nur gelehrt, sondern auch in die Herzen der Menschen gesungen.

Wer hier abschätzig von Gebrauchslyrik spricht, sollte bedenken: Das geistliche Gedicht, das bei der häuslichen Andacht oder in der Betstunde einer religiösen Gemeinschaft betrachtet wird, oder das Kirchenlied, das im Gottesdienst immer wieder begegnet, hatte in der Vergangenheit einen ungeheuren Einfluß auf die Christen. Für viele war das geistliche Lied – neben Bibel, Katechismus und Kalendergeschichte – bis in unser Jahrhundert die einzige Begegnung mit Literatur überhaupt; und es war die einzige Möglichkeit, christliche Glaubensinhalte nicht nur kennenzulernen, sondern auch gefühlsmäßig zu verarbeiten – die Katechismen konnten gerade letztere Aufgabe nicht leisten.

Es ist daher von besonderem Interesse, wie die Gestalt der Maria Magdalena in solchen Texte begegnet, d.h. wie sich ihr Bild für den gläubigen Betrachter aus dem Text heraus entwickelt. Wir werden sehen, daß sie zwar ihre Bedeutung als große Heilige aus dem Mittelalter herüberrettet, daß sie aber ab dem 18. Jahrhundert in der geistlichen Dichtung auffallend zurücktritt oder nur mit Teilaspekten erwähnt wird.

1. Maria Magdalena in religiösen Gedichten und Gedichtzyklen

In den Dichtungen des Schlesiers Johann Scheffler (1624–1677), besser bekannt unter dem Namen Angelus Silesius, kommt Maria Magdalena in allen Hauptwerken vor und ist die am häufigsten genannte Heilige. Das gilt für die «Heilige Seelenlust», eine Sammlung geistlicher Lieder, in der Christus und die Psyche (= die Seele) als Schäfer und Schäferin ihre Sehnsucht und Liebe aussprechen, wie auch für die «Sinnliche Beschreibung der vier letzten Dinge», vor allem aber für die Spruch-Sammlung «Cherubinischer Wandersmann», in der es um Anweisungen für ein gelingendes Leben geht[2]. Dabei wird das traditionelle Bild der Heiligen vorausgesetzt, was nicht immer ausdrücklich gesagt, sondern durch bestimmte Signalwörter angedeutet wird (Tränen, Salbung, Füße Jesu usw.). Vor allem in dem achtstrophigen Gedicht «Lob der Heiligen Maria Magdalene» aus der Sammlung «Heilige Seelenlust» finden sich alle Elemente aus Bibel und Legende, die ihr Bild seit Jahrhunderten prägen: Sie ist die Sünderin, die öffentlich Buße tut, die salbende Frau, die im Gedächtnis der Christen weiterlebt, Maria von Betanien, die den besten Teil erwählt hat, die Frau unter dem Kreuz, die dann als erste den Herrn sehen darf, und schließlich die Visionärin, die 30 Jahre hindurch ohne Nahrung, im Anschauen Gottes, lebt. Indem Angelus Silesius von der Einheitsgestalt ausgeht, wird Magdalena fast zwangsläufig zum Inbegriff der tränenseligen Büßerin[3]. Tränen, Reue, Buße, Liebe sind austauschbare Begriffe, die vor allem in den «Wandersmann»-Sprüchen auf die Funktion der Heiligen hinweisen: Der Leser soll «wie Magdalena» weinen, büßen, lieben, um wie sie selig zu werden:

> «Kein Sünder ist so wohl und selig je gestorben,
> Als der des Herren Gunst wie Magdalen erworben»[4].

Allerdings geht es nicht um eine automatisch wirkende Gnade, weshalb vor der vorschnellen Identifikation mit der Heiligen gewarnt wird:

> «Ach, Sünder, traue nicht, weil du die Magdalen
> Befriedigt und getrost von unserm Herrn siehst gehn.
> Du bist ihr noch nicht gleich, willst du des Trosts genießen,
> So lege dich zuvor wie sie zu seinen Füßen»[5].

Wer aber den Weg der großen Büßerin nachvollzieht, darf hoffen, wie sie getröstet zu werden und in die Vollendung der ewigen Seligkeit zu gelangen, wo die «strengen Büßerinnen» einen hervorragenden Platz einnehmen. Wie der Besucher einer barocken Kirche seinen Blick von den Vanitas-Symbolen im Kirchenraum zu den himmlischen Gefilden der Kuppel hinauf wandern läßt, so wird der Blick des Lesers von seiner eigenen sündigen und damit todverfallenen Situation auf Maria Magdalena und durch sie bis hinauf in die Vision der himmlischen Herrlichkeit geleitet.

So ist ihre Bedeutung für den Leser, der sich betrachtend in ihre Reue, Buße und Begnadung versenkt, groß – vor allem für Menschen, die von einem starken Sündenbewußtsein geprägt sind –, aber eben auch an den meisten Stellen auf diesen Aspekt beschränkt. Und diese Beschränkung erscheint uns heute durchaus fragwürdig.

Das gilt auch für einen anderen Aspekt ihrer Darstellung: Stets geht es um die individuelle Beziehung von Beter bzw. Leser und der Heiligen. Maria Magdalena ist Vorbild für den einzelnen Leser, nicht für die Gemeinschaft der Gläubigen, und ihre herausragende Stellung, die nie geleugnet wird, betrifft ihre individuelle Geschichte. Sie ist groß in ihrer persönlichen Begnadung; aber selbst in einer Strophe, die die Erzählung aus Joh 20 zum Inhalt hat, geht es um ihr *privates Glück*, um den Lohn für ihre Treue, und nicht um ihre *apostolische Sendung:*

> «Drum hat er auch dein Angesicht
> Zum ersten wolln erquicken
> Und dir sein auferstandnes Licht
> Verliehen, anzublicken.»[6]

Die Funktion der Maria Magdalena für die Jünger damals und die Kirche später wird nicht wahrgenommen.

Diese kritischen Bemerkungen sind allerdings durch einen Hinweis zu ergänzen, der das Magdalenen-Bild des Dichters von einer ganz anderen Seite her beleuchtet. Angelus Silesius ist nicht nur Konvertit und Priester in der Kirche der Gegenreformation, er ist auch – wie vor allem die Sprüche im «Cherubinischen Wandersmann» bezeugen – Mystiker, in dessen Weltsicht es grundsätzlich um das Verhältnis des einzelnen Menschen bzw. seiner Seele zu Gott geht. Dieser Gott ist nicht an heiligen Orten oder in Institutionen verfügbar, sondern muß in der Seele selbst gesucht werden. Der

Mensch muß die Welt der Dinge, des Wollens, des Tuns übersteigen; nur wer die Einzeldinge losgelassen hat, wird hinter den zufälligen Dingen der Zeit das reine Nichts, das Gott ist, finden können:

«Die zarte Gottheit ist ein Nichts und Übernichts.
Wer nichts in allem sieht, Mensch, glaube, dieser sichts»[7].

Im lauteren Nichts die Gottheit erkennen ist die wahre Vollkommenheit. Diesen höchsten Zustand haben Johannes und Maria Magdalena erreicht: Johannes «fliegt» an die Brust Jesu, um sich dort in inniger Lust zu «wiegen», Magdalena «laufet hin» zu den Füßen Jesu, um sie in ewiger Hingabe zu küssen[8]. Bei beiden schwingt die Bewegung in unendliche Ruhe aus. Johannes und Maria Magdalena sind die Prototypen des Menschen, der sein Ziel gefunden hat:

«Johannes an der Brust, Maria bei den Füßen,
Tun alle zwei sonst nichts, als daß sie Gott genießen»[9].

Das Magdalenen-Bild des Angelius Silesius erschöpft sich also nicht in der Sicht der großen Büßerin, wie sie aus der darstellenden Kunst des Barock bekannt ist; durch die Mystik des Loslassens gewinnt es neue Konturen. Nicht das «Tun» der Büßerin, sondern das «Nicht-Tun» der Ruhenden beschreibt ihre Vollendung. Johannes und Maria, Mann und Frau sind in gleicher Weise zu dieser Vollendung, diesem «Gott-Werden», befähigt.

Während Maria Magdalena bei Angelius Silesius und anderen Dichtern des Hochbarock eine große Rolle spielt, verändert sich ihre Bedeutung bereits in der folgenden Generation, wie das Beispiel des Lyrikers Johann Christian Günther (1695–1723) zeigt, bei dem man vergeblich einen Text oder auch nur eine Anspielung auf Maria Magdalena sucht. Dies fällt – etwa im Vergleich zu Andreas Gryphius (1616–1664) – besonders ins Gewicht, da beide Dichter einen Text auf den Magdalenentag geschrieben haben[10]. Während Gryphius anhand von Lk 7 die wunderbare Verwandlung der sündigen Heiligen betrachtet, soll Günthers Gedicht die Frau Magdalena Sparr an ihrem Namenstag ehren, deren Name sowohl in der Überschrift als auch als Akrostichon im Text vorkommt. Aber wie die Überschrift – «Bey der Frau Magdalena Sparrin, gebohrnen Mentzelin, eingefallenen Nahmenstage, auf ihr Symbolum: Herr, nach deinem Willen» – andeutet, geht der Text nicht auf die heilige Namenspatronin ein, sondern auf das Lebensmotto der zu ehrenden Frau.

Die Entwicklung, die sich hier ankündigt, läßt sich auch bei anderen protestantischen Dichtern des frühen 18. Jahrhunderts beobachten. Das hängt damit zusammen, daß sich die dreifache Gestalt der Magdalena allmählich auflöst, aber auch damit, daß die geistlichen Lieder aus der Erweckungsbewegung um das persönliche Gottesverhältnis kreisen und dafür kaum noch heilige Vorbilder benötigen. Das gilt sowohl für die Gedichte des Grafen Nikolaus Ludwig von Zinzendorf (1700–1760), des Gründers der Herrnhuter Brüdergemeine, als auch für Gerhard Tersteegen (1697–1769), den bedeutendsten Liederdichter der Zeit.

So gibt es in den Bußliedern und geistlichen Reden des Grafen zwar Hinweise auf die Tränen des bereuenden Sünders, aber diese werden nicht mehr – wie in der «katholischen» Vergangenheit – mit dem Vorbild der weinenden Sünderin Maria Magdalena in Verbindung gebracht. Die Frauen, die bisher das Bild der Magdalena mitgeprägt haben, bleiben als eigene Gestalten ohne Bezug zu ihr. Das gilt vor allem «von dem berüchtigten Weibe», an dem die geheime Weisheit Jesu demonstriert wird, von der armen Hure, die «ein miserables Mensch» ist und dennoch «zu Gnaden angenommen» wird[11]. Andere Frauen, die in der Vergangenheit positive Züge in das Bild der Magdalena eingetragen haben, werden neu bewertet bzw. abgewertet, wie Maria von Betanien, die getadelt wird, weil sie zusammen mit Marta den Bruder vor Jesu Kommen bestattet hat[12], oder die salbende Frau aus der Passionserzählung, die «eine in sich tadelhafte Handlung» vollbracht hat und nur deshalb nicht verurteilt wird, weil der Heiland nicht auf das Tun, sondern auf das «Thun wollen», d.h. die gute Absicht schaut[13]. Maria Magdalena dagegen wird auf einen Teilaspekt ihrer Rolle am Ostermorgen beschränkt:

«Mit Maria will ich flehen,
Ich will früh zum Grabe gehen
Und ihm nach dem Herzen sehen,
Nicht mit Augen, mit dem Sinn.»

Daß der Beter sich hier an einer biblischen Gestalt orientiert, ist nur scheinbar ein Widerspruch zum oben Gesagten, denn bei dem «Festgruß an den Himmelskönig», dem diese Strophe entnommen ist, handelt es sich um die Übersetzung des lateinischen Gedichts von Bernhard von Clairvaux «Jesu dulcis memoria dans vera cordis gaudia»[14]. Wenn das Lied dennoch in das «Gesangbuch der Gemeine zu Herrnhut» aufgenommen wurde, so deshalb, weil – wie an dieser fünften Strophe ersichtlich – auch typische Vorstellungen von Zinzendorfs eigener Frömmigkeit zu Wort kommen[15]. An Marias Gang zum Grab wird das Thema des 14-strophigen Liedes – Freude über die Gegenwart Jesu und Verlangen nach seiner bleibenden Nähe –, aber auch die Sehnsucht der in der Gemeine (= Gemeinschaft) zu Herrnhut verbundenen Christen festgemacht. Dennoch sollte man diese, durch die lateinische Vorlage bedingte Erwähnung nicht überberwerten. Maria von Magdala ist keine pietistische Heilige.

Diese Beobachtungen werden durch Gerhard Tersteegens Lied- und Spruchzyklen bestätigt. Maria von Betanien und die Sünderin werden dort als je eigene Frauen genannt[16]. Während Maria von Betanien mehrfach in den Liedern erwähnt wird, weil der Beter wie sie – die Vielheit verschmähend, nur das Eine suchend – zu Füßen des Herrn sitzen und auf sein Wort hören will[17], tritt Maria von Magdala an Bedeutung zurück. Ihre einzige, fast beiläufige Erwähnung findet sich in einem Osterlied:

«Ich werfe mit Maria mich,
Mein Herr und Gott, zu deinen Füßen,
Und wenn ich dürfte, wollt' ich dich
Mit ihr in Demut innigst küssen.
Sprich auch ein Wort mit Kraft ins Herze mir,
So schau ich dich, so freu' ich mich in dir!»[18]

Wichtiger als ihre Gesten ist das Wort Jesu, das der Beter «auch» für sein Herz erbittet. Um dieses «Herz», um den Beter selbst, um seinen Wunsch nach Jesu Nähe geht es in Wirklichkeit, wie die Schlußverse verdeutlichen:

«Du bist nicht fern; wer dich nur liebet rein,
Der kann im Geist bei dir im Himmel sein.»

Es bleibt festzuhalten: Maria von Magdala spielt in der Frömmigkeit der Erweckungsbewegung keine Rolle mehr, da nicht nur ihre Vorbildfunktion, sondern mehr noch ihre Bedeutung als Fürsprecherin bei Gott weggefallen ist. Dieser Verzicht auf eine weibliche Heilige wird allerdings dadurch erleichtert, daß Gott selbst mit weiblichen Attributen versehen wird: Angesichts eines mütterlichen Gottes, dessen Mutterherz sich dem Menschen zuneigt, bedarf es keiner Fürsprecher, ob männlich oder weiblich, am Thron Gottes.

Der Pietismus des 18. Jahrhunderts war die letzte große geistige Bewegung, in der sich religiöses und profanes Leben gegenseitig durchdrangen. Die zunehmende Säkularisierung aller Lebensbereiche und die Trennung von Kirche und Gesellschaft hatten auch Konsequenzen für die geistliche Dichtung des 19. (und noch mehr des 20.) Jahrhunderts: Die Verfasser einer gemeindebezogenen Gebrauchslyrik sind nicht mehr unter den großen Dichtern der Zeit zu suchen, wie dies bei den sprachgewaltigen Kirchenlieddichtern des 16. oder 17. Jahrhunderts (Luther, Spee) der Fall war.

Umgekehrt fanden die bedeutenden Lyriker, die sich der christlichen Dichtung widmeten, nicht mehr Eingang in den Gemeindegesang (Brentano, Droste-Hülshoff, le Fort) oder nur unter erschwerten Bedingungen (Klepper, Schröder). Diese Dichter und Dichterinnen, die durch Herkunft oder bewußte Hinwendung zur Kirche geprägt sind, verstanden ihr Werk als religiöses Tun und unterstrichen ihre kirchliche Bindung auch dadurch, daß sie die Sammlungen ihrer Gedichte am religiösen Tagesablauf oder am Kirchenjahr orientierten. In diesen geistlichen Zyklen, aber auch unter den übrigen Gedichten im Werk dieser Autoren gilt es, den Hinweisen auf Maria Magdalena nachzuspüren.

Zunächst geht es um zwei Autoren, die bei aller Verschiedenheit in Charakter und Herkunft gerade in ihrer Haltung zur religiösen Dichtung viele Gemeinsamkeiten aufweisen: die von der Schwere ihrer westfälischen Heimat geprägte Annette von Droste-Hülshoff und den von seinem italienischen Erbe umgetriebenen Clemens Brentano. Beide schrieben Zyklen zu den Sonntagsevangelien, hielten sie aber so lange zurück, daß diese erst nach ihrem Tode veröffentlicht wurden[19]. Beide hatten Vorbehalte gegen ihr gefährliches Talent, das sie mit Wörtern wie «Sünde» und «Zeitvertreib» umschreiben, und beide sehen die Rettung in der geistlichen Dichtung, in der sich künstlerisches Streben und religiöses Engagement verbinden.

Annette von Droste-Hülshoff (1797–1848) fertigte im Herbst 1820 die Reinschrift des ersten Teils ihrer Dichtung «Geistliches Jahr» (auf die Sonn- und Feiertage von Neujahr bis Ostermontag nach dem Kalendarium von 1820) an und nahm auf Drängen des Freundes und geistlichen Mentors Schlüter 1839 die Arbeit am Zyklus wieder auf. Aus diesem Jahr gibt es eine briefliche Äußerung, wonach «dieses Buch vielleicht das einzige ist, dessen ich mich dann freue», während ihr alles andere als «töricht» erscheint. Im gleichen Brief wird auch das Dilemma jeder engagierten Kunst reflektiert, hier die Spannung von Kunstanspruch und religiöser Überzeugung, wobei die Dichterin ausdrücklich betont, auf die «schöne Form» nur soviel Rücksicht zu nehmen, «als ohne Beeinträchtigung des Gegenstandes möglich ist, aber auch nicht mehr»[20]. Denn sie versteht ihr Werk als religiöse Aufgabe, die allein dem Anspruch der Wahrheit verpflichtet ist und von keinen anderen Rücksichten bestimmt sein darf; daß sie dabei sich und den Leser täuscht, wird an einer Stelle deutlich, die zumindest indirekt auch für ihre Magdalenen-Darstellung Konsequenzen hat.

In zwei Gedichten aus dem Osterfestkreis des Kirchenjahres wird Maria Magdalena erwähnt. Im Gedicht «Am Christi Himmelfahrtstage» blicken die einleitenden Strophen auf das irdische Leben Jesu zurück und erinnern an seine Begegnungen mit Marta und Magdalena, wobei letztere als eine Mischung aus Sünderin (Lk 7) und Maria von Betanien (Lk 10,38–42; Joh 12,1–3) vorgestellt wird:

> «Mit Magdalena hätt ich wollen knien,
> Auch meine Thräne hätte sollen glühn
> Auf deinem Fuß, vielleicht dann, ach vielleicht
> Wohl hätte mich dein selig Wort erreicht:
> ‹Geh hin, auch deine Sünden sind verziehn!› »[21]

Das Bild der Sünderin bleibt auf den ersten Blick ganz im Rahmen der konventionellen Vorstellung. Doch ist hier schon im Vorgriff auf andere Beobachtungen festzuhalten, daß die Dichterin, die sich mit Magdalena identifiziert, keinerlei Aussagen über die Art der Sünden macht, von denen sie wie einst jene freigesprochen werden will.

Auskunft darüber gibt der Text zum ersten Sonntag nach Ostern[22], dem die Perikope Joh 20,19–31 zugrundeliegt, worauf die Droste in einem vorangestellten Prosaspruch ausdrücklich hinweist: «Jesus geht durch verschlossenen Thüren, und spricht: ‹Der Friede sey mit euch!› » Die erste und die letzte Zeile des Gedichts nehmen das Stichwort «Friede» auf und verstehen es als Wunsch des poetischen Ichs, das ohne Frieden ist. Seine Situation wird durch die Aussagen «glaubensarm» und voll «Sünden» und durch die Bitte «Laß Liebe gelten, da gering der Glaube» näher charakterisiert.

Die Wortpaare Glaube/Sünde und Glaube/Liebe, die dieses Gedicht prägen, sind zugleich die Leitmotive des gesamten Zyklus. Seine Grundmelodie ist ein starkes Sündenbewußtsein, das sich nicht auf moralische Fehler, sondern auf Glaubensmangel bezieht. Der – negativ gesehene – Verstand steht dem Glaubenkönnen im Wege[23]. Die Dichterin – und hier darf man von der poetischen auf die persönliche Ebene überwechseln – leidet unter der Not des ungenügenden Glaubens und zugleich der Angst, für andere Anlaß zum Zweifel und damit zur Sünde zu werden; nur wenn die Liebe als Ersatz für Glaube angenommen wird, ist Rettung möglich:

> «Ist es der Glaube nur, dem du verheißen,
> Dann bin ich todt ...
> Ich hab ihn nicht.
> Ach nimmst du statt des Glaubens nicht die Liebe ...» [24]

Im Widmungsbrief von 1820 an die Mutter gibt die Dichterin selbst Auskunft über diese Zusammenhänge: Ihr Buch ist nicht für die kindlich Einfältigen, denn es trägt «Spuren eines vielfach gepreßten und getheilten Gemüthes», es wendet sich an «die geheime, aber gewiß sehr verbreitete Sekte Jener, bey denen die Liebe größer wie der Glaube» ist[25].

Die Thematik des Zyklus ist demnach im Gedicht zum ersten Sonntag nach Ostern wie in einem Brennspiegel zusammengefaßt. Der Herr, der vor der verschlossenen Tür der zweifelnden und glaubensarmen Seele steht, soll Liebe statt Glaube akzeptieren und mit seinem Friedenswort die verschlossene (Seelen-) Tür durchschreiten; am Ende des Gedichts wäre daher ein entsprechender Hinweis auf die hinter verschlossenen Türen sitzenden Apostel und Jesu Wort (siehe Vorspruch) an sie zu erwarten. Statt dessen wird – gegen die Evangelienvorlage – Maria Magdalena eingeführt:

> «So sprich, mein Vater, sprich denn auch zu mir
> Mit jener Stimme, die Maria nannte,
> Als sie verkennend weinend ab sich wandte,
> O sprich: ‹Mein Kind, der Friede sey mit dir!›»

Der Plural des Neuen Testaments und ihm folgend des Vorspruchs «Der Friede sey mit euch!» wird in den Singular abgeändert «Der Friede sey mit dir!» Adressatin des Wunsches ist jetzt die liebende Maria Magdalena, hinter der sich das Ich der Dichterin verbirgt. Sie wird so zum Inbegriff der Hoffnung: Christus blickt nicht auf den – starken oder schwachen – Glauben, sondern auf die überwältigende Liebe. An Magdalena zeigt sich die Größe der göttlichen Zuwendung zum Menschen, an der sich auch der glaubensarme Sünder von heute aufrichten kann. Welch eine Ironie: Aus der glaubensstarken Nachfolgerin Jesu ist das Vorbild für den glaubensschwachen Christen geworden. (Daß diese Verschiebung dadurch bedingt ist, daß die Droste unter «Glaube» nicht mehr einen Akt des ganzen Menschen, sondern in neuscholastischem Verständnis nur des Verstandes sieht, soll hier nicht weiter ausgeführt werden).

Von daher fällt auch Licht auf die Magdalena vom Himmelfahrtstag (s. o.): Die Droste kann – wegen ihrer Gleichsetzung von Verstand/Zweifel/Sünde – das Bild der Maria Magdalena nur teilweise mit den traditionellen Zügen ausstatten; diese weint als Sünderin zu Jesu Füßen, aber sie wird nicht als moralisch gesunkene Frau vorgestellt.

Es bleibt natürlich zu fragen, weshalb die Droste ihre Vorstellung von Maria Magdalena an diesem Punkt gegen die kirchliche Tradition entwickelt. Die Antwort darauf ist für heutige Leser kaum noch nachvollziehbar: Die Dichterin muß bei allem, was sie veröffentlicht, auf die gesellschaftlichen Bedenken ihrer Familie Rücksicht nehmen (sofern die strenge Mutter überhaupt eine Veröffentlichung erlaubt!). Hier ist das Gedicht «Am Feste vom süßen Namen Jesus» besonders aufschlußreich. In der kritischen Ausgabe von 1971[26] stehen die folgenden Zeilen:

> «Und ich soll, o liebster Jesu mein,
> Die Gesunkne, treulos aller Pflicht,
> Dennoch deines Namens Erbin seyn:
> Gott! du willst den Tod des Sünders nicht!»

Als die Droste diesen Text bereits zum Druck freigegeben hatte, schrieb sie an den mit der Drucklegung beauftragten Schlüter, er möge das Wort «die Gesunkne» unbedingt ändern, da dieser «Ausdruck immer großen Skandal gegeben hat, und zwar unter meinen nächsten Angehörigen, die ich am wenigsten kränken möchte»; die Angehörigen fänden das Wort «unpassend und doppelsinnig», und die Dichterin versteht, daß es ihnen «freilich keineswegs angenehm sein [kann], ihn der beliebigen Auslegung eines ganzen Publikums anheimzustellen»[27]. Wie also könnte sie ihren Verwandten und Freunden die Identifizierung mit einer moralisch «gesunkenen» Magdalena zumuten! Maria Magdalena bleibt die Sünderin, aber ihre Sünde muß gesellschaftsfähig sein …

Modelliert die Dichterin das Bild der Maria Magdalena nach den gesellschaftlichen Vorstellungen ihrer adligen Standesgenossen, so sind derartige Rücksichten bei dem romantischen Dichter Clemens Brentano (1778–1842) nicht notwendig; dennoch ist zu befürchten, daß auch seine Äußerungen zu Maria Magdalena gewisse Korrekturen erfahren haben. Immerhin ist bekannt, daß Teile der Familie und einige Besitzer seiner Manuskripte manches vernichtet und vieles bearbeitet haben, um das Bild des «seligen Clemens» stilisieren zu können. Das gilt sowohl für Manuskripte aus der Dülmener Zeit als auch für die vom Bruder Christian herausgegebenen «Gesammelten Schriften«[28], deren erster Band die geistliche Dichtung enthält. Für einen Dichter, der in allen Schaffensphasen religiöse und sinnlich-erotische Sprache vermengt, ist das Fehlen solcher Anklänge in den Magdalenen-Strophen durchaus überraschend.

Bei der Durchsicht seiner geistlichen Dichtung wird man – auch im Vergleich mit der Droste – zuerst an den Zyklus «Die sonntäglichen Evangelien» aus den Jahren 1826/1827 denken (s. Anm. 19). Es handelt sich um 57 Gedichte auf die Evangelientexte der Sonn- und Feiertage; im Unterschied zum Geistlichen Jahr folgt Brentano dem Kirchenjahr, beginnend mit dem Ersten Advent, und nimmt sich auch inhaltlich weniger Freiheiten: während die Droste den Evangelientext zum Anlaß eigener geistlicher Betrachtungen nimmt, bleibt Brentano streng der biblischen Vorlage verpflichtet, die er paraphrasierend in Verse umschreibt, denen allerdings der gewohnte Wortzauber fehlt. Der Dichter selbst nennt die Gedichte in einem Brief, in dem er ihre Veröffentlichung ablehnt, «hart und starr«[29]. Daß hier – wiederum anders als zur gleichen Zeit bei der Droste – auf jeden persönlichen Ton verzichtet wird, entspricht Brentanos Haltung in jener Zeit, in der er sogar bereits vorliegende Gedichte von allzu Persönlichem reinigt, damit man sie lesen kann, «ohne grade zu vertraut mit dem Verfasser zu werden»[30]. So ist es nur folgerichtig, wenn Maria Magdalena in diesem Perikopenzyklus nur am Rande auftaucht, da ja nach der liturgischen Leseordnung des Kirchenjahrs kein ausgesprochener Magdalenentext vorgesehen ist.

Einzelgedichte kann der Dichter freier gestalten. Von besonderer Bedeutung ist hier das Gedicht «Magdalene geht zum Grabe»[31]. Die Hauptstrophen stellen sich als Monolog der Maria Magdalena dar, die – nach Art einer Evangelien-Harmonie – von den Geschehnissen am Ostermorgen erzählt; dagegen ist die auch rhythmisch anders geartete zweite Strophe eine Aufforderung des Dichters an ein nicht näher bestimmtes Du.

Das Gedicht beginnt – ähnlich wie bei Friedrich Spee, dessen Gedichte Brentano einige Jahre zuvor bearbeitet und veröffentlicht hat – mit einer indirekten Zeitangabe: Die Nacht ist zwar vorbei, aber es ist noch nicht taghell:

«Die bange Nacht ist hingegangen,
Doch kennt noch nicht ein Mensch den andern,
Noch kann ich mit den Tränen prangen,
Und zu des Meisters Grab still wandern.»

Der Schilderung der Morgendämmerung entspricht die Stimmung des «Ich», das sich im weiteren Verlauf als das der Maria Magdalena zu erkennen gibt; wichtige Anhaltspunkte sind sprachliche Signale wie «bange Nacht», «Tränen» oder «Grab».

Dieses Gedicht ist auf vielfältige Weise sowohl mit dem lyrischen Gesamtwerk des Dichters als auch mit seinen besonderen Interessen während der Entstehungszeit verknüpft. Das gilt vor allem für die einzigen Zeilen der Hauptstrophen, die den Faden der Evangelienerzählung durch eine Reflexion der Maria Magdalena unterbrechen (vgl. aus der 4. Strophe):

«So wandle ich im Morgengrauen
Zum Grab, wo meine Liebe ruht;
Ich will mit Tränen ihn betauen,
Er gab mir all sein Herzensblut.
Um mir den Stein vom Herz zu heben,
Ging in den Tod all meine Wonne.»

Die Blutsymbolik und die mystische Tauschformel (meine Tränen – sein Herzensblut; der Stein vor dem Grab – der Stein vor dem Herzen) begegnen in unzähligen Gedichten. In zweien wird sogar ausdrücklich auf Maria Magdalena bzw. die Büßerin hingewiesen:

a) Das Gedicht «Vor dem ersten Aderlaß, am Tage vor dem Abendmahl» aus der Zeit um die Generalbeichte bringt das Blut des Sprechers, das beim Aderlaß fließt, in geheimnisvoll-mystischen Austausch mit dem Blut aus Jesu Wunden, das schließlich im Abendmahl gegeben und empfangen wird:

«Daß dein Blut sich mir gesellet,
Macht das meine heut ihm Raum …
Gib daß alles (= das Blut) es entweiche …
Und ersetz es geistlich wieder
Morgen mir mit deinem Blut
Vor dir sink ich rein dann nieder,
Wo die Büßerin geruht»[32].

b) Das mit dem Datum «22. November 1835» überschriebene Gedicht, das sich an einigen Stellen wie ein Nachhall zum Magdalenengedicht liest, kennt in der achten Strophe ebenfalls die Vertauschung von Grab und Herz:

«Mit Magdalena, grauet der Tag
Wandl' ich zum Grab, wo Jesus lag,
O Herz wer wälzt von dir den Stein,
O Herz wann kehrt er bei dir ein.»[33]

Man sieht, wie sehr das scheinbar naiv erzählende Magdalenengedicht in seiner Tiefenstruktur mit der übrigen geistlichen Lyrik Brentanos verbunden ist. Zugleich erinnert es an Brentanos Schreib- und Protokolltätigkeit bei der stigmatisierten Nonne Anna Katharina Emmerick (1818–1824)[34]. Das gilt besonders von der zweiten Strophe, die – gleichsam als Einschub – den Faden der Erzählung unterbricht:

«Laß los von der Welt,
Von dem bunten Zelt,
Von der Truggestalt,
Jesus kommt bald!
Freundlich wird er grüßen,
Sink zu seinen Füßen,
Suche, fange, halt ihn dir,
Seufze, sage, klage hier;
Bleib, o Jesu, bleib bei mir!»

Ein besonderes Anliegen des Dichters spricht sich in diesen stark appellativen Versen aus: Absage an die Welt, die Beurteilung der Welt als unbeständig («Zelt») und Trug, die siebenfach variierte Aufforderung zur Christusbegegnung – all das ist nicht nur Echo auf Brentanos Beschäftigung mit Dichtung und Frömmigkeit des Barock (und des Neupietismus), sondern entspricht zutiefst seiner Haltung in der Zeit nach der Lebenswende, wo Jesusmystik und Abkehr von der Welt sein Leben prägen. Das äußert sich sowohl in seiner Abwendung von der Dichtung und der Hinwendung zur katholischen Kirche[35] als auch in der räumlichen Bewegung von Berlin nach Dülmen. Der Rückzug aus der Welt, wie ihn das Magdalenengedicht fordert, ist literarischer Topos und zugleich biographische Realität. In Magdalenas Gang zum Grab verdichtet sich das Lebensmotiv des Dichters von der Pilgerreise, fort von der Welt, dorthin «wo die Liebe ruht»; Magdalena ist demnach nicht nur Trägerin eines zentralen Gedankens, sondern auch Spiegel der gesamten schmerzlichen Existenz des innerlich zerrissenen Dichters.

So gilt für Brentano, was schon bei der Droste zu vermerken war: Maria Magdalena ist, obwohl sie in der geistlichen Lyrik beider nur selten vorkommt, eine wichtige Gestalt, auf die die eigene Lebenskrise projiziert werden kann. Auf dem Weg des Glaubens, auf dem Weg zur Christusbegegnung verkörpert sie für Menschen des beginnenden 19. Jahrhunderts, denen die ungebrochene Gläubigkeit abhanden gekommen ist, das Ideal eines glaubensstarken Christen; die Frau, in der sich alle Frauen zu Füßen Jesu (Sünderin, Maria von Betanien, die österliche Maria Magdalena) vereinen, wird zum Inbegriff einer Sehnsucht, die in der Religion Ruhe und Beruhigung sucht. An den Kontexten, die beide Dichter ihrer Maria Magdalena – nicht der biblischen, sondern der kirchlich entwickelten Gestalt – zuordnen, wird auch deutlich, daß die Biedermeier-Zeit nur schwach verdeckt, was unter der Oberfläche in Bewegung geraten ist. Die überkommenen Werte werden in Gesellschaft, Politik oder Wissenschaften in Frage gestellt. Die Beschwörung jener Ruhe, die Maria Magdalena zu Jesu Füßen findet, ist nur die Kehrseite der allgemeinen Unruhe, unter der beide Dichter zu leiden hatten.

Diese Beobachtungen schließen – wie schon bei den Barockdichtern – die Feststellung ein, daß die Gedichte, die sich an die Ostererscheinung der Maria Magdalena anschließen, vor den entscheidenden Jesusworten abbrechen: Auftrag und Sendung der apostolischen Zeugin, der Auftrag in die Welt, werden nicht wahrgenommen. Selbst der missionarisch-werbende Brentano übersieht diesen Zug im Bild der biblischen Maria Magdalena. Bei beiden Dichtern erstreckt sich die Welt auf den Innenraum der Seele. Ihre Magdalena ist ein Kind des 19. Jahrhunderts. Sie verkörpert die visionäre Idee einer Existenz, die sich jenseits der gesellschaftlichen Realitäten, in einem künstlich erhaltenen «katholischen» Paradies, verwirklichen will.

Was sich bei der Droste und Brentano herauskristallisiert hat, trifft auch für den Hymnenforscher und Kirchenlieddichter Guido Maria Dreves zu, der 1886 eine Sammlung geistlicher Lieder vorgelegt hat, die sich am Kirchenjahr orientieren und die nach Aussage des Verfassers ausdrücklich «als Kirchenlieder von mir gedacht und gedichtet» wurden[36].

Das vierte seiner Osterlieder knüpft – wie inzwischen üblich geworden – an Joh 20 an, wobei es die bisher beobachtete Tendenz in der Schlußstrophe noch verstärkt:

«Maria, dein Verlangen
Ist allzu rasch und heiß,
Du sollst mich wohl umfangen,
Doch erst im Paradeis»[37].

Nicht nur wird der Auftrag an Maria, der für die Kirche in der Welt gedacht ist, weggestrichen; sie wird überhaupt auf das Jenseits verwiesen. Maria hat für die Jünger und den Beginn der Kirche keinerlei Bedeutung. Dem entspricht, daß der Verfasser in seinen Liedern nur männliche Heilige besingt – abgesehen von der ins Unwirkliche erhobenen Jungfrau Maria – und daß er auch in der gegenwärtigen Kirche nur die «Söhne» der Kirche wahrnimmt, die sich «wie junge Löwen» für die Sache ihres Herrn einsetzen[38].

Maria Magdalena, die in der Bibel und noch in den mittelalterlichen Osterliedern einen Auftrag als Freudenbotin zu erfüllen hat, wird in das unverbindliche, die gegenwärtige Kirche und Gesellschaft zu nichts verpflichtende himmlische Paradies abgeschoben.

Ein anderes Bild ergibt sich bei einem Blick in das imposante geistliche Werk von Rudolf Alexander Schröder (1878–1962). Er hat sich als christlich-humanistischer Dichter schon früh mit religiöser Dichtung beschäftigt; seine Haltung zum Nationalsozialismus und seine Hinwendung zur Bekennenden Kirche (ab 1934) hat diese Tendenz nur bestärkt. In den Jahren des Dunkels und Verstummens wurde er – wie Reinhold Schneider auf der katholischen Seite – zum Sprachrohr für viele.

Ein Großteil dieser Lyrik ist ganz bewußt zur Erbauung und zum Trost für die Gemeinde geschrieben, was auch die Form des traditionellen Kirchenliedes nahelegt. Schröder wählt mit Vorliebe Morgen- und Abendlieder oder solche, die das Kirchenjahr begleiten[39]. Die Spannbreite der Gedichte reicht von der individuellen Heilsvergewisserung des gläubigen Sünders, der im Blick auf Krippe und Kreuz Trost findet, bis zu Metaphern, die als verhüllte Antwort auf das Hereinbrechen des Widergöttlichen und schließlich – nach dem Krieg – als Auf-sich-Nehmen von Schuld zu verstehen sind. Vorherrschend bleibt jedoch die individuelle Sorge des Beters um das eigene Heil bzw. sein Rückzug auf den Raum der Gemeinde.

Maria Magdalena begegnet in zwei Themenbereichen: bei den Ostergedichten und bei den vielen Gedichten, die um die Gestalt des begnadeten Sünders kreisen. Da Schröder aus betont männlicher Sicht schreibt und auch die Verstrickung des Sünders in die Sünde auf Adam (nicht Eva!) zurückführt, wäre es naheliegend, daß er auch für die Erfahrung von Rechtfertigung und Gnade auf eine männliche Gestalt zurückgreift. Stattdessen hat er in dem Gedicht «Ich hab ein Wort gefunden«[40] eine weibliche Bezugsperson gewählt, mit der sich das männliche Ich des Sprechers identifiziert:

> «Ich hab ein Wort gelesen
> Von einer, die gesündigt,
> Der bist du hold gewesen
> Und hast ihr Heil verkündigt.»

Wenn der sündige Mensch ihre Geschichte liest, kann er an ihrem Geschick ablesen, daß das «Wort», das die Sünderin aus den Zwängen der Schuld befreit hat, auch ihm zum Heil werden kann, denn für jeden Beter gilt: «Ich habe viel gesündigt» (4. Strophe).

Schröders Verse lesen sich wie die Variation des Droste-Gedichts vom Himmelfahrtstag, wo sich die Dichterin neben Magdalena stellen will:

> «... ach, vielleicht
> Wohl hätte mich dein selig Wort erreicht:
> ‹Geh hin, auch deine Sünden sind verziehn!›»

Beide verzichten auf die Ausmalung der Sünde, was bei dem adligen Fräulein ebenso verständlich ist, wie bei dem Mann aus großbürgerlichem Milieu, um so mehr, als der Akzent bei beiden weniger auf der (vergangenen) Sünde als vielmehr auf dem Wort der Vergebung liegt, das jetzt erhofft wird. So hat sich der Topos von Maria Magdalena als der begnadeten Sünderin, die für alle Sünder zum tröstlichen Bild der Gnade wird, über ein Jahrtausend erhalten, während die anderen Sünderheiligen des Neuen Testaments aus dem Kollektivgedächtnis der Christen weitgehend verschwunden sind.

Die andere Gestalt der Maria, die der Osterzeugin, taucht in der geistlichen Dichtung Schröders zweimal auf: im «Osterspiel» (1937) und im Gedicht «Es war die Zeit vor Morgengrauen» (1946). Im «Osterspiel»[41], das in der Tradition der alten Mysterienspiele steht, sitzen die Mutter Jesu und Maria Magdalena rechts und links vom verschlossenen Grab. Die Gedanken der beiden Frauen wandern zurück: «So hielt ich ihn ...», «So salbt ich ihn ...». Maria Magdalena erinnert an Situationen, in denen sich Jesus – demütig und barmherzig – den Menschen zugewandt hat: Neben dem Liebesdienst der Fußwaschung und dem Wort an den Schächer ist es vor allem ihre eigene Geschichte, die zur Sprache kommt. Das gesamte Heilshandeln während des Lebens Jesu wird zusammengefaßt in seinem Erbarmen gegen die Frau, die ihm die Füße wusch, salbte und mit dem eigenen Haar trocknete:

«Er aber sah nicht meine Schmach,
Er sah dem kranken Willen nach.»

Im dritten Teil des Spiels gehen die drei Marien in der Morgenfrühe zum Grab. Während alle drei Frauen zunächst in ihrer Trauer verhaftet sind, löst sich Maria Magdalena aus der Gruppe und wird aktiv: Sie sieht als erste die Verwandlung des Grabes und macht sich auf den Weg, das Geschehen zu erkunden. Nach dem Engelswort wiederholt sich diese Konstellation: Während zwei Marien getröstet von der Bühne gehen, bleibt Maria Magdalena zurück; das Wort des Engels ist nicht in sie gedrungen, sie ist verstört und verzweifelt. Dabei steht sie «in hellem Lichtkreis», neben dem ein zweiter, mit dem Auferstandenen in der Mitte, auftaucht. In einem kurzen Zwiegespräch, das Motive aus Joh 20 (Verwechslung mit dem Gärtner, gegenseitige Anrede, Berührungsverbot und Botensendung) umfaßt, wird Maria durch die unmittelbar auf Jesus zurückgehende Sendung ausgezeichnet:

«Geh nun auch du und gib Bericht.»

Danach verläßt sie rasch die Bühne, aber in andere Richtung als zuvor die anderen Marien: Maria Magdalena, die Gesandte, die Apostolin, geht ihren eigenen Weg, nicht den der privaten Tröstung, sondern den des apostolischen Dienstes.

Der gleiche Motivzusammenhang wird noch einmal in dem Doppelgedicht «Ostern – Joh 20» aufgegriffen, dessen erster Teil[42] ganz der Maria Magdalena gewidmet ist. In dem siebenstrophigen Gedicht vollendet sich die Begegnung Jesus/Maria in der Erfüllung ihres Auftrags:

«Sie folgt voll Freuden dem Geheiß,
Kommt zu den Jüngern, sagt mit Fleiß,
Was ihr der Herr gebot.»

Im Gegensatz zu Maria, der Botin Jesu, die ihr Zeugnis vor den Jüngern ablegt und Jesu Auftrag bestellt, bleiben die Jünger «verschüchtert und verzagt» (7. Strophe). Auch hier steht die Aktivität der Maria im Kontrast zu einer anderen, zunächst passiven Gruppe.

Überblickt man die gesamte Sammlung von annähernd 400 geistlichen Gedichten, so fällt der Bezug auf Maria Magdalena sicher nicht ins Gewicht. Andererseits wird – von Maria, der Mutter Jesu abgesehen – keine andere biblische Gestalt ähnlich stark hervorgehoben. Die Doppelgestalt von begnadeter Sünderin Magdalena und glaubender Osterzeugin Maria, die sich in der Tradition herausgebildet hat, fasziniert auch den Erneuerer des protestantischen Kirchenlieds: Im Blick auf Maria Magdalena findet der Gläubige die ganze Spannbreite seiner eigenen christlichen Existenz vorgebildet.

2. *Maria Magdalena und das bürgerliche Frauenbild*

Im Rückblick auf diese kleine Auswahl geistlicher Lyrik fallen einige durchgehende Besonderheiten auf:
a) Auf dem Weg in die Gegenwart verliert Maria Magdalena jene Züge, die noch bei Angelus Silesius ihr Bild geprägt haben: sie ist nicht mehr die ekstatische Büßerin oder die Wüstenheilige der Legende; die Dichter orientieren sich (scheinbar richtig!) an der Darstellung des Neuen Testaments.
b) Die aktiven Züge in ihrem Bild gehen verloren: durch ihre Gleichsetzung mit Maria von Betanien bzw. der Sünderin wird sie zu der Frau, die in sich gekehrt zu Jesu Füßen sitzt bzw. liegt; sie wird zum Bild einer Innerlichkeit, die keine Kraft aus sich entläßt, sondern in der Passivität verharrt.
c) Das gilt v. a. für die Osterszene nach Joh 20, wo der Text gerade nicht vom Niedersinken (Brentano: «sank meinem Jesus ich zu Füßen»), sondern vom Aktiv-Werden (Jesu Auftrag und Sendung) spricht.
d) Während das Schauspiel der Zeit in Maria Magdalena die Sünderin aus Lk 7 sieht, wobei der versöhnliche Schluß weggebrochen wird und die Bühnenheldin untergeht, orientiert sich die gleichzeitig entstehende geistliche Dichtung fast ausschließlich an der Ostererzählung, die aber ebenfalls nur teilweise benutzt wird, da der entscheidende Satz – Jesu Auftrag an Maria Magdalena – zumeist nicht rezipiert wird.
Beiden Bewegungen – dem Zurücknehmen der aktiven und dem Herausstellen der passiven Züge – entspricht die gleichzeitige Veränderung der Frauenrolle in der Gesellschaft: Je mehr sich Privatleben und Berufstätigkeit – auch räumlich – auseinander entwickeln, desto mehr werden Frauen auf den «Innen»-Bereich des Hauses verwiesen, wie es Friedrich Schiller im «Lied von der Glocke» für eine ganze Epoche als Norm festgeschrieben hat:

«Der Mann muß hinaus
Ins feindliche Leben ...
Und drinnen waltet
Die züchtige Hausfrau ...»

In diesen Versen, die einmal zum Bildungsgut des Bürgertums gehört haben und nicht hinterfragt wurden, wird die gültige Rollenverteilung deutlich, die als natürlich (vernünftige Begründung) oder gottgegeben (religiöse Begründung) angesehen wurde. Daß es davor und daneben (vor allem in der sozialen Unterschicht) auch andere Rollenbilder für die Frau gab, wurde nicht wahrgenommen.

Im mittelalterlichen Handwerksbetrieb etwa war die Frau weder «berufstätig» noch hatte sie ein «Privatleben», denn beides war verzahnt. Sie hatte ihre eigenen Kompetenzen, war eigenverantwortlich zuständig für alle Belange des Hauses und das Leben von Mann, Kindern, Hausgesinde, Gesellen, Lehrlingen; das gleiche galt für die Bäuerin. Mann und Frau teilten sich die Leitung der Wirtschaftseinheit «Haus». Diese Rolle gibt es in der Neuzeit, wo «innen» und «außen» auseinanderklaffen, höchstens noch bei (regierenden) Fürstinnen, Bäuerinnen oder – in anderer Weise – bei Frauen der sozialen Unterschicht. Die Frauen der neu entstehenden bürgerlichen Mittelschicht (bzw. der Kleinfamilie) im 19. Jahrhundert, das hier bis zum Ausbruch des Ersten Weltkriegs gezählt werden muß, übernehmen nur noch Aufgaben nach innen (Privatsphäre), während den Männern die höher geachteten Tätigkeiten nach außen (Berufstätigkeit) vorbehalten waren. Da in der bürgerlichen Gesellschaft nur die bezahlte Erwerbsarbeit außer Haus als prestigebestimmende Berufstätigkeit verstanden wurde, wurde Frauenarbeit unsichtbar: Der Mann arbeitet, die Frau ist daheim (arbeitet insofern also nicht!). Die Neu- und Minderbewertung der häuslichen Frauenarbeit verwandelt das Verhältnis von Mann und Frau in eine hierarchische Beziehung. Der Mann ist aktiv, d. h. er arbeitet, er trägt Verantwortung, er sorgt für die Familie – die Frau ist passiv, d. h. sie arbeitet nicht, sie wird versorgt. Aus der zusammen mit dem Mann für die Belange des Wirtschaftsfaktors Haus, Haushalt zuständigen Frau wurde so die auf den Mann fixierte »Nur-Hausfrau». Ihr Status orientiert sich nicht mehr nüchtern an ihren Leistungen, sondern – ideologisch vorgegeben – an der beruflichen und gesellschaftlichen Stellung des Ehemannes. Selbstverwirklichung durch Arbeit, wie sie für den Mann selbstverständlich ist, wird der Frau verwehrt.

Als Beispiel für viele mag das Verhältnis von Gustav und Alma Mahler stehen: Gustav Mahler hat seiner Braut Alma Schindler, der Kompositionsschülerin des Komponisten Zemlinsky, die eigene musikalische Arbeit verboten: «Gustav Mahler forderte brieflich sofortiges Aufgeben meiner Musik, ich müsse nur der seinen leben. Er meinte, die Ehe zwischen Robert und Klara Schumann zum Beispiel sei eine ‹Lächerlichkeit› gewesen, ich müsse mich entscheiden.»[43] – «Es empörte ihn, daß irgend etwas in der Welt mir wichtiger sein könne, als ihm zu schreiben. Er sandte mir einen langen Brief, in dem er mir verbot, weiterhin zu komponieren.»[44]

Dieser «lange Brief», in dem Gustav Mahler die Bedingungen für eine Ehe formulierte, wurde von Alma weder in ihrer Autobiographie noch in ihrem Erinnerungsbuch mit den erstmals veröffentlichten Briefen Gustav Mahlers (1940, deutsch 1971) wörtlich wiedergegeben; er wurde erstmals 1995 (!) ungekürzt publiziert[45].

Danach hat Mahler die verliebten Äußerungen seiner jungen Braut, daß sie ganz werden will, wie er es wünscht und braucht, durchaus wörtlich als Lebensprogramm einer Ehe verstanden. Ein komponierendes Ehepaar ist ihm lächerlich, vor allem wenn man die praktische Seite bedenkt: «Wie ist es, wenn Du gerade in ‹Stimmung› bist, und aber für mich das Haus, oder was ich gerade brauche, besorgen ... sollst.» Die Ehefrau soll zwar nicht «die Haushälterin des Gatten» sein, aber sie muß sich seinen Bedürfnissen anpassen bzw. unterordnen. Almas Kompositionsversuche dienen ihrem «Vergnügen», seine Tätigkeit als Dirigent und Komponist ist «Arbeit». Ihr «Beruf» wirkt im Privaten (= das Glück des Mannes), sein «Beruf» ist die Öffentlichkeit. Daher müssen die Rollen richtig verteilt sein: «Und da fällt die Rolle des ›Componisten‹, des ‹Arbeitens› mir zu und Dir die des liebenden Gefährten ...» Gegen Ende des Briefes faßt Mahler seine Gedanken noch einmal zusammen: «Du mußt Dich mir *bedingungslos* (= im Original hervorgehoben) zu Eigen geben – die Gestaltung Deines zukünftigen Lebens in allen Einzelheiten innerlich von meinen Bedürfnissen abhängig machen ...» (Der Briefschreiber nennt diese Forderungen «beinahe maßlos«!)

Alma hat trotz innerer Vorbehalte einer Ehe zugestimmt, aber sie hat den Verzicht auf die eigene Selbstverwirklichung nie verwunden. Ihre ambivalente Haltung zu Gustav Mahler durchzieht wie ein Leitfaden ihre Erinnerungsbücher: neben dem Wunsch, ihn glücklich zu machen, steht die Trauer um das verlorene eigene Lebensziel[46]. Wenn Gustav Mahler von seiner Frau ein völliges Aufgeben des eigenen Lebens, der eigenen Kreativität, und die bedingungslose Hingabe an sein Werk verlangt, so erwartet er nach den Maßstäben der Zeit nichts Außergewöhnliches, sondern entwirft das Bild einer «normalen» bürgerlichen Ehe.

Vor diesem Hintergrund – die Frau ohne selbstverantwortliche Aktivität, in der Abhängigkeit vom Manne, bildlich gesprochen: die Frau zu Füßen des Mannes – gewinnt das vorherrschende Magdalenen-Bild der geistlichen

Dichtung einen neuen Sinn: Maria ist Spiegel des bürgerlichen Frauenideals, das die Tätigkeit der Frau auf den Innenbereich von Haus und Familie beschränkt und ein Wirken nach außen verhindert[47]. Daher darf es auch nicht sein, daß Maria Madgalena in der Ursprungssituation des Christentums eine aktive Rolle spielt; sie sinkt zu Jesu Füßen nieder – das ist ihr Platz für alle Zeit (nicht umsonst halten Kirche und Theologie – oft gegen besseres Wissen – an der Identität mit Maria von Betanien fest!) – oder sie wird ins Paradies verbannt, wo sie keine Unruhe stiften kann. Es ist offensichtlich kein Zufall, daß erst mit R. A. Schröder ein Dichter, der die gesellschaftlichen Umwälzungen nach dem Ersten Weltkrieg miterlebt hat, an ihre alte Aufgabe als Impulsgeberin der christlichen Bewegung anknüpft.

„Die büßende Maria Magdalena",
Marius Vasselon (1887),
Musée des Beaux Arts, Tours.

X

DIE «SÜNDERIN MAGDALENA VON BETANIEN» – DIE MISCHGESTALT HEUTE

Der barmherzige Samariter

Mt. van Veen, gen. Heemskerk

Kupferstich 1549, Stift Rein

lte die sogenannte Magdalenen-Frage
chtige Rolle. Namhafte Exegeten wie
Ketter in Deutschland[1] lösten Maria
r Maria aus Betanien und setzten sich
n. Diese Diskussion erreichte jedoch
rchliche Öffentlichkeit. Die Mischge-
ingst verselbständigt. Kunst und Lite-
Bild der gefallenen Frau ebenso fest-
las Bild der reuigen Sünderin. Wer in
ı will, gerät – bis heute – leicht in die

deutung darstellen, aber sie glauben,
zu unergiebig sind; deshalb wird sie
uen «aufgewertet». Gerade Autoren,
› versuchen, verfestigen indirekt das
zeigen. Die Mischgestalt wird «ge-
edliche Anliegen zu verfolgen (Eman-
it u. a.). Daher lohnt es sich, bei ihren
Iotiven und dem dahinterstehenden

on der Sünde –
irituellen Deutungen

Die Mischgestalt der Maria Magdalena als Sünderin und Heilige, ursprünglich aus Predigt (Gregor der Große) und geistlichen Betrachtungen (Odo von Cluny) erwachsen, hat in diesem Bereich bis heute nichts von ihrer Faszination verloren. Wenn die säkularisierten Formen dieses Magdalenenbildes das öffentliche Bewußtsein stärker prägen als exegetische Korrekturen, so mag das vor dem Hintergrund einer nach-christlichen Gesellschaft verständlich sein; wenn jedoch religiöse Literatur – Predigt (Drewermann), Spiritualität (Spaemann, Nigg), Meditationen (Kirchenzeitungen) usw. – das biblische Bild der Maria aus Magdala kaum zur Kenntnis nimmt oder ausdrücklich ablehnt («auch wenn hundert Einwände vorgebracht würden», W. Nigg), müssen Fragen nach der Funktion dieser Magdalena erlaubt sein.

Eine sehr einfühlsame Annäherung an die Gestalt der Maria Magdalena versucht *Eugen Drewermann*, der in mehreren seiner aus Predigtsituationen hervorgegangenen Bücher auf sie zu sprechen kommt. Zu seinem Menschenbild gehört die große Behinderung des Lebens durch die Angst, die den Menschen lähmt und seine Entfaltung zu reifem Menschsein verhindert. Selbst dort, wo Menschen «richtig» handeln wollen, gerät ihr Tun in den Sog des Bösen, weil sie nicht wirklich frei entscheiden, sondern im «Getto der Angst»[2] leben. Nur wenn der angstbesetzte Mensch in das Umfeld eines angst-freien, eines menschlichen Menschen gerät, kann er «erlöst» werden.

Ein schönes Beispiel für einen heillosen bzw. geheilten Menschen ist für Drewermann Maria Magdalena, die in der Begegnung mit Jesus aus der Entfremdung und Ohnmacht ihres Lebens zu sich selbst gefunden hat. Ihr Zustand wird an einer schizophrenen Patientin verdeutlicht: Das eigene Ich spaltet sich in viele Nicht-Ichs auf und zerfällt in Bruchstücke; das Innere versteinert im «Ghetto purer Angst»[3]. So wird Maria Magdalena schließlich als «die vollkommene Beute reiner Angst», als das «unmenschliche Produkt schierer Unmenschlichkeit»[4] geschildert. In der Begegnung mit Jesus geschieht ihre Menschwerdung, weshalb sie von nun an nur in seiner Nähe zu leben vermag. Sein Tod wird für sie zur Katastrophe oder besser: zur Beinahe-Katastrophe; denn Maria und die anderen Frauen beim Kreuz versteinern nicht in ihrem Schmerz – wie die antike Niobe –, sondern haben an Jesus erfahren, daß die tödliche Angst von Gott her überwunden ist, daß man aus der Trauer ins Leben auferstehen kann[5].

Diese Vorstellung von Maria Magdalena ist eine mögliche Interpretation ihrer Krankheit und Heilung, wenn auch die Sicherheit, mit der das Krankheitsbild der dämonischen Besessenheit zu einer modernen Geisteskrankheit in Beziehung gesetzt wird, zumindest frag-würdig ist. Hat Maria Magdalena vielleicht doch zu viele Stichworte aus der Patientenkartei des Therapeuten und zu wenige aus dem Fundus der Exegeten auf sich vereinigt? Wenn man jedoch mit dem Psychologen akzeptiert, daß es keine «normalen» Menschen gibt, sondern jeder an Defiziten leidet, dann kann Maria Magdalena die Rolle eines Vorbilds übernehmen: In der Identifizierung mit ihr lassen sich Hoffnung und Kraft für das je eigene Leben schöpfen. Diese Funktionalisierung einer biblischen Gestalt ist legitim, wenn die Bibel als Buch des Lebens, als Wort des Heils verstanden wird.

Problematischer als die «kranke» Maria ist ihre Nähe zur «Sünderin». Drewermann betont zwar mehrfach ausdrücklich, daß es vom neutestamentlichen Befund her keinerlei Anhaltspunkte für eine Identifizierung der beiden Gestalten gibt[6], dennoch vermerkt er zustimmend, daß Kunst und Legende durch das gemeinsame Maß an Not und Traurigkeit die Verwandtschaft der beiden Frauen richtig erfaßt haben, und verbindet sie auf dem Umweg über die Romanfiguren Sonja (F. M. Dostojewski: Schuld und Sühne) bzw. Lara (B. Pasternak: Doktor Schiwago), wobei Maria Magdalena durch Lara in den Umkreis von «sexueller Ausnutzung und Dirnenhaftigkeit», durch Sonja in die Thematik «der Heilige und die Sünderin» gerät[7]. Im Dreieck Sünderin – Maria Magdalena – Sonja (bzw. Lara) wird Maria Magdalena stillschweigend zum Typos der «begnadeten Dirne»[8], die viel geliebt hat und der viel vergeben worden ist. Die Identität der beiden biblischen Frauen wird rational argumentierend zurückgewiesen und gleichzeitig suggestiv festgehalten: Maria Magdalena gewinnt ihre Faszination aus der Nähe zur Sünde.

Noch stärker ist diese Verbindung dort, wo in *religiöser Literatur* anhand der Sünderin Magdalena Grundbegriffe des geistlichen Lebens wie Glaube und Liebe, Vergebung und Buße festgemacht werden. Durch geschickte Kombination von Bibelstellen ergibt sich schließlich das Bild jener Frau, «die ein solch bewegtes Leben hinter sich hatte, die so sehr liebte und der Jesus so sehr Verzeihung gewährte», wie noch 1993 in der Osterbetrachtung einer Kirchenzeitung zu lesen war[9].

Wie schwer diese – nur selten hinterfragte – Gleichsetzung aufzulösen ist, zeigt ein Vorgang in einer anderen Kirchenzeitung, wo der Verfasser einer geistlichen Betrachtung zu Lk 7 zwar sorgfältig jeden Hinweis auf Maria Magdalena vermeidet, die Redaktion diese gute Absicht jedoch durch eine entsprechende Illustration und die Bildunterschrift «Christus und Maria Magdalena» ins genaue Gegenteil verkehrt[10]. Immerhin hat dieser Vorgang den Widerspruch einer Leserin hervorgerufen: «Die Unterschrift zum Bild mag zu dessen Entstehungszeit als richtig gegolten haben – mit der heutigen Bibelerkenntnis paßt sie nicht mehr zusammen»[11].

Kann die anrührende Begegnung zwischen Maria und Jesus, wie sie in Joh 20 entfaltet wird, wirklich nur auf dem Hintergrund einer sündigen Vergangenheit verstanden werden? Ist die Liebe der Maria nur deshalb fähig, in der Nacht des Grabes die Erinnerung an den geliebten Menschen lebendig zu erhalten, weil sie die Abgründe einer chaotischen Sexualität kennengelernt hat? Erfassen die Autoren geistlicher Texte die tieferen Schichten einer Seele besonders klar – oder müssen sie diese «Magdalena» so sehen, damit sie als Demonstrationsobjekt für den Weg von Sünde zu Glaube und (gereinigter) Liebe tauglich wird? Der Verdacht einer solchen Manipulation läßt sich nicht von der Hand weisen, wenn man die beiden folgenden Interpretationen betrachtet, die ohne die (künstlich hergestellte) Identität von Sünderin und Jüngerin ins Leere laufen müßten.

Für *Heinrich Spaemann* ist die Namensgleichheit der Marien – die Mutter Jesu, Maria von Betanien, Maria aus Magdala – ein Zeichen ihrer symbolischen Identität: Alle drei sind Gestalten des Glaubens. Gemeinsam ist ihnen die Offenheit für Jesus als den Offenbarer Gottes; daneben verdeutlicht jede auf ihre besondere Weise, was Glaube bedeutet. In dieser dreifachen Symbolgestalt des Glaubens verkörpert Maria Magdalena die Angewiesenheit auf Gottes Erbarmen und das Geheimnis der Vergebung. Eine solche Sicht ist jedoch nur möglich, wenn sie ausdrücklich zusammen mit der Sünderin als «*eine* (im Original ebenfalls kursiv) Glaubensgestalt» gesehen wird[12]. An ihr ist ablesbar, wie ein Mensch sich in der Begegnung mit Jesus verwandelt und, reingewaschen durch die Tränen der Reue und des Dankes, den Garten des Grabes als Paradiesesgarten betreten darf.

Spaemanns Lesemethode – sensibel für Zwischentöne und die Arkansprache der heilsbedeutsamen Texte – kommt zu beachtlichen Ergebnissen: Er greift den Topos von der neuen Eva auf, die nicht mehr den Tod, sondern in Jesu Auftrag das Leben weitergibt, und leitet aus Joh 20 als einer göttlich inspirierten Urkunde die Würde des Menschseins und des Apostolats ab, denn Maria hat wie die Apostel und vor ihnen den Herrn «gesehen». Um so erstaunlicher ist es, daß Joh 20 nur als Pendant zu Lk 7 gesehen wird. Beide Texte sollen, wie die zwei Seiten einer Münze, erst das ganze Bild der Maria Magdalena ergeben. Diese Verbindung ist von den Texten her nicht angelegt, sondern nur erforderlich, um das Programm der dreifachen Gestalt des Glaubens und der Angewiesenheit auf Vergebung durchführen zu können. Ebenso sind die Aussagen über die Befreiung der Frau und die Würde ihres Menschseins um so aussagekräftiger, wenn sie sich auf eine Frau beziehen, die zuvor dem verächtlichen oder begierlichen Blick der Menschen preisgegeben war[13].

Weitaus problematischer noch ist das Bild der Maria Magdalena in *Walter Niggs* Buch über die großen Büßergestalten des Abendlandes[14]. Maria Magdalena ist hier Anfang und Urbild aller Büßer; in ihrem Leben spiegeln sich alle anderen Sünder und Büßer: Das Pathos des Lasters und das Pathos des Bußlebens gehören notwendig zusammen. Gregor der Große oder die Legende führen uns – nach Nigg zu Recht – jenes «symbolhafte Maria-Magdalenen-Bild» vor Augen, das auch heute unverzichtbar ist. Deshalb werden alle neuzeitlichen Versuche, die Einheitsgestalt auf mehrere Personen aufzuteilen, als Beispiele einer zersetzenden Exegese vehement abgelehnt. Nach Niggs Vorstellungen war Maria Magdalena «ein durch ihre körperlichen Reize bestrickendes Weib und ein dem Bösen verhaftetes Wesen»; «ein der Wollust ergebenes Weib», das «die Freuden der Buhlerei mit allen Sinnen erlebt» und «die Lust des Fleisches bis zur Bewußtlosigkeit genossen» hat[15]. Diese Aussagen, die sich auf die Jüngerin von Lk 8,2 (!) beziehen, zeichnen Maria Magdalena als die magna peccatrix. Dann verändert sich das Bild: Sie ist auch die Salbenträgerin (jedoch nicht von Ostern her gesehen, sondern als die salbende Sünderin!), die Verkünderin, die Büßerin, die kontemplative Seele, die ihre Vergangenheit bewältigt.

An Maria Magdalena als Prototyp aller Büßer wird Niggs These von der Reue als einer Form der Selbstheilung, vom Geschenk der Umkehr als einem der großen Mysterien des Lebens durchbuchstabiert. Buße ist nicht lebensfeindlich, sondern schöpferisch: Sie eröffnet Möglichkeiten zum Leben. Gerade weil Wörter wie Reue, Bekehrung oder Buße heute einen negativen Beigeschmack haben, auf die dahinter stehende Sache jedoch nicht verzichtet werden kann, muß das Bild der Sünderin und Büßerin erhalten werden. Das schöne Wort, wonach Maria Magdalena zu den unsichtbaren Begleitern und ewigen Gefährtinnen des Lebens gehört, wird jedoch fragwürdig, wenn es ohne die erotisch-phantastischen Züge der Sünderin nicht auskommt.

2. *Maria Magdalena und die Entstehung der Kirche*

Eine besondere Ausprägung der Einheitsgestalt findet sich bei *Wilhelm Hartke*[16], dessen Bild von Maria Magdalena nur kurz vorgestellt werden soll. Um seine Hypothese von der Entstehung der apostolischen Kirche aus vier «Parteien» zu untermauern, fügt er völlig disparate Nachrichten des

Neuen Testaments zu einem neuen Bild zusammen – ausgehend von einer Textänderung in Lk 24, 10, wo er aus dem Namen «Johanna» den Genitiv des männlichen Namens Johannes macht. Die zwei (statt drei!) Frauen am Grab sind demnach Maria Magdalena, die Mutter des Johannes, und Maria, die Mutter des Jakobus.

Maria Magdalena ist für ihn die Mutter des Lieblingsjüngers und Evangelisten Johannes Markus (zum Doppelnamen vgl. Apg 12, 12). Nach ihrem Ehebruch (Joh 7, 53–8, 11) bringt es der Sohn nicht über sich, die in Verruf geratene Mutter zu sich zu nehmen, weshalb sie bei den Geschwistern in Betanien wohnt, wo sie später Jesus die Füße salbt. Erst unter dem Kreuz begegnen sich Mutter und Sohn und lassen sich durch Jesu Worte «Sieh, dein Sohn – sieh, deine Mutter» (Joh 19, 26) versöhnen. Bei der von Jesus angesprochenen Frau handelt es sich demnach also nicht um seine eigene Mutter, sondern um Maria Magdalena, die Mutter des ebenfalls beim Kreuz stehenden Lieblingsjüngers.

Nach Ostern wird das Haus der Maria Magdalena zum Sitz der galiläischen Urgemeinde in Jerusalem (Apg 12, 12). Dieses Haus ist später, zur Zeit des Kaisers Hadrian, die einzige Kirche in Jerusalem; an seiner Stelle wird um 340 n. Chr. die Zionskirche, die Mutter aller Kirchen, gebaut.

Aus ihrer Jerusalemer Zeit kennt Maria auch den Paulus, dem sie treu verbunden ist und der ihr in einem Brief nach Ephesus (= Röm 16), wo sie inzwischen lebt, bestätigt, daß sie viel für ihn geleistet hat (Röm 16, 6). In Ephesus wurde sie nach Folterung und Martyrium begraben[17].

Durch ihren Kontakt zu Jesus, Johannes und Paulus, zur galiläischen und Jerusalemer Gemeinde, zum paulinischen und johanneischen Christentum stand Maria Magdalena an der Nahtstelle zwischen diesen Gruppen und konnte so das Zusammenwachsen der Kirche fördern. Das Interesse des Historikers gilt also nicht ihrer Person, sondern ihrer Funktion als Bindeglied zwischen unterschiedlichen Richtungen der Urgemeinde.

Während sie in diesem monumentalen Werk nur ein kleines Mosaiksteinchen zur Untermauerung einer historischen These darstellt, rückt sie bei den folgenden Autoren stärker ins Zentrum. Im Zusammenhang mit dem Boom esoterischer Jesus-Bücher wird auch Maria Magdalena vermarktet und auf publikumswirksame Weise – als Jesu Ehefrau! – mit den Anfängen des Christentums in Verbindung gebracht[18]. Die kanonischen Vorstellungen von Jesus und der Entstehung des Christentums werden dabei als bisher «mißverstanden» oder gar als Fälschungen «entlarvt»; so auch in den Büchern von Barbara Thiering oder Lincoln/Baigent/Leigh.

In *Barbara Thierings* Buch «Jesus von Qumran» ist Maria Magdalene (so die durchgehende Schreibweise) in zweiter Ehe mit dem Davididen Jesus verheiratet[19].

Von Maria und ihrer «Anstandsdame» Marta wird in den Evangelien nach Thiering offen, aber auch in einer Art Geheimsprache erzählt, denn sie ist auch die gekrümmte Frau (Lk 13,10–17) oder die Türhüterin Rhode (Apg 12,13). Thiering versteht nämlich die Evangelien als «Oberflächengeschichten» für die Allgemeinheit, während die «unterlegten Geschichten» nur für die Eingeweihten gedacht waren. Mit dieser Lesemethode erhebt sie den Anspruch, erstmals den «wirklichen» Inhalt der neutestamentlichen Texte erfassen zu können.

Das Buch handelt von Geld, Macht, Verrat und angestrebter Weltherrschaft, von Davididen, Herodianern, Römern und Essenern, wobei alle Fäden «irgendwie» in Qumran zusammenlaufen. In diesem fantastischen Gewebe spielt Jesus – mehr Werkzeug als Täter – von Zeit zu Zeit eine besondere Rolle als Priester und Kronprinz. Aus dynastischen Gründen ging er eine Ehe mit Maria Magdalene ein und hatte mit ihr eine Tochter und zwei Söhne. Da Maria andere geistige und politische Prioritäten setzte als ihr Ehemann, kam es schließlich zur Scheidung. Jesus gründete eine neue Familie und begleitete Paulus auf seinen Reisen, Maria aber wurde – als die Christen eine eigene Identität entwickelt hatten – zur Nicht-Christin erklärt. Von ihrem weiteren Schicksal ist höchstens noch zu erwähnen, daß sie über ihre Tochter Tamar (= Phoebe, Röm 16,1f.) zur Schwiegermutter des Paulus wurde.

Thierings «Enthüllungen» wollen die Gestalt Jesu und die Anfänge des Christentums aus rein menschlichen Antriebskräften heraus erklären; daher kann auf eine dynastisch notwendige Ehefrau nicht verzichtet werden.

Eine ähnliche Tendenz verfolgen auch *Lincoln/Baigent/Leigh* mit ihrem Buch «Der Heilige Gral und seine Erben», das sogar die gesamte abendländische Geschichte mit Maria Magdalena und ihren Nachkommen in Beziehung setzt[20].

In der ersten Hälfte des Buches taucht sie mehrfach auf – die «christliche Muttergottheit» (S. 83), Magdalena «von der berühmten Schale» (S. 83) –, ohne daß ihre Bedeutung für den Zusammenhang schon ersichtlich wäre. Die Hinweise, daß sie nach einer alten Überlieferung in Marseille mit dem Gral an Land gegangen sei, bleiben ebenso geheimnisvoll wie die Betonung, sie habe «den Gral» und nicht «eine Schale» mit sich geführt (S. 259.279). Der Leser bemerkt zwar, daß der Gral nach Meinung der Autoren mit dem «besonderen» Blut der Merowinger (« ... die Merowinger waren von ganz besonderem Geblüt», S. 193; die «Geschicke der Dynastie beruhten auf ihrem Blut ...», S. 201) in Verbindung steht und die Nachfahren dieser Dynastie auf geheimnisvolle Weise bis heute in der europäischen Geschichte eine Rolle spielen sollen, aber er kann mit solchen Hinweisen zunächst nichts anfangen. Erst nach und nach runden sich alle Spekulationen dieser Grals-Recherche zu einer «Hypothese«[21]: Maria Magdalena war mit Jesus, dem Anwärter auf den Thron in Jerusalem, verheiratet; diese Heirat wird angeblich als «Hochzeit von Kana» im vierten Evangelium erwähnt. Die Ehe mit der gesellschaftlich höher stehenden Frau hat Jesus dann seinem Ziel, den Thron zu besteigen, ein Stück näher gebracht. Denn seine Frau hat ihn bei dem wohl durchdachten Ritual der Salbung zum «echten Messias» gemacht, und ihre Familie – allen voran Lazarus, der Lieblingsjünger –, und deren einflußreiche Freunde haben für die notwendige Unterstützung im Volk gesorgt.

Als Pilatus den gefährlichen Thronanwärter aus dem Weg räumte, war den Anhängern Jesu daran gelegen, wenigstens seine Dynastie zu retten, was mit der Freipressung seines Sohnes (!) Barrabas auch gelang. Nach dem Tod ihres Mannes war es wichtig, daß seine Frau und die Kinder – das «königliche Blut» – durch die Flucht nach Gallien gerettet wurden.

Nach der Flucht spaltete sich die Jesus-Bewegung: Die Familie hielt am menschlichen König Jesus fest und verfolgte weiterhin dynastische Ziele, während die übrigen Anhänger nur an seiner Botschaft interessiert waren und aus dem irdischen Priesterkönig einen Gott mit universalen Zielen machten.

Maria Magdalena und der Gral, jenes zentrale mystische Symbol der europäischen Geschichte, gehören für die Autoren zusammen: Denn der Heilige Gral ist das «königliche Blut» und zugleich

> «das Gefäß, das Jesu Blut empfing und enthielt, das heißt, er symbolisiert den Schoß der Maria Magdalena und im weiteren Sinne Maria Magdalena selbst»[22].

Nicht die Kirche, sondern die verborgenen Nachkommen der Maria Magdalena – die Merowinger, die sagenhaften Gralskönige Parzival und Lohengrin, der Kreuzfahrer Gottfried von Bouillon und viele europäische Fürstenhäuser – sind die wahren Erben des davidischen Priesterkönigs Jesus und seiner Frau Maria Magdalena, und sie warten auf ihre historische Stunde, um sein Königreich neu zu errichten.

Wer aber glaubt, daß mit diesem Werk der Höhepunkt der Spekulationen über Maria Magdalena erreicht ist, irrt – wie wir im folgenden sehen werden.

3. Tochter der Weisheit – Priesterin der Göttin

Das in den letzten Jahrzehnten neu erwachte Interesse an Gnosis und Esoterik hat zu fantastischen Neuauflagen der Mischgestalt der Maria Magdalena geführt, die als Vertreterin männlicher Philosophie oder weiblicher Weisheit verstanden wird. Wie breit das Spektrum solcher Deutungen ist, zeigt das Beispiel so unterschiedlicher Autoren wie Raymond-Léopold Bruckberger oder Christa Mulack[23], die beide in Maria Magdalena eine Vertreterin der Weisheit sehen, die andere in die Weisheit einweiht. Aus männlicher Sicht (Bruckberger) ist sie das Symbol des unerlösten Heidentums, die Tochter der Weisheit, die in Christus – weit über Plato hinaus – der ewigen Weisheit begegnet; in weiblicher Sicht (Mulack) ist sie die Priesterin einer matriarchalen Religion, die Repräsentantin der Göttin, die Jesus als Messias-Christus initiiert. In beiden Interpretationen spielt die salbende Sünderin eine Schlüsselrolle, wobei die Betonung entweder auf der Bekehrung (Bruckberger) oder auf dem Akt der Salbung (Mulack) liegen kann.

Bei der Suche nach den Motiven für die «Zerstückelung» dieser Frau durch Bibel und moderne Exegese gehen die beiden Autoren entgegengesetzte Wege: Während Bruckberger die Feinde der Kirche und des rechten Glaubens (= Gnosis) für ihr Verschweigen verantwortlich macht, wird sie nach Mulacks Überzeugung wegen ihrer wahren Bedeutung als Lebensgefährtin Jesu und Priesterin der Großen Göttin totgeschwiegen.

Ein Satz aus der Einleitung zu *Bruckbergers* Buch enthält bereits das vollständige Bild, das er von Maria Magdalena entwirft:

> «Christus hat Phryne bekehrt und aus ihr eine Christin und eine der größten Heiligen gemacht, welche das Christentum kennt» (S. 7).

Maria Magdalena ist demnach eine Hetäre, eine große Dame der Gesellschaft, die in Tiberias am Hofe des Herodes lebt – vielleicht als seine Geliebte, vielleicht von Herodias engagiert, um Johannes den Täufer zu verführen. Sie kennt die griechische Philosophie und hat bei Platon gelernt, daß der Weg zur Weisheit über die Wollust und den Genuß der Leiber und ihrer Schönheit führt. In der «Bekehrung» erkennt sie, daß Christus die Weisheit ist. Sie repräsentiert das antike Griechentum in seinen besten Frauengestalten, denn vor ihrer Bekehrung war sie «Phryne», die gebildete und freie Frau, nach ihrer Bekehrung wird sie zur christlichen «Antigone», die über dem Leichnam dessen wacht, der die Weisheit selbst ist, und sie überlebt als «Diotima» (vgl. die Verheißung von Mk 14,6–9):

«Wie Sokrates im ‹Gastmahl› seine Weisheit mit dem Namen der Diotima verbunden hatte, ja mehr noch als Sokrates, hatte Christus sein Evangelium an den Namen und Ruhm Maria Magdalenas geknüpft» (S. 126).

Die bekehrte Hetäre spielt für die nach Weisheit suchenden Heiden die gleiche Rolle wie Johannes der Täufer für die in der prophetischen Tradition stehenden Juden und wird selbst zum Symbol für das erlöste Heidentum, das Christus zu Gott zurückgeführt hat. Dieser Zusammenhang läßt sich allerdings nur herstellen, wenn beharrlich an der Mischgestalt der Maria Magdalena festgehalten wird; die neutestamentlichen Stellen reichen als Basis für einen derartigen ideologischen Überbau nicht aus.

Ein ähnlicher Einwand betrifft auch *Christa Mulacks* These von Jesu Einweihung ins Mysterium der Göttin, wonach Frauen Jesus zu dem gemacht haben, was er in seiner Zeit war: ein weiblicher Mann, aber auch zu dem, als der er weiterlebt: der Messias-Christus. Erst in der patriarchalistisch geprägten Überlieferung wurde Jesus zum «Mann» gemacht, um männliche Machtansprüche zu garantieren, während seine Lebensgefährtin im gleichen Augenblick eliminiert bzw. als bekehrte Prostituierte diffamiert wurde, als die weibliche Erfahrung, daß der (physische) Tod den inneren Kontakt zu Jesus nicht beenden kann, als (männliches) Macht- und Legitimationsmittel entdeckt wurde. In Wirklichkeit hatte Jesus eine große Affinität zu den Frauen[24], welche ihn von Frauenverachtung erlöst (syrophönizische Frau), zum Messias befreit (samaritanische Frau) und gesalbt haben (die salbenden Frauen). Frauen verhalfen ihm dazu, sich und seinen Auftrag zu erkennen:

Als Messias wird er «von der Frau im Salbungsritual bestätigt, so daß er nunmehr vom weiblichen Geschlecht den offiziellen Auftrag erhält, mit der Autorität eines Gesalbten seinen Geschlechtsgenossen die weibliche Weisheit zu vermitteln» (S. 131).

Zu dieser Weisheit gehört auch das Wissen um den Tod, wie er in der Natur als Teil des Lebens erfahren und in den matriarchalen Religionen thematisiert wird: Der Sohn-Geliebte der Großen Göttin stirbt als Repräsentant der Natur den kultischen Tod und kehrt mit der Natur ins Leben zurück. Für das matriarchale Bewußtsein sind «Leben und Tod keine absoluten Gegensätze» (S. 269), denn der Tod ist nicht das Ende, sondern Durchgang zu neuem Leben. Daher agieren die salbende Frau und Jesus im matriarchalen

Mythenkreis, wenn sie ihn zum Messias salbt und er diese Salbung als Todessalbung deutet, während die Männer sowohl die Salbung (der Pharisäer Simon, Judas) als auch den Tod Jesu (Simon Petrus) ablehnen. Bei diesem entscheidenden Vorgang der Salbung ist Maria Magdalena die Partnerin Jesu, auch wenn die Evangelien ihren Namen verschweigen. Da nämlich Salbung und Auferstehung die zentralen Ereignisse bei der Umwandlung des historischen Jesus in den mythischen Christus sind, läßt dieser innere Zusammenhang darauf schließen,

> «daß die erste Verkünderin der Osterbotschaft auch die Initiatorin der Salbung war und ihm die Messiasweihe verlieh» (S. 121).

Um diese zentrale Stellung der Maria Magdalena im matriarchalen Zusammenhang von Salbung, Tod und Auferstehung behaupten zu können, wird sie mit den Frauen der Salbungserzählungen und Maria von Betanien zu einer einzigen Gestalt verschmolzen, bis schließlich das Bild jener Priesterin eines matriarchalen Kultes entsteht, die in Betanien eine Mysterienschule unterhält, wo sie als Vertreterin der Großen Göttin den Auserwählten zum Messias salbt, in den Tod entläßt und ihm zu neuem Leben verhilft; damit stiftet sie zugleich eine neue Mysterienreligion und erhebt Jesus zu einem der getöteten und auferstandenen Frauengötter. Soweit die These Mulacks.

Bruckberger wie Mulack wollen das «verfälschte» Bild der Maria Magdalena durch ihr wahres Bild ersetzen und lassen sich dabei von ihrem je eigenen Frauenbild leiten. Während Bruckberger von der griechischen Idee des Eros in all seinen Schattierungen zwischen Wollust und Geist fasziniert ist und die Enthüllung des schönen Leibes der Phryne als Epiphanie des Göttlichen versteht, geht Christa Mulack von einer Idee des Weiblichen aus, bei der es nicht um Gleichberechtigung der Geschlechter, sondern um den Vorrang des Weiblichen als des Ganzheitlich-Menschlichen vor dem Männlichen geht.

Daß diese Rekonstruktionen nicht im Historischen verbleiben, sondern Konsequenzen für das Selbstverständnis von Frauen bzw. Christinnen heute haben, liegt auf der Hand: Bei Bruckberger ist Maria Magdalena als Maria von Betanien die Zentralgestalt des christlich-platonischen Gastmahls, die mystische Hörerin und das Urbild der beschaulichen Seelen. Damit wird ihr – und den Frauen allgemein – genau jene Rolle als passive Hörerin zugeschrieben, die Christa Mulack für die Vorsteherin der Mysterienschule von Betanien und Künderin der christlichen Osterbotschaft – und damit auch für die Christinnen der Gegenwart – vehement ablehnt als eine den Frauen von den Männern zugeschobene Rolle, während die ureigene Aufgabe der Maria Magdalena und der Frauen in der Verkündigung des Wortes besteht[25].

4. Magdalena/Mirjam – die Frau zwischen Mythos und Emanzipation

Einen Roman über Maria aus Magdala schreiben heißt immer auch über das Bild der Frau oder über ihren Platz in der Gesellschaft schreiben – so ließe sich ein Ausspruch von Luise Rinser sinngemäß abwandeln[26]. Denn hinter der Romangestalt wird das zeitbedingte Frauenbild der Autoren sichtbar, im Fall der hier zu besprechenden Romane noch verstärkt durch die eigene Rolle der Autoren als Mann (in einer von Mythen und Traditionen bestimmten Welt) oder als Frau (in einer von Aufklärung und Emanzipation beherrschten Gesellschaft). Die Frau zwischen Mythos und Emanzipation – das sind die Pole, zwischen denen Magdalena/Mirjam ihren Ort in der neueren Romanliteratur suchen muß (Kazantzakis, Rinser). Sie wird allerdings nicht als Hauptfigur behandelt, sondern hat ihren Platz in den literarischen Annäherungen an Jesus. Ähnliches läßt sich bei der musikalischen Behandlung des Jesus-Magdalena-Themas beobachten, wie die Rockoper «Jesus Christ Superstar» mit dem berühmt gewordenen Magdalenen-Song «I don't know how to love him» zeigt[27].

Am bekanntesten – vor allem durch die filmische Bearbeitung – dürfte der Jesus-Roman «Die letzte Versuchung» des griechischen Autors *Nikos Kazantzakis*[28] sein. Kazantzakis verarbeitet eigenständig und phantasievoll biblische Szenen und Motive, die mit frei erfundenen Szenen neu kombiniert werden. Die Landschaften Israels entstammen der Vorstellungswelt des Autors, weniger der geographischen Realität; die Romanfiguren sind von der griechischen Philosophie geprägt, nicht vom biblischen Denken – dennoch hat der Roman durch die Geschlossenheit, mit der sich alles zusammenfügt, eine zwingende Richtigkeit: Es ist die faszinierende Welt des Gottesdramas um einen jungen Mann namens Jesus.

Sein Leben wird in bewußter Analogie zu den 33 Lebensjahren in 33 Kapiteln geschildert: die quälende Zeit, bis er sich dazu durchrang, die längst geahnte Berufung anzunehmen; die Begegnung mit dem Täufer und die Prüfungen in der Wüste; die freudige Verkündigung des Himmelreichs mit den Bildern von Frühling, Fest und Tanz; die Umorientierung zur Feuer-

und Gerichtspredigt und schließlich der Gedanke von der Vollendung der Zeiten, die er gemeinsam mit Judas herbeiführen muß: «Wir zwei müssen die Welt retten», der eine als Verräter, der andere als Opfer. Der Plan gelingt: Jesus kommt ans Kreuz. Er fällt in Ohnmacht und hat ein Gesicht, das ihm ein anderes Leben vor Augen führt: den Traum von Liebesseligkeit mit Magdalena, den Traum vom Familienglück mit den beiden Frauen aus Betanien, mit Kindern und Kindeskindern ... Diese letzten und allerletzten Versuchungen enden wieder in einer Ohnmacht, aus der er am Kreuz erwacht und stirbt.

Dieser «Jesus» ist weder eine historisch-wissenschaftliche noch eine naiv-fromme Nachzeichnung jenes Bildes, das die Evangelien zeichnen; er ist ein Geschöpf des Dichters – ebenso wie Maria Magdalena. Magdalenas Vater hat als junger Mann im Kloster gelebt, aber dann der «Versuchung» nachgegeben und geheiratet. Das Kind aus dieser Verbindung – «als seiner Sünden Lohn» – ist Magdalena (S. 62), die als Kind der Sünde für die (sexuelle) Sünde prädestiniert erscheint.

Aus der Vorgeschichte, die in den Erinnerungen aller Beteiligten, eine große Rolle spielt, wird das Verhältnis zwischen Jesus und Magdalena deutlich. Beide Kinder wachsen als Nachbarn in Nazaret auf. Als Maria ihren zwanzigjährigen Sohn verheiraten will und ihn zu diesem Zweck zu einem Fest nach Kana mitnimmt, kommt es dort zu der folgenreichen Begegnung mit Magdalena. Der junge Mann trägt eine rote Rose in der Hand und will sie Magdalena geben:

> «Doch da griffen acht Krallen in seinen Kopf, zwei rasende Schwingen schlugen ihn und bedeckten seine Schläfen. Er stieß einen gellenden Schrei aus, fiel vornüber zu Boden, und Schaum trat ihm aus dem Mund» (S. 25).

Der strenge Gott hat das friedliche, erdverbundene Leben von Mann und Frau vereitelt: Das Leben des Mannes ist verwirrt und auf lange zerstört; die Frau wird zur Hure, und der Mann fühlt, daß er die Schuld trägt[29]. Später gesteht er seinem Rabbiner-Onkel, daß diese Schuld noch viel weiter zurückreicht. Schon zwischen den drei- und vierjährigen Kindern bestand eine verhängnisvolle, erotisch gefärbte Beziehung. Der erwachsen Gewordene erkennt in der kindlichen Liebkosung neben der Freude auch die Sünde und bekennt: «Von der Stunde an war Magdalena verloren, sie konnte ohne Mann, ohne Männer nicht mehr leben ...» (S. 132). Er hat sie auf den Weg der Sünde getrieben, hat sie zu dem gemacht, was sie jetzt ist und wie sie seinem inneren Blick erscheint: geschminkt, mit bloßer Brust, lächelnd und stolz. Das Wissen um diese Schuld macht ihn unfähig, die längst geahnte Berufung zu akzeptieren. Dem unsichtbaren, zornigen Gott verweigert er die Sendung für das Himmelreich, denn er liebt die Erde und Magdalena, die er heiraten will, auch wenn sie durch seine Schuld zur Hure geworden ist. Er verwandelt die ihm von Gott gestellte Aufgabe: Nicht die Erde will er retten, sondern Magdalena. Das ist der Punkt, wo Gott und Teufel in ihm streiten, denn was er Gott in einem zornigen Gespräch entgegenschleudert, sagt ihm auch die Schlange in der Wüste: Nicht die Erde gilt es zu retten, sondern Magdalena. Und wie immer hat die Versuchung eine religiöse Verbrämung; er soll Magdalena als seine Frau zu sich nehmen wie Gott die Hure Jerusalem und noch früher der Prophet Hosea die Hure Gomer. Magdalena wird zum Inbegriff aller Sünde, die es zu erlösen gilt. Doch Jesus wehrt die Versuchung ab, und auch Magdalenas Weg ist ein anderer.

Nach dem ersten Besuch Jesu in ihrem Haus ist sie verändert. Zwar bleibt sie für die Umwelt die gezeichnete Dirne, die der Pöbel steinigen will, doch Jesus rettet sie vor dem Zorn der Leute und bekennt sich hier wie später bei einem Hochzeitsfest zu ihr, die in neuer Jungfräulichkeit erstrahlt (S. 197).

Magdalena bleibt bei Jesus und zieht mit ihm, den Jüngern und der alten Salome nach Judäa, wo in Betanien auch die Schwestern Maria und Marta zu der Gruppe stoßen. Doch die Liebe zwischen Jesus und Magdalena darf sich nicht vollenden. Im Traum hat Jesus diese Wahrheit längst gewußt: Als er mit Magdalena still und leicht dahinschwebt, sagt ihnen ein alter Mann (Gott?), daß der Messias die ganze Welt liebt und deshalb stirbt; für die einzelne Frau ist kein Platz. Aber auch Maria hat diese Lektion gelernt. Als Jesus seinen Tod andeutet, die Männer ihn nicht verstehen, nur die Frauen das Kommende ahnen, zieht Magdalena unter ihren Habseligkeiten eine Flasche mit kostbarem Wohlgeruch hervor. Sie hat sie mit sich geführt für den Tag, an dem sie Jesus als Bräutigam salben darf. Doch

> «nun erblickte sie hinter seiner Gestalt den Tod, nicht die Liebe, den Tod, der auch wie der Bräutigam Wohlgerüche verlangte» (S. 393).

Zum letzten Mal zeigt sich die Übereinstimmung ihrer Seelen; Jesus hat Magdalenas Tun als Todessalbung verstanden und gebilligt. Am Ende hängt Jesus einsam zwischen Himmel und Erde am Kreuz; niemand von den Seinen ist bei ihm.

Wer ist Maria Magdalena bei Kazantzakis? Sie verkörpert eine Liebe, die Sünde ist. Als Kind der Sünde geboren, werden in ihrem Leben Sexualität und Sünde zu austauschbaren Begriffen. Ihre Liebe bedeutet Himmel und Hölle, Verzweiflung und Trost, sie betört und entzückt. In den Traumbildern der Versuchung wird diese Ambivalenz am stärksten entfaltet. In einem Wachtraum, den Jesus in der Wüste durchlebt, enthüllt ihm ein Vogel das große Geheimnis von den Toren des Paradieses und der Hölle, die nicht zu unterscheiden sind. Beide sind schön, beide sind grün (S. 261) – wer sollte dabei nicht an die Beschreibung von Magdalenas Haus denken, das «ein einfaches, grünes Tor» hat, mit zwei aufgemalten Schlangen und einer darüber genagelten Eidechse geschmückt (S. 77)? Wenn das Bild der sich zum Kreis umfangenden Schlangen Liebe und Ewigkeit bedeutet, so wird es sofort von der grünen Eidechse zurückgenommen: Der Liebe, die ewig sein möchte, ist kein Bestand verliehen[30].

Daher kann die Liebe der bekehrten Magdalena in der Wirklichkeit keine Erfüllung finden. Sie wird entweder zur Versuchung des Gekreuzigten oder sie wird ins Überpersönliche gehoben: Als Jesus sie bei seinem zweiten Besuch in ihrem Haus wie ein schüchterner Bräutigam umarmt, ist sie gerade nicht die reale Braut, sondern die Verkörperung des großen Gedankens, der ihn beherrscht: «Das war nicht Magdalena ..., es war die Seele der Menschen, und er war ihr Bräutigam» (S. 308). Dieser Gedanke, die Überhöhung der konkreten Frau ins Symbol, ist vorweggenommen in der Episode mit dem Zeloten in Nazaret. Magdalena hat sich in der Nacht vor seiner Kreuzigung zu ihm geschlichen; er sah sie nur an – und sie wurde zum Bild all seiner Sehnsucht. Der Kämpfer, den sein Ziel bisher vom friedlichen Leben der Menschen entfernt hatte, erfährt in dieser Nacht des Todes das andere Gesicht des Lebens, das sich ihm in Magdalenas zärtlicher Gegenwart erschließt: Der sanfte Leib der Frau läßt ihn ein Himmelreich ahnen

> «nicht aus Engeln und Wolken, sondern aus Menschen und Erde mit Wärme im Winter und Kühle im Sommer» (S. 34 f.).

Die tröstliche Nähe der Frau, wie sie der Zelot erfahren durfte, bleibt Jesus versagt; der Versucher gaukelt ihm das Bild einer Liebesbegegnung mit Magdalena vor, aber das Bild endet im Grauen: Magdalena wird von seiner Seite fortgeholt und in der Perversion des Traums als Hure und Märtyrerin gesteinigt.

Die Maria Magdalena des Romans ist eine «Kunstfigur», die mit der biblischen Maria aus Magdala nur den Namen gemeinsam hat. Die eigentliche Größe des Urbildes, die sich in der Ostertradition zeigt, ist hier weggebrochen; die negativen Züge, die ihr in der Tradition zugewachsen sind, bestimmen die Handlung: Magdalena ist die schuldig-unschuldige Dirne, die bekehrte Sünderin – aber auch die mythische Gestalt der Frau, von der der Mann magisch angezogen wird, in deren unergründlichen Tiefen er versinken will und vor der er in panischem Schrecken flieht. Frauen, die dieses Bild verkörpern, sind nur zu ertragen, wenn sie als «Hürlein» (S. 428) erniedrigt werden; sie sind letztlich überhaupt nicht zu ertragen, werden gesteinigt und im ritualisierten Mord getötet – wie die Witwe in «Alexis Sorbas», wie Magdalena im Jesus-Roman. Die Schilderung von der Ermordung der beiden Frauen weist große Ähnlichkeit auf, bei beiden wird die Furcht der Männer durch religiöse Beschwörungen gebannt: «Beim Gott Abrahams, Isaaks und Jakobs, schlagt zu» lauten die Rufe bei Magdalena (S. 429); «Im Namen der Gerechtigkeit Gottes!», «im Namen Christi und der Panjia, stoß zu!» heißt es bei der Witwe[31]. Magdalena darf nicht leben – auch nicht im Traum des Gekreuzigten. Bezeichnenderweise phantasiert der Jesus des Romans das friedliche Familienleben in Betanien nicht mit Magdalena, sondern mit Maria und Marta, den Frauen des Hauses. Magdalena entschwindet aus der Erinnerung …

Die spärlichen Angaben des Neuen Testaments über Maria aus Magdala taugen nicht für eine Biographie und insofern auch nicht für einen biographischen Roman. Wer es dennoch versucht, greift auf Legende und nachschaffende Fantasie zurück, wie auch *Luise Rinser* in ihrem Jesus-Roman, der aus der Sicht der Ich-Erzählerin Mirjam (= Maria) geschrieben ist und diese zur Titelheldin macht[32]. In einer Art Evangelienharmonie werden Begebenheiten aus allen vier Evangelien neu arrangiert. Mirjam ist das Medium, mit dessen Hilfe der neuzeitliche Leser die Faszination des Rabbi Jeschua nachempfinden soll.

Die gespannten Erwartungen, die sich auf ihn richten, sind personifiziert in Jehuda (= Judas), dem Freiheitskämpfer, und Jochanan (= Johannes), dem Esoteriker. Die wahre Bedeutung des Rabbi wird jedoch weder dem Wollen des einen noch dem Denken des anderen offenbar, sondern nur dem liebenden Blick der Mirjam, die in beiden Welten daheim ist.

Wer aber ist Mirjam? Die Antwort ergibt sich aus dem Ort, an dem sich die Erzählerin befindet: die Höhle in der Provence – und doch nicht die (Buß-)Höhle der Legende, denn es ist törichtes Geschwätz der Männer, wenn sie später schreiben, sie hätte «dort ein heiliges Büßerleben geführt, einen Totenschädel in Händen und meine Sünden beweinend» (S. 10). Die Höhle ihrer Erinnerungen ist Symbol für ihr Leben ohne den Rabbi und zugleich die Höhle aus Platons Gleichnis: Die Dinge sind nur wirklich im

Licht aus der Sphäre des Göttlichen; wenn sein Licht erlischt, sind nur «die Schatten auf der Höhlenwand» sichtbar. Die unsterbliche Mirjam in der Höhle ist selbst zum Symbol geworden: Sie ist das gestaltgewordene «Warten auf das Friedensreich» (S. 332), das sich in den Herzen der Menschen und zwischen den Menschen verwirklichen soll.

Noch einmal: Wer ist Mirjam? Die Frau in der Höhle hat eine Geschichte, in der – trotz der ausdrücklichen Ablehnung («törichtes Geschwätz») – die Topoi aus Tradition und Legende eine Rolle spielen. Sie ist die schöne, reiche und gebildete Frau, deren äußere und innere Gaben ihr zum Verhängnis werden. Sie lehnt die Rolle der jüdischen Ehefrau ebenso ab wie die der griechischen Hetäre. Sie will frei und ungebunden sein; sie flucht den Männern, der Tradition und Gott. Sie ist ruhelos, auf der Suche nach ihrem Schicksal, so daß sie den Menschen wie eine Dämonin erscheint:

> «So war ich allein in dem großen Haus, das nun mir gehörte, jung und schön und reich und ohne Mann. Mit so einer stimmte etwas nicht. Sie ist eine Dämonin, sagte einer, der mich in einer Sackgasse bedrängte, bis ich ihn mit nichts als meinen Blicken in die Flucht schlug. Sie hat Schlangen statt Haare und glühende Kohlen statt Augen … Die Dämonin.» (S. 14 f.).

Die in den Evangelien genannte dämonische Besessenheit wird im Roman nicht als Krankheit, sondern als Verweigerung der typisch weiblichen Rolle gedeutet; ihre «Sünde» ist nicht der Verstoß gegen individuelle ethische Normen, sondern Ausbruch aus den Zwängen der patriarchalischen Gesellschaft. Es ist «die Ursünde des Abfalls von der absoluten Autorität«[33], die auch den modernen Frauen zugemutet werden muß, wenn sie den Durchbruch zu ihrem vollen Menschsein erreichen wollen. Ob Frauen jedoch auf ihre durch Sexualität erkaufte Sicherheit zugunsten ihrer Identität verzichten, ist nicht das Problem der Männer, sondern der angepaßten Frauen.

In Mirjam spiegelt sich die moderne Frau, die ihre gesellschaftliche Situation durchschaut und dagegen rebelliert[34]. Die sexuelle Deutung dieser «Sünde» wird den späteren (männlichen!) Berichterstattern angelastet, die den Mythos von Gott und der Hure, vom Reinen und der Unreinen auf sie übertragen: «Ich mußte eine Hure sein, damit ich ins mythische Bild paßte» (S. 15).

Vor der Begegnung mit Jeschua trägt Mirjam die Attribute ihrer Herkunft bei sich: als stolze Makkabäer-Tochter den Dolch der Zeloten, als reiche Erbin drei kostbare Alabasterfläschchen. Den Dolch wirft sie unter dem Blick Jeschuas von sich; das teure Öl wird sie an ihn verschwenden: bei der ersten entscheidenden Begegnung salbt sie seine Füße und sein Haar, weint die Vergangenheit aus sich heraus und hört die Worte: «Mit diesen Tränen hast du dich reingewaschen» (S. 53). Die zweite Salbung geschieht vor der Passion: «So oft man von mir und meinem Tod sprechen wird, nennt man auch diese Frau» (S. 243). Das dritte Fläschchen jedoch wird nicht gebraucht: Zuerst verhindern die Soldaten die Salbung des Toten, dann wird das Salböl am Grab überflüssig, weil der Tote in eine neue Wirklichkeit verwandelt wurde. Durch die drei Salbgefäße werden alle Salbungen auf Mirjam bezogen und neu erzählt. Zugleich verweisen sie fortschreitend auf das wahre Jesusbild: Er ist der Heiland für die ruhelose Frau, der todbereite Erlöser für alle Menschen, das lebendige Wort Gottes.

Mirjam ist diejenige unter den Jüngern, die ihn – im biblischen Sinne – erkennt: im Geist und in der Liebe. Beim letzten Zwiegespräch, das im Kuß besiegelt wird, erbittet Jeschua ihre Stärke für seinen Todesgang und verheißt ihr seine Stärke über seinen Tod hinaus. Mirjam ist die treue Jüngerin, die immer dabei ist: beim Abendmahl, bei der Fußwaschung, als Mitwachende im Ölgarten, bei der Verhaftung, unter dem Kreuz; sie erhält den Auftrag, die anderen zu stärken (vgl. Lk 22,32: zu Petrus gesagt) und den Lebendigen zu verkünden[35]; sie wird Vorsteherin einer Gemeinde und gehört zu den von Saulus Verfolgten, bis sie sich mit einigen anderen Jüngern und Jüngerinnen übers Meer rettet.

Bereits der Beginn des Romans trägt dieses Ende in sich. Mit dem Stilmittel der epischen Vorausdeutung wird die Flucht vor dem mächtigen Verfolger Saulus/Schaulus vorweggenommen, der es vor allem auf die Frauen und auf Mirjam, die erste Verkünderin der Auferstehung, abgesehen hat: «Wollte man das Neue ausrotten, mußte man diese Weiber ausrotten» (S. 327). Schaulus ist der fanatische Jude, der selbstgerechte Christ, der von der Macht und Größe des römischen Reiches faszinierte römische Staatsbürger. Mirjam ist zutiefst verstört, «daß er, dem Kaiser Augustus gleich, ein Weltreich gründen wollte mit Jeschua als Kaiser» und daß er die Weltherrschaft dessen anstrebt, «was man Christentum zu nennen begann» (S. 329f.) und was sich in Kaiser Konstantin verwirklichte: die Herrschaft Roms und des Christentums.

In den Paulus-Passagen wird das Anliegen der Autorin und die Funktion der Mirjam deutlich: Es geht um Kritik am Christentum (Paulus) und an der geschichtlich gewordenen Kirche (Kaiser Konstantin). Von diesem Anliegen her ist die Gestalt der Mirjam entworfen; deshalb muß sie eine Makkabäertochter und Zelotin gewesen sein: Nur weil sie der Gewalt abgeschworen hat, kann sie Paulus und das Christentum kritisieren. Der Roman zeichnet nicht die biblische Maria aus Magdala, sondern die in Mirjam personifizierte Kirchenkritik: Mirjam in der Höhle träumt immer noch den Traum von Jeschuas Friedensreich, von der Geburt des göttlichen Kindes in jedem Menschen, während sich seine Bewegung längst in die autoritative und aggressive römische Staatskirche verwandelt hat. In Mirjam und Schaulus stehen sich Utopie und Realität gegenüber: Liebe und Friede gegen Herrschaft und Macht, geschwisterliche Gemeinschaft gegen männlichen Absolutheitsanspruch. Die Geschichte ist über den Rabbi Jeschua hinweggegangen, aber solange Mirjam in der dunklen Höhle die Erinnerung an ihn wachhält, solange ist Hoffnung, daß das «Warten auf das Friedensreich», mit dem der Roman endet, nicht vergeblich ist.

XI

VON SÜNDEN, DÄMONEN UND UNTERWERFUNG BEFREIT ...

Der Weg der Jüngerin Maria aus Magdala bis in die Gegenwart verlief ziemlich geradlinig: von der Apostolin des Anfangs über die Heilige des Mittelalters und die Büßerin der Barockzeit zur gefallenen Frau – als Ehebrecherin oder Prostituierte – des 19. Jahrhunderts. Dabei wurde sie mit Vorstellungen belastet, die kaum auszurotten sind und dennoch abgebaut werden müssen, um das ursprüngliche Bild dieser Frau zu erkennen.

1. Von Sünden befreit ...

Als erstes ist natürlich die immer noch allgegenwärtige Sünderin zu nennen. Trotz aller Bemühungen der kritischen Exegese hat Maria Magdalena diese ihr zugewachsene Identität nicht abstreifen können. Auf die Sünderin Magdalena, die durch ihren Lebenswandel alle Tabus der Gesellschaft verletzt, werden jene Wünsche und Phantasien projiziert, die «man» selbst nicht ausleben darf. Ihre Faszination stammt von der erotischen Aura, die sie umgibt: das wirre Haar, die zärtlichen Frauenhände, die Leidenschaft der ehemaligen Hure – das sind die Versatzstücke, aus denen sich ihr Bild auch heute noch zusammensetzt.

Es ist der Geduld und Beharrlichkeit feministischer Autoren und Autorinnen (z. B. Elisabeth Moltmann-Wendel) zu verdanken, daß unter den vielen Übermalungen allmählich ein anderes Bild freigelegt wird: die Geheilte, die Jüngerin, die apostolische Zeugin.

2. Von Dämonen befreit ...

Aber wie die Tradition hinter der bekehrten Büßerin stets die ehemalige Sünderin zu sehen meinte, so impliziert das neutestamentliche Bild der Geheilten die ehemals Besessene: ihr durch Lukas vermitteltes und wirkmächtig gewordenes Bild ist ein durch dämonische Krankheit gebrochenes Bild. Wenn daher der Blick – durch die phantastische Wirkungsgeschichte geschärft – noch einmal zum Ausgangspunkt zurückkehrt, wird man auf jene Stelle stoßen, wo Lukas – und nur er unter den vier Evangelisten! – von den reichen und vornehmen Frauen spricht, die Jesus nachfolgen, nachdem sie «von bösen Geistern und Krankheiten» geheilt waren, an erster Stelle Maria aus Magdala, «aus der sieben Dämonen herausgekommen sind» (Lk 8,2f.).

Diese Aussage hat die Leser schon immer zu «aktuellen» Erklärungen angeregt. Mittelalterliche Theologen deuten die sieben Dämonen als die sieben Hauptsünden; Martin Luther übersetzt den Ausdruck in einer durch Hexenglauben und Teufelsangst aufgeregten Zeit mit «sieben Teufel»; Autoren der durch Esoterik und New Age beeinflußten Gegenwart verstehen den biblischen Text als Widerhall auf die siebenfach gestufte Initiation in den Kult einer Muttergöttin oder als verschlüsselten Hinweis auf die Tatsache, daß Maria Magdalena in Wirklichkeit von der Heiligen Geistin erfüllt («besessen») war[1]. Die «sieben Dämonen» werden durch die Auslegungsgeschichte hindurch für die je eigene Gegenwart funktionalisiert. Diese Beobachtung läßt immerhin fragen, was den Evangelisten selbst bewogen hat, bei Maria Magdalena neben den «bösen Geistern», die die Krankheit verursachen, noch eigens die «Dämonen» zu nennen. War es Mitleid mit der gequälten Frau oder der Wunsch, die Größe des Wundertäters zu unterstreichen, oder ließ er sich von ganz anderen Absichten leiten? Um diese Fragen zu beantworten, müssen andere «Frauen»-Stellen im lukanischen Doppelwerk herangezogen werden.

Zur Erinnerung: Beim ältesten Evangelisten gehören Maria und andere Frauen von Anfang an zur Jesusbewegung und erfüllen alle Bedingungen der Nachfolge. Der Leser darf sich vorstellen, daß Frauen und Männer auf ähnliche Weise zu Jesus gekommen sind, wie es die fünf exemplarischen Berufungserzählungen (Mk 1,16–20; 2,14) in ein typisches Bild gefaßt haben: unvermittelt aus dem Alltag heraus. Der hinter einer solchen Entscheidung stehende Prozeß des Überlegens und Abwägens wird in einen einzigen Augenblick zusammengefaßt. Die Jünger und Jüngerinnen waren von dieser Lebenswende so stark geprägt, daß sie Jesus auch dann treu blieben, als sich ein Mißerfolg abzeichnete, was offensichtlich auf die Frauen noch mehr zutraf als auf die Männer.

Ganz anders bei Lukas: Frauen kommen aus einer Mangelsituation zu Jesus; ihre Nachfolge wird als dankbare Anhänglichkeit und ihr Dienst als gutes Werk gedeutet. Beim Tod Jesu sind sie zwar anwesend, aber nicht mehr als die maßgeblichen Zeugen, sondern als Nebenpersonen, auf die man auch verzichten könnte. Die Rolle der Frauen, an ihrer Spitze Maria aus Magdala, wird zugunsten der männlichen Jünger verändert[2]. Diese Aussage wird im Blick auf das zweite Werk dieses Autors bestätigt.

Nach der Apostelgeschichte gehören Frauen zur Urgemeinde (1,13f.; 5,14) und werden bei späteren lokalen Gemeinden (8,12; 17,4.12; 21,5), bei Hausgemeinden (12,12) oder bei der Taufe von Hausgemeinschaften (11,14; 16,15) vorausgesetzt, ebenso bei Verfolgungen (8,3; 9,2; 22,4). Beim öffentlichen Hervortreten werden aber ausdrücklich nur Männer genannt, wobei Frauen auch nicht einschlußweise mitzudenken sind. Als Beispiel sei auf die Herabkunft des Heiligen Geistes verwiesen, den «alle» (2,1; ähnlich 4,31) – nämlich die zuvor genannten Männer und Frauen – in Erfüllung eines Prophetenwortes (2,17; Joel 3,1f.) empfangen. Bei der öffentlichen Erklärung des Phänomens treten aber nicht «alle», sondern nur Petrus und die übrigen Apostel (2,14) auf. Männer sind die Wortführer (vgl. auch 15,1–35), während die Frauen nur eine passive Rolle spielen. Sollten die Christinnen ihre vom Geist übertragene Aufgabe der prophetischen Rede wirklich vernachlässigt haben, oder hat Lukas vergessen, davon zu erzählen? Eine aktive Frau wie Tabita wird bezeichnenderweise nicht bei ihrer diakonischen Tätigkeit gezeigt; es wird nur erzählend daran erinnert, während sie selbst «Objekt» von Petrus' Wunderwirken ist (9,36–42). Auch vom Wirken der prophetisch begabten Töchter des Evangelisten Philippus hat sich nur ein kurzer Hinweis (21,9) erhalten. Ebenso werden die gottesfürchtigen Frauen von Philippi, die Anfängerinnen des Glaubens in Europa, als «Hörerinnen» in einer ausschließlich passiven Rolle dargestellt (16,13–15).

Die einzige Frau, die aktiv in der Öffentlichkeit gezeigt wird, indem sie Zeugnis ablegt für Paulus («Diener des höchsten Gottes») und den Inhalt seiner Lehre («Weg zum Heil»), ist die Magd in Philippi, deren an sich «richtige» Verkündigung negativ qualifiziert wird: Aus ihr spricht ein Wahrsagegeist, den Paulus durch einen Exorzismus zum Schweigen bringt (16,16–18). Ist es Zufall, daß die öffentlich redende Frau eine von einem Dämon besessene Frau ist? Oder allgemeiner gefragt: Sind die Jüngerinnen, Lehrerinnen, Missionarinnen – Maria aus Magdala, die galiläischen Frauen, die Magd in Philippi – für Lukas nur als dämonisch besessene Frauen vorstellbar?[3] Vielleicht muß die Suche nach Maria aus Magdala nicht nur den Ballast einer langen Wirkungsgeschichte abtragen, sondern bereits im Neuen Testament auch hinter so mancher Lesart nach ihrem wahren Bild forschen. War die «wirkliche» Maria gar keine kranke, von Dämonen beherrschte Frau, sondern – wie die übrigen Evangelisten nahelegen – eine starke Frau, eine treue Jüngerin, eine mutige Nachfolgerin?

3. *Von Unterwerfung befreit ...*

Wer je Darstellungen der Maria gesehen hat (Gemälde, Glasmalereien, Skulpturen), kennt ihren Platz: Sie liegt, sitzt, kniet zu Jesu Füßen – als bereuende Sünderin, als aufmerksam Hörende in Betanien, als Weinende unter dem Kreuz, als freudig Überraschte im Ostergarten. Homilien, Hymnen, Lieder und Gedichte zeigen das gleiche Bild: Maria ist die Frau «am Boden» – verschämt, demütig, ergriffen.

Wenn man heute aus guten Gründen die beiden ersten Szenen nicht mehr mit ihr in Verbindung bringt, so bleibt doch die traditionelle Vorstellung erhalten – es sei denn, man vergißt die verinnerlichten Bilder und läßt sich auf die Texte der Evangelien ein: Dann aber muß man sich Maria sowohl beim Kreuz als auch in der Osterszene «stehend» vorstellen.

Während in Mk 15,40 par. Mt 27,55 über die Haltung nichts ausgesagt ist, sprechen Lk 23,49 und Joh 19,25 ausdrücklich vom *Stehen* der Frauen; ebenso die johanneische Osterszene: Maria *steht* beim Grab und wendet sich mehrfach um, was eine *stehende* Haltung voraussetzt (Joh 20,11–18).

Vom Niederfallen oder Niedersinken ist nirgends die Rede. Daß sich dieses Bild dennoch seit den Kirchenvätern dem christlichen Kollektivgedächtnis so nachhaltig eingeprägt hat, hängt natürlich mit dem – inzwischen auch in kirchlichen Dokumenten als überholt beurteilten – *status subjectionis* der Frau zusammen. Das bedeutet: Die Geschlechterpolarität (männlich – weiblich) wurde in der Vergangenheit fälschlich in hierarchischen Kategorien (oben – unten) gedeutet.

Die Unterordnung der Frau unter den Mann gehört nach der Erklärung über die Zulassung der Frauen zum Priesteramt (1976) zu jenen Aussagen, «die das moderne Denken nur schwerlich gelten läßt oder sogar mit Recht zurückweist»[4]. Wie sehr der Gedanke der Inferiorität der Frau in kirchlichen Argumentationszusammenhängen präsent ist, zeigt auch der Nachdruck, mit dem die offiziellen Kommentare die «Erklärung» vor diesem naheliegenden (Miß-)Verständnis in Schutz nehmen. Daher präzisiert der Römische Kommentar, daß es sich bei der früher behaupteten Unterordnung, Unterwerfung oder Dienstbarkeit der Frau gegenüber dem Mann («quia mulier est in statu subjectionis», Thomas von Aquin) um «den unleugbaren Einfluß von ungünstigen Vorurteilen gegenüber der Frau»[5] und einen «Makel» in der Argumentation handelt[6]; eine ähnliche Interpretationshilfe wurde auch durch die deutschen Bischöfe veröffentlicht[7].

Vor dem Hintergrund der früheren, aus der Schöpfungsordnung abgeleiteten untergeordneten Stellung der Frauen werden auch die hartnäckig festgehaltenen Falschinterpretationen der aufrecht stehenden Maria als demütig niedergesunkene Frau in Texten und Bildern verständlich.

Wie eine sachgerechte Darstellung der Maria heute aussehen könnte, hat das Misereor-Hungertuch von 1990/91 mit den Arbeiten der indischen Künstlerin Lucy D'Souza gezeigt: Maria Magdalena, vom Osterlicht umflutet, schreitet auf die ratlosen Jünger zu, die erwartungsvoll der sieghaften Botin entgegenblicken (vgl. Abb. S. 68). Diese Maria will nicht die Vergangenheit festhalten (vgl. das Noli-me-tangere-Motiv), sondern geht in die Zukunft, oder – wie die Künstlerin selbst sagt:

> «Maria von Magdala ... verkündet die Unbesiegbarkeit des Lebens. Sie ist transparent für Gottes Macht und Licht»[8].

4. ... auf daß die Wissende dich lehre

Maria Magdalena muß neu entdeckt werden: Sie verkörpert nicht mehr die alten Rollen als Hure und Heilige; auch jene anderen Rollen, in denen die Kirche große Frauen der Vergangenheit sieht, scheinen nicht recht für sie zu passen («heilige Märtyrerinnen, Jungfrauen und Mütter», die den Glauben an ihre Kinder weitergegeben haben[9]). Selbst der zuerst in der Feministischen Theologie wiederentdeckte und inzwischen vom Papst übernommene alte Titel «apostola apostolorum» verschleiert ihre Bedeutung. Denn die apostolische Funktion, die sich aus dem «Sehen des Herrn» ergibt, wird bei Maria Magdalena auf den kleinen Kreis der elf Apostel und auf einen kurzen Zeitraum (Ausrichten der Botschaft) beschränkt, während das gleiche «Sehen des Herrn» bei Petrus und Paulus zur universalen und dauerhaften Apostolizität führt. Ob hier wirklich Gleichheit und wesenhafte Gleichberechtigung von Mann und Frau vorliegt[10]? Werden nicht aus dem gleichen Sachverhalt («Sehen des Herrn») unterschiedliche Konsequenzen gezogen, und zwar zu Lasten der Frau?

Maria Magdalena muß neu entdeckt werden: In dem wichtigen Magdalenen-Text Joh 20 vollzieht sich ein Rollentausch bzw. die Umkehr des – etwa gleichzeitig entstehenden – Redeverbots an die Frauen[11]; Maria soll gerade nicht schweigen, sondern *reden,* sie soll die Brüder *belehren,* sie soll von ihren Erfahrungen *sprechen*[12]. Erst wenn in der Kirche die Voraussetzungen geschaffen sind, daß Maria Magdalena ihren Auftrag erfüllen kann, wird sich die Vision ihres Stifters erfüllen.

Maria Magdalena muß neu entdeckt werden: Sie ist nicht einfach die Sünderheilige, aus deren Anblick die Menschen der Vergangenheit Hoffnung geschöpft haben. Sie ist eine biblische Heilige, die moderne Tugenden vertritt – *Solidarität* mit dem Sterbenden, *Mitleiden* mit dem Gefolterten, *Treue* zu einem Menschen und seiner Sache über den Tod hinaus, Mut zur (öffentlichen) *Trauer,* aber auch *Phantasie,* die persönliche Resignation wie globale Ängste überwinden hilft, *Ausdauer,* wo neue Einsichten überzeugend und geduldig vertreten werden müssen ... Wenn wir das begreifen, könnte sie werden, wovon Kurt Marti[13] geträumt hat: Prophetin einer magdalenischen Zeit.

ANMERKUNGEN

Zu Kapitel 1

1 Eine Exegese der Maria-Stellen findet sich bei Helen Schüngel-Straumann: Maria von Magdala – Apostolin und erste Verkünderin der Osterbotschaft, in: Dietmar Bader (Hg.), Maria Magdalena – Zu einem Bild der Frau in der christlichen Verkündigung, München–Zürich 1990, S. 9–32.

2 Flavius Josephus, De Bello Judaico – Der Jüdische Krieg, Griechisch und Deutsch, hg. von Otto Michel und Otto Bauernfeind, Bd. 1, München o. J. (= Darmstadt [2]1962): Bell. III, § 516–519.

3 Flavius Josephus (s. Anm. 2), S. 411 A. 95, vgl. auch E. W. Saunders: Art. Magdala, in: Bo Reicke – Leonhard Rost (Hg.), Biblisch-historisches Handwörterbuch, Bd. II. Göttingen 1964, Sp. 1121.

4 An einer Auseinandersetzung mit Tiberias sind 40 000 Taricheer beteiligt; im Verlauf des Konflikts bringt Josephus die 600 Mitglieder des Stadtrats von Tiberias und weitere 2 000 Bürger in seine Gewalt und läßt sie nach Tarichea ins Gefängnis bringen – was Fragen nach der Größe dieses Gefängnisses aufwirft (Bell. II, § 596–613.634-646).

5 Zu den methodischen Überlegungen vgl. auch Bernadette J. Brooten: Jüdinnen zur Zeit Jesu, in: Bernadette Brooten und Norbert Greinacher (Hg.), Frauen in der Männerkirche, München und Mainz 1982, S. 141–148.

6 Brooten, Jüdinnen S. 144 f. Zur religiösen und profanen Bildung von Frauen vgl. Günter Mayer: Die jüdische Frau in der hellenistisch-römischen Antike, Stuttgart 1987, S. 47–50.

7 Zur Auseinandersetzung zwischen griechischem Überlegenheitsgefühl und jüdischem Erwählungsbewußtsein, das in solchen Aussprüchen thematisiert wird, vgl. Martin Hengel: Juden, Griechen und Barbaren (SBS 76), Stuttgart 1976, S. 110.

8 Pnina Navè Levinson: Einblicke in das Judentum, Paderborn 1991, S. 94–132 (Kap. 3 «Die Rolle der Frau»); vgl. Luise Schottroff, die auf die hohe Wertschätzung des angeblich frauenverachtenden Judentums bei antiken (nicht-jüdischen) Frauen verweist: «Anführerinnen der Gläubigkeit» oder «einige andächtige Weiber»?, in: dies., Befreiungserfahrungen. Studien zur Sozialgeschichte des Neuen Testaments, München 1990, S. 291–304.

9 Mayer, Frau S. 79–81. Zum Scheidungsrecht als Indikator für die rechtliche Gleichstellung der Frau vgl. Monika Fander: Die Stellung der Frau im Markusevangelium. Unter besonderer Berücksichtigung kultur- und religionsgeschichtlicher Hintergründe (Münsteraner Theologische Abhandlungen Bd. 8), Altenberge 1989, S. 200–254; Ruthild Geiger: Die Stellung der geschiedenen Frau in der Umwelt des Neuen Testaments, in: Gerhard Dautzenberg u. a. (Hg.), Die Frau im Urchristentum (Quaestiones disputatae 95), Freiburg 1983, S. 134–157.

10 Zur Diskussion, ob es unter den Nachfolgern und Jüngern Jesu überhaupt Frauen gegeben habe, vgl. im Blick auf Mk 15,40 f. vor allem Elisabeth Schüssler Fiorenza: Zu ihrem Gedächtnis … Eine feministisch-theologische Rekonstruktion der christlichen Ursprünge, München und Mainz 1988, S. 384–393.

11 Luise Schottroff: Frauen in der Nachfolge Jesu in neutestamentlicher Zeit, in: Dies., Befreiungserfahrungen S. 96–133.114, sowie Maria Magdalena, ebd. S. 142–144.

12 Zu den «Wandercharismatikern» (im Unterschied zu den seßhaften «Sympathisanten») und ihrem radikalen Ethos vgl. Gerd Theißen, Soziologie der Jesusbewegung, München [5]1988, S. 14–21.
13 Nicht alle Jesusnachfolger stammen aus der Schicht der Bettelarmen (griech. ptochos, Lk 6,20), viele haben «alles verlassen» (Mk 10,28): «Hier war Armut nicht nur Schicksal, sondern Aufgabe» (Theißen, Soziologie S. 19).
14 Schottroff, Frauen S. 109, vermutet bei allen Nachfolgern die Aufgabe, «zu verkündigen und zu heilen», und fügt zu Lk 8,2f. eigens hinzu, daß Nachfolge «die Verkündigung ... mit einschloß»; ähnlich Susanne Heine, für die der Begriff Nachfolge ebenfalls «Verkündigung des nahen Gottesreiches» bedeutet und nicht «auf materielle Unterstützung» reduziert werden kann, S. Heine: Selig durch Kindergebären (1 Tim 2,15)?, in: Marie-Theres Wacker (Hg.), Theologie feministisch, Düsseldorf 1988, S. 59–77.S. 66.
15 Schüssler Fiorenza, Gedächtnis S. 195, die sich gegen die stillschweigende Annahme wehrt, die Jesusbewegung habe nur aus charismatischen Männern bestanden; anders Theißen, Soziologie, S. 21, der nur einige sympathisierende Frauen ausmacht, die Jesus unterstützen.
16 Fander, Die Stellung, versteht Mk 15,40f. allerdings nur als redaktionelles Bild für das wahre Jüngersein, ohne Rückschluß auf die historische Realität (S. 347): sie sieht die Frauen eher unter den Sympathisanten, dem Kern späterer Gemeinden, während wandernde Frauen «insgesamt kein Massenphänomen» darstellen, sondern nur vereinzelt vorkommen (S. 335). Höchstens bei Maria, die durch den Beinamen «aus Magdala» als nicht mehr ortsansässig beschrieben wird, hält sie eine Zuordnung zu den Wandercharismatikern für denkbar (S. 320).
17 Zur Korrespondenz von Namenlisten und Rangordnung vgl. Martin Hengel: Maria Magdalena und die Frauen als Zeugen, in: Otto Betz – Martin Hengel – Peter Schmidt (Hg.), Abraham unser Vater, Leiden und Köln 1963, S. 243–256; vgl. Schottroff, die die Reihenfolge aber nicht als Ausdruck von Hierarchie oder Prestige, sondern als eine aus der Arbeit für die Gemeinde erwachsene Autorität versteht (Maria Magdalena S. 141f.).
18 Zur Judasproblematik vgl. Hans Josef Klauck: Judas – ein Jünger des Herrn (Quaestiones disputatae III), Freiburg 1987.
19 Eine andere Beurteilung der beiden zentralen Gestalten der Osterüberlieferung findet sich bei Schottroff, die auch bei Maria Magdalena ein «Versagen» erkennt. Beide, Simon wie Maria, sind gleichermaßen «Zeugen der Auferstehung» und «Vorbilder der überwundenen Angst» (Maria Magdalena S. 151.153f.).
20 Die Gemeinden müssen sich nach zwei Seiten zur Wehr setzen: Die *gnostische* Gefahr wird durch eine feste Kirchenordnung und eine für den Alltag taugliche Moral abgewehrt; gegen *pagane* Kritik an christlichen Ordnungsvorstellungen wird das Modell des antiken Haushalts mit seinem festgeschriebenen Frauenbild übernommen. Beide Tendenzen, die in den Pastoralbriefen kulminieren, verschlechtern die Bedingungen für Frauen in den Gemeinden, vgl. «Die Restauration setzt sich durch» bei Susanne Heine: Frauen der frühen Christenheit, Göttingen 1986, S. 146–154.
21 David Friedrich Strauss: Das Leben Jesu, kritisch betrachtet, Bd. 2, Tübingen 1836, S. 626; ders., Das Leben Jesu für das deutsche Volk bearbeitet, Leipzig [2]1864, S. 291.
22 Raymond E. Brown: Die Rolle der Frauen im Vierten Evangelium, in: Elisabeth Moltmann-Wendel (Hg.), Frauenbefreiung, München–Mainz [2]1978, S. 133–147.139.
23 Rudolf Pesch hat überlegt, ob die Notiz Mk 16,9ff. in Verbindung zur vorlukanischen Tradition zu sehen ist; er vermutet hinter Lk 24/Apg 1 einen Traditionszusammenhang, «der mit einer Erscheinung vor Maria Magdalena begann, über die Emmausgeschichte zur Erscheinung vor den Jüngern führte und auch die vorlukanische Himmelfahrtserzählung einschloß»; in diesem Fall hätte Lukas die Protophanie vor Maria getilgt bzw. durch die Frauennotiz Lk 24,9–11 ersetzt (ders., Das Markusevangelium, Teil II, Freiburg 1977, S. 545).
24 Hengel, Maria Magdalena S. 251.

25 SyrDidask. 21: Er erschien Maria Magdalena und Maria, der Tochter des Jakobus; ConstAp. V. 14.19: Er erschien zuerst Maria Magdalena und Maria, der des Jakobus (vgl. Pesch, Markusevangelium S. 549). Hengel vermutet bereits hinter Mt 28,9f. die Tendenz, daß Maria die Ehre einer Christuserscheinung «mit einer möglichen Herrnverwandten (!) teilen mußte» (Maria Magdalena S. 255).
26 Origenes, contra Celsum 2,55, vgl. Hengel, Maria Magdalena S. 252.
27 Vgl. den Zusammenhang von «sehen» und ekklesialen Funktionen in 1 Kor 9,1 (Paulus), 15,5 (Petrus), 15,7 (Jakobus). Eine exegetisch fundierte Darstellung der neutestamentlichen Frauenfrage, einschließlich weiblicher Leitungsfunktionen, findet sich bei Anton Vögtle: Die Dynamik des Anfangs. Leben und Fragen der jungen Kirche, Freiburg – Basel – Wien 1988, S. 136–166.

Zu Kapitel 2

1 Die Evangelien nach Maria, nach Philippus und nach Thomas werden, sofern nicht anders vermerkt, nach folgender Ausgabe zitiert: Wilhelm Schneemelcher (Hg.), Neutestamentliche Apokryphen in deutscher Übersetzung, Band 1 Evangelien, Tübingen [6]1990, S. 93–113 (EvThom), S. 148–173 (EvPhil), S. 313–315 (EvMar).
2 Elaine Pagels: Versuchung durch Erkenntnis. Die gnostischen Evangelien (Suhrkamp TB 1456), Frankfurt 1987, S. 60.
3 Pistis Sophia Cap. 7. Dieses Werk wird zitiert nach der Ausgabe von Carl Schmidt und Walter Till (Hg.), Koptisch-gnostische Schriften, Band 1, Berlin [2]1954.
4 Vgl. dazu Renate Schmid: Maria Magdalena in gnostischen Schriften (Material-Edition 29), München 1990, S. 46f.
5 Schmidt – Till, Koptisch-gnostische Schriften S. 148 Anm. 30.
6 Schmid, Maria Magdalena S. 83f.
7 Dialog des Erlösers 139,8–13, zitiert nach Schmid, Maria Magdalena S. 80.
8 Übersetzung nach Johannes Leipoldt und Hans-Martin Schenke (Hg.), Koptisch-gnostische Schriften aus den Papyrus-Codices von Nag-Hamadi (Theol. Forschung 20), Hamburg-Bergstedt 1960. Zu den hier sehr vereinfacht dargestellten Zusammenhängen vgl. Schmid, Maria Magdalena S. 32–39.
9 Dieses Verständnis wird bei Schneemelcher nahegelegt: Maria Magdalena ist die Gefährtin des Erlösers (Spr. 32), die Sophia ist die Gefährtin des Erlösers (Spr. 55).
10 Schmid, Maria Magdalena S. 89.
11 Pagels, Versuchung S. 106.
12 Susanne Heine: Frauen der frühen Christenheit, Göttingen 1986, S. 191, Anm. 378.
13 Ebd. S. 142.
14 Susanne Heine: Selig durch Kindergebären (1 Tim 2,15)?, in: Marie-Theres Wacker (Hg.), Theologie feministisch, Düsseldorf 1988, S. 59–77, hier S. 75f.
15 Irenäus von Lyon: Gegen die Häresien I 13,4; vgl. Fontes Christiani, Bd. 8/1, Freiburg 1993, S. 221f.
16 Tertullian, Die Prozeßeinreden gegen die Häretiker 41, zitiert nach Bibliothek der Kirchenväter, Band 24, Kempten und München 1915. Vgl. dazu Pagels, Versuchung S. 70–93, die die Herausbildung des monarchischen Episkopats als politische Funktion der theologischen Lehre des Monotheismus darstellt.
17 Tertullian, Prozeßeinreden 41; vgl. auch Irenäus (gegen die Häresien I 13,5), der den weiblichen Zulauf bei den Gnostikern unter dem Stichwort «Verführung» abhandelt.
18 Tertullian, De virginibus velandis 9; zitiert nach Christoph Stücklin: Tertullian. De virginibus velandis. Übersetzung, Einleitung, Kommentar, Bern – Frankfurt 1974.
19 Irenäus, Gegen die Häresien I 13,2f. Bereits im Neuen Testament werden die Charismen des Lehrens und Prophezeiens bei Frauen zurückgedrängt; vgl. außer 1 Tim 2,11f. auch die Verunglimpfung der anonymen Prophetin und Lehrerin, die mit dem negativ besetzten Namen «Isebel» belegt wird (Offb 2).

20 Heine, Frauen S. 143.
21 Pagels, Versuchung S. 110.
22 Gegen Versuche, diese Entwicklung als «zwangsläufig» zu verstehen (G. Theißen, E. Pagels), setzt sich vor allem Schüssler Fiorenza zur Wehr: Zu ihrem Gedächtnis ... Eine feministisch-theologische Rekonstruktion der christlichen Ursprünge, München und Mainz 1988, S. 123 f.
23 Daß «Petrus» den Frauen allgemein Redeverbot erteilen möchte, zeigt sein Wunsch, die Frauen sollten zu fragen aufhören und den männlichen Jüngern den Vortritt lassen (Pistis Sophia Cap. 146)
24 Vgl. dazu Kurt Rudolph: Die Gnosis. Wesen und Geschichte einer spätantiken Religion (UTB 1577), Göttingen ³1990, S. 291.
25 Eine ähnliche Vorstellung findet sich auch im frühen Islam: «Wenn eine Frau auf dem Wege Gottes wie ein Mann wandelt, kann sie nicht als Frau bezeichnet werden», zitiert nach Friedrich Heiler: Die Frau in den Religionen der Menschheit, Berlin – New York 1977, S. 82.

Zu Kapitel 3

1 «Hinc est enim quod de eodem sponso Ecclesia in Canticis Canticorum dicit ... id est sanctam electorum Ecclesiam ...» Gregor, 25. Hom. zu Joh 20, PL 76, 1190.
2 Odo von Cluny, Sermo II in veneratione sanctae Mariae Magdalenae, PL 133, 718 f. 720.
3 Gregor, PL 76, 1193; Odo, PL 133, 720. Dieses «Berührungsverbot» setzt die lateinische Übersetzung «Noli me tangere!» voraus, während im griechischen Urtext das Verbot des Festhaltens – nach einer erfolgten Berührung – gemeint ist.
4 Karl Forstner (Hg.): Die Salzburger Armenbibel. Codex aIX12 aus der Erzabtei St. Peter zu Salzburg, Salzburg o. J., Bildgruppe Nr. 28 und Nr. 29; Maurus Berve (Hg.): Die Armenbibel. Herkunft Gestalt Typologie. Dargestellt anhand von Miniaturen aus der Handschrift Cpg 148 der Universitätsbibliothek Heidelberg, Beuron 1969, Bildgruppe Nr. 34 und Nr. 35.
5 Victor Saxer: Le Culte de Marie Madeleine en Occident des origines à la fin du moyen âge, Paris 1959, S. 328, mit Verweis auf Hilarius von Poitiers und Ambrosius.
6 Gregor, PL 76, 1242 f.
7 Odo, PL 133, 715.
8 «Dominum sequitur non gressu pedis, sed imitatione operis», PL 133, 715.
9 Vgl. den Christus-Hymnus «Laus tibi, Christe» (11. Jahrhundert), zitiert nach Wiltrud aus der Fünten: Maria Magdalena in der Lyrik des Mittelalters, Düsseldorf 1966, S. 57–62.
10 Ebd. S. 70–76; vgl. auch die Sequenz «Laudum Christi Praeconia», wo die Sünderin ebenfalls für Babylon und Jerusalem steht», ebd. S. 133.
11 Gregor, PL 76, 1242.1196.
12 Aus dem Hymnus «Age, deus, causam meam», zit. nach Aus der Fünten, Maria Magdalena S. 52.
13 Saxer, Le Culte S. 336, mit Bezug auf Isidor von Sevilla.
14 Ambrosius, PL 15, 1616 f.
15 Gregor, BKV 2. Reihe Bd. 4, S. 295, vgl. Odo, PL 133, 716 f.
16 Nach Honorius Augustodunensis will sie nach Pfingsten keine anderen Männer mehr sehen und nur der Liebe zu Christus leben; daher zieht sie sich in eine Einöde zurück (Speculum ecclesiae, PL 172, 807–1108.981).
17 Im mittelhochdeutschen «Väterbuch» wird dem Mönch Silvanus eine entsprechende Belehrung zuteil: Er sieht in einem Gesicht, wie Mönche ins ewige Verderben kommen, während tugendhafte Weltleute zur ewigen Freude gelangen (V. 14 274–14 284), Das Väterbuch, hg. von Karl Reissenberger (Deutsche Texte des Mittelalters Bd. 22), Berlin 1914.
18 Ambrosius, PL 15, 1936.

19 Gregor, PL 76,1194; Honorius, PL 172,981 u.v.a.
20 Ambrosius, PL 15,1937.
21 Otfrid von Weissenburg: Otfrids Evangelienbuch, hg. von Oskar Erdmann, 4Auflage von Ludwig Wolf, Tübingen 1962, 5. Buch 8,45–58.
22 Gregor, BKV 2. Reihe Bd. 4, S. 296.
23 Odo, PL 133,721.
24 So in dem Lied «Hic est dies», zit. bei Aus der Fünten, Maria Magdalena S. 51, vgl. auch die Sequenz «Adest praecelsa», ebd. S. 93.
25 Tertullian: La Toilette des femmes / De cultu feminarum. Introduction, Texte critique, Traduction et Commentaire von Marie Turcan, Paris 1971; Tertullian: De virginibus velandis, hg. von Christoph Stücklin, Bern–Frankfurt 1974. – Zum christlichen Bild der Eva vgl. die Monographie von Helen Schüngel-Straumann: Die Frau am Anfang. Eva und die Folgen, Freiburg – Basel – Wien 1989.
26 Vgl. Aus der Fünten, Maria Magdalena S. 55.
27 Petrus Abaelard, Sermo 13 in die paschae, PL 178,484 f.
28 Salzburger Armenbibel, Bildgruppe Nr. 12, Heidelberger Armenbibel, Bildgruppe Nr. 13.
29 Salzburger Armenbibel, Bildgruppe Nr. 12, Heidelberger Armenbibel, Bildgruppe Nr. 13.
30 Salzburger Armenbibel, Bildgruppe Nr. 12, Heidelberger Armenbibel, Bildgruppe Nr. 34.
31 Salzburger Armenbibel, Bildgruppe Nr. 29, mit Verweis auf Dan 6; Heidelberger Armenbibel Bildgruppe Nr. 35 mit Verweis auf Dan 14.
32 Die Legenda aurea des Jacobus de Voragine, aus dem Lateinischen übersetzt von Richard Benz, Heidelberg o. J. (1925), S. 249.
33 Vgl. den Hymnus «Maria, mater Domini», zit. bei Aus der Fünten, Maria Magdalena S. 86.
34 Vgl. Saxer, Le culte S. 343 f.
35 Odo, PL 133,714.
36 Odo, PL 133,721.
37 Vgl. Saxer, Le culte S. 344 f.
38 Gregor, PL 76,1191; Otfrids Evangelienbuch V, 8.VV. 17–28.
39 Vgl. (Ps-)Hrabanus Maurus, De vita beatae Mariae Magdalenae et sororis ejus sanctae Marthae, PL 112,1431–1508.1480 f.
40 Hrabanus Maurus ebd. 1457 f.; Honorius, PL 172,981.

Zu Kapitel 4

1 Clemens Kopp: Die heiligen Stätten der Evangelien, Regensburg 21964, S. 249–251 (Pilgerberichte); vgl. Herbert Donner: Pilgerfahrt ins Heilige Land. Die ältesten Berichte christlicher Palästinapilger. Stuttgart 1979.
2 Zur mittelalterlichen Maria Magdalena vgl. V. Saxer – U. Liebl: Art. Maria Magdalena, in: Lexikon des Mittelalters VI (1993), Sp. 282–284 sowie Victor Saxer: Le Culte de Marie Madeleine en Occident des origines à la fin du Moyen âge, Paris 1959.
3 Zu den Anfängen der liturgischen Verehrung der Maria Magdalena vgl. Saxer, Le Culte S. 32–45.
4 Ambrosius, Expositio Evang. sec. Lucam, PL 15,1758.
5 «Nescit una Maria Magdalene ... scit alterna Maria Magdalena», ebd. Sp. 1936, vgl. auch Sp. 1934.
6 «Ergo plures Mariae, plures fortasse etiam Magdalenae», ebd. Sp. 1936.
7 «Maria Magdalene, quae fuerat in civitate peccatrix ... Nam postquam venit ad monumentum ... Hanc vero quam Lucas peccatricem mulierem, Joannes Mariam nominat, illam esse Mariam credimus de qua Marcus septem daemonia ejecta fuisse testatur», Gregor, 33. Hom. zu Luc. 7, PL 76,1238–1246; vgl. 25. Hom. zu Joh. 20, PL 76,1188–1196; Brief an Gregoria, in: BKV 2. Reihe Bd. 4, München 1933, S. 295–297.

8 Brief an Gregoria, S. 296 f.
9 Brief an Gregoria, S. 295.
10 Zitiert nach Klaus Herbers: Die deutschen Heiligen im Mittelalter, in: Régine Pernoud, Die Heiligen im Mittelalter. Frauen und Männer, die ein Jahrtausend prägten, Bergisch Gladbach 1988, 298–348.309.
11 Odo, PL 133, 714. Zur adligen Familie gehört auch das «Schloß» Magdalum.
12 Hans Hansel: Die Maria-Magdalena-Legende. Eine Quellenuntersuchung, Bottrop i. W. 1937, S. 109. Die Erwähnung der königlichen Geburt und die Namen der Eltern finden sich erstmals im 12. Jahrhundert in der Martha-Legende, vgl. ebd. S. 111.
13 Honorius, PL 172, 979.
14 Aus der Predigt des Priesters Konrad an einem Magdalenentag, zit. nach Hansel, Die Maria-Magdalena-Legende S. 87.
15 Honorius, PL 172, 981.
16 Vgl. Saxer, Le culte S. 59.337–340; Hansel, Die Maria-Magdalena-Legende S. 18.99.
17 Zu den konkurrierenden Kultorten in Burgund (Vézelay) und in der Provence (Saint-Maximin, Sainte-Baume) vgl. die ausführliche Darstellung bei Saxer, Le Culte, v. a. S. 89–108.137–141.185–227, und Susan Haskins: Die Jüngerin. Maria Magdalena und die Unterdrückung der Frau in der Kirche, Bergisch Gladbach 1994, S. 109–159, die sich ebenfalls auf die Forschungen von V. Saxer stützt.
18 Die Leganda aurea des Jacobus de Voragine, aus dem Lateinischen übersetzt von Richard Benz, Heidelberg o. J. (1925), S. 470–482 (nach dieser Ausgabe wird im folgenden zitiert), und Jacobus de Voragine: Legenda aurea. Lateinisch/deutsch. Ausgewählt, übersetzt und herausgegeben von Rainer Nickel (Reclam Universal-Bibliothek Nr. 8464), Stuttgart 1988, S. 226–235 (in Auswahl).
19 Friedrich von der Leyen (Hg.): Des armen Hartmann Rede vom Glouven. Eine deutsche Reimpredigt des 12. Jahrhunderts (Germanistische Abhandlungen Heft XIV), Breslau 1897.
20 Friedrich Maurer (Hg.): Die Dichtungen der Frau Ava (Altdeutsche Textbibliothek Nr. 66), Tübingen 1966.
21 Karl Reissenberger (Hg.): Das Väterbuch (Deutsche Texte des Mittelalters Band XXII), Berlin 1914; K. A. Hahn (Hg.): Das alte Passional, Frankfurt 1845.
22 Heinrich Adrian (Hg.): Der Saelden Hort. Alemannisches Gedicht vom Leben Jesu, Johannes des Täufers und der Magdalena (Deutsche Texte des Mittelalters, Band XXVI), Berlin 1927.
23 (Ps-)Hrabanus Maurus. De vita beatae Mariae Magdalenae et sororis ejus sanctae Marthae, PL 112, 1431–1508.
24 «Von minren sachen / vil lutes ist zu tot erslagen», Hort V. 7384 f.; zur Verlobung vgl. auch Passional 369, 56–69 (läßt offen, ob die Tradition stimmt), und Legenda aurea S. 481 (lehnt diese Meinung als unziemlich ab).
25 Passional 370, 4–6; vgl. Hort V. 7484–7490; Legenda aurea S. 472.
26 Hort V. 4579–4599.7491-7498.
27 Passional 154, 59; 155, 7–10.39-47; 367, 35–87. – Friedrich Wilhelm: Deutsche Legenden und Legendare. Texte und Untersuchungen zu ihrer Geschichte im Mittelalter, Leipzig 1907, S. 89.
28 Väterbuch V. 20 165–20 182, ähnlich Legenda aurea S. 472; (Ps-)Hrabanus Maurus PL 112, 1485.
29 (Ps-)Hrabanus Maurus PL 112, 1484; Honorius PL 172, 981.
30 Hort V. 10 259–10 271; vgl. Legenda aurea S. 471 f.; (Ps-)Hrabanus Maurus PL 112, 1487 f.
31 Passional 376, 1–3.61-69; Hort 10 415–10 420; Legenda aurea S. 473.
32 Legenda aurea S. 477; Passional 384, 22–385, 21 (ohne Nahrung), Passional 384, 92–385, 4 (mit paradiesischer Nahrung)
33 Zit. nach Wiltrud aus der Fünten, Maria Magdalena in der Lyrik des Mittelalters, Düsseldorf 1966, S. 64.86.
34 Ebd. 116 f., 143–149.

35 Ebd. 190.
36 Honorius, PL 172,809.881; Des armen Hartmann Rede vom Glouven V. 1843–2353.
37 Väterbuch V. 29 893–95.30 321-23.
38 Ebd. 35021ff.; in der Lebenda aurea beziehen sich die 30 Jahre nur auf die Freiheit von Anfechtungen, S. 288. Zur Darstellung der heiligen Buhler und Buhlerinnen vgl. Erhard Dorn: Der sündige Heilige in der Legende des Mittelalters, München 1967, S. 52–80.
39 Legenda aurea S. 471.
40 Süddeutsche Regionalkalendarien nennen für Maria Magdalena den 10. März und den 1. April, vgl. Saxer, Le Culte S. 324; Hansel, Die Maria-Magdalena-Legende S. 126. Im Zusammenhang mit dem Festum Conversionis dürfte auch die spätmittelalterliche Legende «Conversio beatae Mariae Magdalenae» stehen, die auf niederländische Klöster zurückweist, vgl. Hansel ebd. S. 114–127.
41 Vgl. zu diesem Abschnitt Shulamith Shahar: Die Frau im Mittelalter, Königstein/Ts. 1981, S. 181–186; Peter Dinzelbacher: Rollenverweigerung, religiöser Aufbruch und mystisches Erleben mittelalterlicher Frauen, in: Peter Dinzelbacher und Dieter R. Bauer (Hg.), Religiöse Frauenbewegung und mystische Frömmigkeit im Mittelalter, Köln Wien 1988, S. 1–58; K. Elm, Art. «Magdalenerinnen», in: Lexikon des Mittelalters VI (1993) Sp. 71; G. Gieraths, Art. «Magdalenerinnen», in: LTHK VI (1961) S. 1270f.
42 Hrotsvitha von Gandersheim: Werke in deutscher Übertragung. Mit einem Beitrag zur frühmittelalterlichen Dichtung, von H. Hohmeyer, München – Paderborn – Wien 1973, S. 222–237 (Abraham und Maria), S. 238–258 (Pafnutius und Thais); zum Magdalenenmotiv vgl. die Einleitung des Herausgebers S. 222 und S. 238.
43 Elisabeth Gössmann: Maria Magdalena als Typos der Kirche, in: Dietmar Bader (Hg.), Maria Magdalena – Zu einem Bild der Frau in der christlichen Verkündigung, Freiburg 1990, S. 51–71, zu Frau Ava S. 63–68; dagegen Eoliba Greinemann: Die Gedichte der Frau Ava (Diss. Freiburg 1968), die mit Nachdruck die These von der Einheit der Marien und der Sünderin bei Frau Ava vertritt, v.a. S. 81.85.115.
44 Christine de Pizan: Das Buch von der Stadt der Frauen, übersetzt und herausgegeben von Margarete Zimmermann, Berlin 1986.
45 Ebd. S. 59–61.
46 Ebd. S. 283.
47 Vgl. Hansel, Die Maria-Magdalena-Legende S. 114.

Zu Kapitel 5

1 Zur Mode der Barockzeit vgl. «Das Kostüm» bei Richard Alewyn/Karl Sälzle: Das große Welttheater. Die Epoche der höfischen Feste in Dokument und Deutung (rde Bd. 92), Hamburg 1959, S. 33–38, sowie «Damen und Kleider» bei Helga Möbius: Die Frau im Barock, Stuttgart 1982, S. 178–200.
2 Möbius, Die Frau S. 184.
3 BRIGITTE 1995, Heft 3, S. 90.
4 Angelus Silesius: Heilige Seelenlust oder Geistliche Hirtenlieder, in: ders., Sämtliche poetische Werke in drei Bänden, hg. von Hans Ludwig Held, München 1949 (Neu überarbeitete dritte Auflage), Bd. 2, S. 127.
5 Johann Christian Günthers Sämtliche Werke, Bd. 2: Klagelieder und Geistliche Gedichte, in zeitlicher Folge, hg. von Wilhelm Krämer, Darmstadt 1964, S. 235.
6 Zur Biographie der Markgräfin vgl. Saskia Esser: Leben und Werk der Markgräfin Franziska Sibylla Augusta, Rastatt 1983, und Hans-Georg Kaack: Markgräfin Sibylla Augusta. Die große badische Fürstin der Barockzeit, Konstanz o.J. (1983).
7 Esser, Leben und Werk S. 21. – Bisweilen hat die Frömmigkeit der Fürstin unter dem Einfluß eines

fanatischen Beichtvaters auch skurrile Züge angenommen, so wenn im Rastatter Schloß „anstößige» Gemälde im Wert von 50 000 Gulden verbrannt wurden, vgl. Kaack, Markgräfin S. 195.

8 Zur Beschreibung vgl. Elmar D. Schmid: Nymphenburg. Schloß und Garten, Pagodenburg, Badenburg, Magdalenenklause, Amalienburg, München 1979, S. 64–71, sowie Gerhard Hojer und Elmar D. Schmid: Nymphenburg. Schloß, Park und Burgen, Amtlicher Führer, München 1989, S. 70–75.

9 Schmid, Nymphenburg S. 64.

10 Adrian von Buttlar: Der Nymphenburger Schloßpark, in: Harri Günther (Hg.), Gärten der Goethezeit, Leipzig 1993, S. 240.

11 Zur Beschreibung vgl. Walter Schwenecke und Wolfgang Wiese: Schloßpark Favorite und Eremitage (Kurzführer der Staatlichen Schlösser und Gärten Baden-Württemberg), Karlsruhe o. J. (1994?).

12 Johann Georg Keysler (1729), zitiert bei Kaack, Markgräfin S. 183.

13 Wiese, Schloßpark Favorite S. 40. Dies gilt umso mehr, als auch andere «Rollen» der Markgräfin belegt sind, z. B. als heilige Helena in der Hofkirche des Rastatter Schlosses, vgl. ders.: Die Magdalenenkapelle und die kostbaren Wachsfiguren, in: Schlösser. Baden-Württemberg 1993, Heft 1/2, S. 12–15.

14 Esser, Leben und Werk S. 46.

15 Zitiert bei Kaack, Markgräfin S. 165.

16 Anna Maria Renner: Die Einsiedelei im Park von Favorite, in: Die Pyramide 21 (1932) Nr. 19, S. 75f. Der damalige Eindruck wird durch historische Ansichten aus dem Beginn des 20. Jahrhunderts bestätigt, während die renovierte Klause inmitten neugepflanzter Bäume eher einen freundlich-einladenden Eindruck macht!

17 Der Text des Sonetts «Es ist alles eitel» ist zusammen mit einer Interpretation von Erich Trunz abgedruckt in: Benno von Wiese (Hg.), Die deutsche Lyrik. Form und Geschichte, Bd. 1, Düsseldorf 1962, S. 145–151.

18 Angelus Silesius, Heilige Seelenlust S. 162.

19 Gerhard Tersteegen: Geistliches Blumengärtlein inniger Seelen, Zweite Auflage der Neuen Ausgabe, Stuttgart 1969, S. 38.

20 Der Bildtyp der büßenden Magdalena mit völliger oder teilweiser Nacktheit der Büßerin führt insgesamt aus dem Bereich der kirchlichen Kunst in den privaten Gebrauch, vgl. Marga Anstett-Janssen: Art. Maria Magdalena, in: Lexikon der christlichen Ikonographie Bd. VII, Rom u. a. 1974, Sp. 516–541.520. – Bei Zicks Bild sind Auftraggeber und/oder erster Käufer nicht mehr zu ermitteln (telefon. Auskunft durch Dr. Dietmar Lüdke von der Staatlichen Kunsthalle Karlsruhe).

21 Eine (blutbefleckte) Geißel als Hinweis auf den Ernst der Buße findet sich bei der «Madalena mit dem Nachtlicht» von Georges de La Tour (17. Jahrhundert, Paris, Louvre, vgl. oben, Abb. S. 119).

22 Möbius, Die Frau S. 140.

23 Über die enge Verbindung von weiblichen Orden und Damen der höheren Gesellschaft vor allem in Frankreich vgl. Möbius, Die Frau S. 135–140.

24 In einer Vision vor ihrem Tod hört sie Christus über Maria Magdalena sagen: «Das ist meine geliebte Tochter», vgl. Walter Nigg: Das Buch der Büßer, Olten und Freiburg 1970, S. 81–103.

25 Richard Alewyn, Nachwort zu Johann Beer, Das Narrenspital (Rowohlts Klassiker der Literatur und der Wissenschaft Bd. 9), Hamburg 1957, S. 147.

26 Möbius, Die Frau S. 32. – Die Abbildung der «Melancholie» findet sich ebd. Abb. 92.

27 Inv.Nr. 1096, Leinwand, 101: 162,5. Es handelt sich um eine Replik oder die Schulkopie eines größeren Werkes (390: 624), das ursprünglich für eine Pariser Kirche bestimmt war. Das Bild ist veröffentlicht bei Jan Lauts (Hg.), Französische Meister. Aus der Staatlichen Kunsthalle Karlsruhe, Karlsruhe 1963, Abb. 12 (Ausschnitt).

28 Der Hinweis auf die mit ihr hereinbrechende sündige Welt gilt vor allem dort, wo die Gastmahlszene als weltliches Pendant zur geistlichen Abendmahlszene ins Bild gesetzt wird, vgl. Ger-

hard Neumann: Gedächtnismahl und Liebesmahl. Das Bildprogramm des «Fürstensaales» von St. Peter, in: Hans-Otto Mühleisen (Hg.), Das Vermächtnis der Abtei. 900 Jahre St. Peter auf dem Schwarzwald, Karlsruhe 1993, 149–184.

29 Rainer Maria Rilke: Die Liebe der Magdalena, in: Die Liebenden (insel taschenbuch 355), Frankfurt und Leipzig ^{5}1992, S. 7–31. Die Seitenangaben beziehen sich auf diese Ausgabe.

30 Zu dieser Vermutung vgl. die Rilke-Monographie von Hans Egon Holthusen: Rainer Maria Rilke, in Selbstzeugnissen und Bilddokumenten (rowohlts monographien Bd. 22), Hamburg 1958, S. 119, und Wolfgang Leppmann: Rilke. Sein Leben, seine Welt, sein Werk, Bern und München 1993, S. 334.

31 Vgl. Elisabeth Frenzel: Art. Die selbstlose Kurtisane, in: Motive der Weltliteratur, Stuttgart ^{3}1988, S. 434–451.

Zu Kapitel 6

1 Friedrich Spee: Trutz-Nachtigall, hg. von Theo G. M. van Oorschot, Sämtliche Schriften, Historisch-kritische Ausgabe Bd. 1, Bern 1985, 55–70; ders., Güldenes Tugend-Buch, hg. von Theo G. M. van Oorschot, Sämtliche Schriften, Historisch-kritische Ausgabe Bd. 2, München 1968, S. 535–545. – Über Herausgabe und Textgeschichte des Güldenen Tugend-Buchs informiert der Herausgeber S. 565–572 und S. 669–674.

2 Güldenes Tugend-Buch S. 26 f.

3 Ebd. S. 218–248.

4 Ebd. S. 229.

5 Ebd. S. 29.

6 Ebd. S. 536; Trutz-Nachtigall S. 57.

7 Der «Trauergesang» findet sich in Trutz-Nachtigall S. 182–185 und Güldenes Tugend-Buch S. 171–173.

8 «Magdalenenklage», zitiert nach Deutsche Dichtung des frühen und hohen Mittelalters, hg. von Friedrich von der Leyen, Darmstadt 1962, S. 742 f.

9 Güldenes Tugend-Buch S. 174 f.327.

10 Ebd. S. 398 (Petrus), S. 403 (Maria Magdalena).

11 Güldenes Tugend-Buch S. 273.

12 Zu Biographie und Wirken der beiden Stifterinnen vgl. Magdalena Padberg: Maria Magdalena Postel. Du hast mich gerufen, hier bin ich!, Meschede o. J. (ca. 1975), und Angelita Cools – Hildegard van de Wijnpersse: Sein Werk – nicht das meine. Mutter Magdalena Damen und ihre Kongregation der Franziskanerinnen von Heythuysen im neunzehnten Jahrhundert, Aachen und Kevelaer ^{2}1992.

13 Zu Spees geistlichen Methoden vgl. Güldenes Tugend-Buch. Auswahl, Bearbeitung und Einführung von Anton Arens, Freiburg 1991.

14 Jakob Sprenger – Heinrich Institoris: Der Hexenhammer. Aus dem Lateinischen übertragen und eingeleitet von J. W. R. Schmidt (dtv 6121), München ^{3}1983. Die hier zusammengestellten Aussagen finden sich ebd. S. 92–109 im Kapitel «über die Hexen selbst, die sich den Dämonen unterwerfen, sechste Frage».

15 Güldenes Tugend-Buch S. 127.298.125.

16 Ebd. S. 11.

17 Zu Person und Wirken des Dichters und Theologen Friedrich Spee vgl. den Sammelband von Michael Sievernich (Hg.): Friedrich von Spee. Priester – Poet – Prophet, Frankfurt 1986, sowie Christian Feldmann: Friedrich Spee. Hexenanwalt und Prophet, Freiburg – Basel – Wien 1993.

18 Friedrich Gottlieb Klopstock, Ausgewählte Werke, hg. von Karl August Schlieden, Darmstadt 1962: «Der Messias», S. 195–770, Informationen des Herausgebers zum Messias S. 1263–1293. – Diese Ausgabe liegt allen Zitaten zugrunde.

19 Vgl. F. G. Jünger im Nachwort zur o.g. Ausgabe, S. 1335–1369.1338 f.

20 Klopstock führt die Keimzelle des Werkes auf einen Traum zurück, der in einem autobiographischen Gedicht als Dichterweihe interpretiert wird, vgl. Brief an K. W. E. Heimbach, ebd. S. 1180 f., und das Gedicht «An Freund und Feind», ebd. S. 127–129.

21 Daß Goethes «schöne Seele» nicht den vollkommenen Menschen, sondern eine Etappe in der Erziehung des Wilhelm Meister darstellt, kann hier nicht weiter verfolgt werden.

Zu Kapitel 7

1 Aus einer unveröffentlichten Darstellung von Pater Schmoeger. Zit. in: Wolfgang Frühwald, Das Spätwerk Clemens Brentanos (1815–1842). Romantik im Zeitalter der Metternich'schen Restauration. Tübingen 1977, S. 194.

2 Ein Beispiel für die innere Zensur: In einem «Parabelbild auf die jetzige Zeit» nennen die Lehrjahre verschiedene Formen des Götzendienstes, wie sie bei Priestern, Vornehmen und Gelehrten, bei ganzen Gemeinden und bei Geistlichen vorkommen; schließlich heißt es: «Ja ich sah auch selbst in Rom bei Cardinälen und großen Geistlichen, förmlich alte Götzenbilder wie Moloch, Baal u. s. w. mitten unter den Büchern auf dem Tisch stehen und herrschen, ja ihnen Bissen reichen» (II, 231). Dieser Satz wurde für das «Leben Jesu» ersatzlos gestrichen, während umgekehrt ein Hinweis auf die reformierte Kirche noch stärker akzentuiert wurde (Leben Jesu, Bd. 2, 22).

3 Clemens Brentano: Lehrjahre Jesu Teil I, hg. von J. Mathes (Sämtliche Werke 24, 1), Stuttgart u. a. 1983 (zitiert I, ...); Teil II (Sämtliche Werke 24, 2), 1985 (zitiert II, ...). Weitere Bände sind noch nicht publiziert. – Zur komplizierten Textgeschichte vgl. Frühwald, Spätwerk S. 189–298.

4 Die Lehrjahre waren zusammen mit dem Marienleben und dem Bitteren Leiden als Mittelteil einer die ganze Menschheitsentwicklung umfassenden Trilogie geplant.

5 Albert Schweitzer: Geschichte der Leben-Jesu-Forschung, Bd. 1 (Siebenstern 77/78), München – Hamburg 1966, S. 145: «Hätte Brentano seine Aufzeichnungen in der durch das Leben-Jesu von Strauß erregten Zeit herausgegeben, so wäre der Erfolg unbeschreiblich gewesen.»

6 Vgl. Frühwald, Spätwerk S. 278–283. – Wie sehr auch der «gläubige» Brentano vom Denken der Zeit beeinflußt ist, zeigt seine rationalistische Erklärung der Wunder, wonach Jesus nicht die Naturgesetze zerbricht (so die kirchliche Formel), sondern sie durch seine größere Kenntnis souverän handhabt (Lehrjahre II, 286).

7 Vgl. Frühwald, Spätwerk S. 286–288.

8 Lujo Brentano: Mein Leben im Kampf um die soziale Entwicklung Deutschlands, Jena 1931, S. 70, zit. nach W. Frühwald, Spätwerk S. 197.

9 Dieses kleine Detail läßt erkennen, wie stark Brentano das Denken der eigenen Zeit in die Darstellung des Lebens Jesu eingetragen hat, vgl. das Spiegel- und Doppelgängermotiv in der Dichtung der Romantik sowie die Aufspaltung der Welt in Ich und Nicht-Ich bzw. in Subjekt und Objekt in der Philosophie der Zeit.

10 Clemens Brentanos Frühlingskranz, aus Jugendbriefen ihm geflochten wie er selbst schriftlich verlangte (1844), München 1967, S. 129 f.

11 Ebd. S. 171.

12 Ebd. S. 52.

13 Ilsebill Barta: Der disziplinierte Körper. Bürgerliche Körpersprache und ihre geschlechtsspezifische Differenzierung am Ende des 18. Jahrhunderts, in: Dies. (Hg.), Frauen – Bilder – Männer – Mythen, Berlin 1987, S. 84–106, hier S. 88 f.

14 Ebd. S. 97.

15 Zitat nach Klaus Günzel: Die Brentanos. Eine deutsche Familiengeschichte, Zürich 1993, S. 118.

16 Barta, Körper S. 91.

17 Clemens Brentanos Frühlingskranz S. 185.

18 Brentano erwähnt diese Heilige in den Lehrjahren I,26 und II,211; außerdem hat er ihre Legende in einem großen Gedicht dargestellt (Clemens Brentano's Gesammelte Schriften, hg. von Christian Brentano, Bd. 1 Geistliche Lieder, Frankfurt 1852, S. 229–231).
19 Clemens Brentano: Gedichte, hg. v. Wolfgang Frühwald, Bernhard Gajek und Friedhelm Kemp (dtv Nr. 6069), München 1977, S. 348–361 (verschiedene Fassungen und geistliche Kontrafaktur).
20 Das Leben unsers Herrn und Heilandes Jesu Christi. Nach den Geschichten der gottseligen Anna Katharina Emmerich aufgeschrieben von Clemens Brentano, Bd. 2 und 3, Regensburg, New York und Cincinnati ²1880 (zitiert: 2, ...; 3, ...).
21 Albert Schweitzer: Geschichte S. 83f.87.93.103.
22 Ernest Renan: Das Leben Jesu. Autorisierte deutsche Ausgabe, Leipzig ⁴1880 (nach der 16. Auflage des Originals), S. 178.397.

Zu Kapitel 8

1 Friedrich Hebbel: Maria Magdalena. Ein bürgerliches Trauerspiel in drei Akten, mit Hebbels Vorwort (Reclams Universal-Bibliothek Nr. 3173), Stuttgart 1992.
2 Karl Pörnbacher: Friedrich Hebbel. Maria Magdalena. Erläuterungen und Dokumente (Reclams Universal-Bibliothek Nr. 8105), Stuttgart 1991, S. 66.75.
3 Brief vom 6.1.1844 an Hebbel. Über die zwiespältige Aufnahme des Stücks und die Aufführungen im 19. Jahrhundert vgl. Pörnbacher, Erläuterungen 57–75, Zitat S. 58.
4 Brief vom 23.1.1844 an A. Stich-Crelinger, vgl. Pörnbacher, Erläuterungen S. 60.
5 Rainer Maria Rilke: Jetzt und in der Stunde unseres Absterbens, zit. nach Wolfgang Lappmann, Rilke. Sein Leben, seine Welt, sein Werk, Bern und München 1993, S. 74.
6 Clemens Brentano: Geschichte vom braven Kasperl und dem schönen Annerl, in: ders., Erzählungen. Auswahl und Einführung Walter Flemmer (Goldmann TB 1459), München 1964, S. 169–197; Clemens Brentano: «Ich kenn' ein Haus, ein Freudenhaus», in: ders., Gedichte, hg. von Wolfgang Frühwald, Bernhard Gajek und Friedhelm Kemp (dtv Nr. 6069), München 1977, S. 332–335.
7 Goethes Faust: Der Tragödie erster und zweiter Teil. Urfaust, hg. von Erich Trunz, Hamburg 1963.
8 Zit. nach Pörnbacher, Erläuterungen S. 36–38.
9 Ebd. S. 32–44.
10 Zitiert nach Hayo Matthiesen: Friedrich Hebbel mit Selbstzeugnissen und Bilddokumenten (rowohlts monographien 160), Hamburg 1970, S. 22.
11 Brief vom 26.3.1843, vgl. Pörnbacher, Erläuterungen S. 46.
12 Brief vom 11.12.1843, ebd. S. 57.84f.
13 Carl Heun: Der Fastnachtsball, zit. nach H. Kunze, Lieblingsbücher von dazumal (dtv 947), München 1973, S. 128f. – Während es sich bei Carl Heun um einen erfolgreichen Schriftsteller mit hohen Auflagen handelt, rechnet Hebbels Verleger im Jahr der Erstaufführung von Maria Magdalena ganze 114 (!) Exemplare ab, vgl. Pörnbacher, Erläuterungen S. 66.
14 Paul Keller: Ferien vom Ich, Stuttgart – Hamburg 1951 (1915), S. 7.132.
15 Clemens Brentano: Der schiffbrüchige Galeerensklave vom toten Meer, in: Erzählungen S. 80–91. Alle Zitate sind dem Abschnitt «Morgenstern, der freundliche freigebige Kavalier», S. 80–85, entnommen.
16 Georg Büchner: Woyzeck, in: ders., Leonce und Lena. Dantons Tod. Woyzeck, mit einem Nachwort von Klaus Ziegler (Exempla Classica 59), Frankfurt und Hamburg 1962, S. 125–152.
17 Zitiert nach Gotthard Erler: Die gefährliche Liebschaft von Kessin, in: Die Welt, vom 14.10.1995.
18 Die Frau wird als dämonisches Naturwesen und ihre sexuelle Anziehungskraft als tödliche Gefahr für den Mann geschildert, vgl. die beliebten Balladenmotive um die Lorelei in ihren verschiedenen Ausgestaltungen als Berg-, Wasser- oder Waldgeist (Cl. Brentano, H. Heine, J. von Eichendorff), Erlkönigs Tochter (J.G. von Herder), Frau Venus im Tannhäuser-Stoff (K. Gerock, R. Wagner).

19 Vor allem die frühe Gewöhnung der Mädchen an Handarbeiten diente nicht nur ihrer allgemeinen Disziplinierung, sondern half auch «bei der Unterdrückung ihrer sexuellen Bedürfnisse», vgl. Dagmar Ladj-Teichmann: Weibliche Bildung im 19. Jahrhundert: Fesselung von Kopf, Hand und Herz?, in: I. Brehmer/J. Jacobi-Dittrich/E. Kleinau/A. Kuhn (Hg.), Frauen in der Geschichte IV, Düsseldorf 1983, S. 219–243.225.

20 Die wichtigsten Werke der Jesus- bzw. Jesus-Magdalena-Literatur sind zusammengestellt bei Elisabeth Frenzel: Art. Maria Magdalena, in: Stoffe der Weltliteratur, Stuttgart [8]1992, S. 496–499.

21 Elisabeth Frenzel: Art. Die selbstlose Kurtisane, in: Motive der Weltliteratur, Stuttgart [3]1988, S. 434–451.435.

22 Paul Heyse: Maria von Magdala. Drama in fünf Akten. Gesammelte Werke, Erste Reihe, Band 5, Stuttgart – Berlin – Grunewald o. J., S. 597–669. – Daß dieses Werk damals den Zensurbeamten verdächtig erschien (vgl. Frenzel, Stoffe S. 499) ist heute kaum nachvollziehbar.

23 Maria wird vor die gleiche Aufgabe gestellt wie Kundry: Der Heilig-Reine soll an den Reizen einer sündigen Frau zugrundegehen. Kajaphas und Klingsor stimmen darin überein, daß kein Mann – nicht der Reine (Parsifal), nicht der Heilige (Jesus) – den Verlockungen des Fleisches widerstehen kann. In beiden Fällen wird aber der zu Verführende zum «Erlöser» der Frau.

24 Heyse scheint als erster die Verbindung der Maria zu einem Römer in die Dichtung eingeführt zu haben; zu Beginn des 20. Jahrhunderts tauchen solche Beziehungen mehrfach auf, vgl. Frenzel, Stoffe S. 498f.

25 In der Novelle «Jorinde» (1875) wird die Dienerin «in einem ehrbaren grauen Kleide» vorgestellt, ebd. S. 289–324.292.

26 Anna Freiin von Krane: Magna Peccatrix. Die große Sünderin. Legendenroman aus der Zeit Christi. Köln 27.–31. Auflage o. J. (1930), 1. Auflage 1908.

27 Vgl. die befremdenden Gegenüberstellungen im Gottesbild (der verständnisvolle Helfer – der grausame Tyrann, S. 142), im Jesusbild (die weiße Gestalt Jesu – vor der dunklen Menge, S. 151) sowie die unterschiedliche Beschreibung von galiläischer und judäischer Physiognomie (die schlanken Gestalten «mit geradem Blick und regelmäßigen Gesichtszügen, die sich wesentlich von den scharfgebogenen Nasen, den unruhigen Augen der echten Israeliten unterschieden», S. 168).

28 Vgl. Pörnbacher, Erläuterungen S. 78f.82.

29 Ludwig Thoma: Magdalena. Ein Volksstück in drei Aufzügen, München (1912).

30 Franz Xaver Kroetz: Maria Magdalena. Komödie in drei Akten frei nach Friedrich Hebbel, in: Oberösterreich u.a. (edition suhrkamp 707), München 1972, S. 217–275.

31 Daphne Du Maurier: Ich rufe mit meiner Stimme zum Herrn, in: Ihr ergebener Diener und andere bisher unveröffentlichte Erzählungen (Knaur TB Nr. 60 199), München 1993, S. 7–47, hier S. 29 und 35.

32 Tania Blixen: Die Träumer, in: Die Träumer und andere seltsame Erzählungen (dtv Nr. 77), München 1962, S. 41–123.

33 Erläuterungen S. 46; Zitat nach der Druckanordnung bei Kroetz, Maria Magdalena S. 275.

Zu Kapitel 9

1 Angelus Silesius: «Heilige Seelenlust oder Geistliche Hirten-Lieder», in: ders., Sämtliche poetische Werke. In drei Bänden, hg. von Hans Ludwig Held, München 1949 (neu überarbeitete dritte Auflage), Band 2, S. 105.230.

2 Angelus Silesius: «Sinnliche Beschreibung der vier letzten Dinge» und «Cherubinischer Wandersmann», in: Sämtliche poetische Werke, Band 3.

3 Seelenlust S. 228; Wandersmann S. 84.

4 Wandersmann S. 89.

5 Ebd. S. 89.
6 Seelenlust S. 229.
7 Wandersmann S. 19.
8 Sinnliche Beschreibung S. 293.
9 Wandersmann S. 113. – Angelus Silesius benutzt abwechselnd die Namen «Maria» und «Magdalena»; aus dem gesamten Kontext ergibt sich jedoch die Identität der Maria Magdalena.
10 Andreas Gryphius: Am tage Mariae Magdalenae. Luc. 7, in: ders., Sonn- und Feiertags-Sonette. Abdruck der ersten Ausgabe (1639) mit den Abweichungen der Ausgabe letzter Hand (1663), besorgt durch Heinrich Welti, Halle 1883; Johann Christian Günthers Sämtliche Werke, Bd. 2: Klagelieder und Geistliche Gedichte, in zeitlicher Folge, hg. von Wilhelm Krämer, Darmstadt 1964 (Nachdruck der Ausgabe Leipzig 1931), S. 248f.
11 Nikolaus Ludwig von Zinzendorf, Die fünfte Rede, S. 110f., und Die sechste Rede, S. 159f., in: Hauptschriften, Bd. 2, hg. von Erich Beyreuther und Gerhard Meyer, Hildesheim 1963.
12 Rede über Luc. 21,25–36, S. 203.
13 Rede über Marc. 14,8, S. 297.299.
14 Geistliche Gedichte des Grafen von Zinzendorf. Eine Auswahl, hg. von H. Bauer und G. Burkhardt, Leipzig 1900, S. 112–114. – Zur Quellenangabe vgl. die Historisch-Kritischen Anmerkungen ebd. S. 232.
15 Die Herz-Jesu-Mystik oder die Aussage, daß irdische Augen das Wesentliche nicht sehen können, finden sich in vielen, auch nicht ins Gesangbuch aufgenommenen Liedern, vgl. S. 37–38: Jesu Herz ist die «Wundenhöhle / Die laut für uns um Gnade schreit», das «Mutterherz», das uns trägt, aber sichtbar nicht für das irdische, sondern nur für das verklärte Auge.
16 Gerhard Tersteegens Geistliches Blumengärtlein inniger Seelen mit der Frommen Lotterie und einem kurzen Lebenslauf des Verfassers, Zweite Auflage der Neuen Ausgabe, Stuttgart 1969; vgl. Lied Nr. 95 (S. 539–541), in dem ntl. Männer und Frauen aufgezählt werden; bei den namentlich genannten Maria von Betanien, bei den Namenlosen die Sünderin.
17 Vgl. ebd. S. 193.220.374.494.592.597.
18 Ebd. S. 365–367.
19 Annette von Droste-Hülshoff: Geistliches Jahr, in Liedern auf alle Sonn- und Festtage, hg. von Karl Schulte Kemminghausen (†) und Winfried Woesler, 2 Bände, Münster 1971; die Erstveröffentlichung erfolgte durch C. B. Schlüter 1851. Clemens Brentano: Die sonntäglichen Evangelien, in: Clemens Brentano's Gesammelte Schriften, hg. von Christian Brentano, Band 1 Geistliche Lieder, Frankfurt 1852, S. 275–362.
20 Zur Entstehungsgeschichte siehe Geistliches Jahr 2, S. 176–180.
21 Geistliches Jahr 1, S. 73f. Der Hauptteil des Gedichts spielt auf die Zeit des preußisch-rheinischen Kulturkampfes an und kann hier außer Betracht bleiben.
22 Ebd. S. 63f.
23 «Mein Wissen mußte meinen Glauben tödten», ebd. S. 67, vgl. auch S. 84 und 142, wo jedesmal von «des Verstandes Fluch» gesprochen wird.
24 Ebd. S. 79.
25 Ebd. S. 1f.
26 Ebd. 9f.
27 Geistliches Jahr 2, S. 203.
28 Zu Vernichtungsaktionen vgl. Wolfgang Frühwald, Das Spätwerk Clemens Brentanos (1815–1842), Tübingen 1977, S. 145–150, zur Edition der Gesammelten Schriften ebd. S. 22–25.
29 Zitiert bei Frühwald, Spätwerk S. 158.
30 Brief an L. Hensel vom 6.6.1829, ebd. S. 140. Die Scheu, das eigene Innere der Öffentlichkeit preiszugeben, hat allerdings schon früher eingesetzt, wie ein Brief an den Maler Runge von 1810 belegt, den Christian in seiner Vorrede zu Band 1 der Gesammelten Schriften zustimmend zitiert, S. X.

31 Ebd. S. 70–72 und Clemens Brentano, Gedichte, hg. von Wolfgang Frühwald, Bernhard Gajek und Friedhelm Kemp, Erstauflage München 1968, jetzt: dtv Nr. 6068 (1977), S. 441–443 (nach dieser Ausgabe wird im folgenden zitiert).

32 Gedichte S. 407–409.

33 Gedichte S. 606 f.

34 Das Gedicht «Magdalene geht zum Grabe» ist nach Emilie Brentano 1816, nach Meinung der neueren Forschung jedoch erst nach 1824 entstanden, vgl. Gedichte S. 750.

35 Vgl. stellvertretend für viele ähnliche Äußerungen das Gedicht «Zweimal hab ich dich gesehn» (um 1821/22, Gedichte S. 449–455): «Poesie, die Schminkerin / Nahm mir Glauben, Hoffen, Beten» (Zeile 165 f.); nur etwas hat sich in die neue Lebensphase herübergerettet: die Kunst, «Ein katholisch Kreuz zu schlagen» (Zeile 172).

36 Guido Maria Dreves: Kränze ums Kirchenjahr. Geistliche Lieder, Paderborn 1886, S. 5 (Widmungsbrief).

37 Ebd. S. 77 f.

38 Ebd. S. 120.

39 Rudolf Alexander Schröder: Die geistlichen Gedichte, Berlin 1949; es handelt sich um Texte aus den Jahren 1917 bis 1948.

40 Ebd. S. 289.

41 «Das Osterspiel», ebd. S. 176–203.

42 «Es war die Zeit vor Morgengraun», ebd. S. 170 f.

43 Alma Mahler-Werfel: Mein Leben (Fischer TB 545), Frankfurt ^{1}1963.1992, S. 31.

44 Alma Mahler-Werfel: Erinnerungen an Gustav Mahler. Gustav Mahler: Briefe an Alma Mahler, hg. von Donald Mitchell, Frankfurt – Berlin 1971, S. 47.

45 Henry-Louis de La Grange – Günther Weiß (Hg.): Ein Glück ohne Ruh'. Die Briefe Gustav Mahlers an Alma, Berlin 1995, S. 104–111 (= Brief Nr. 14). Die folgenden Zitate sind dieser Ausgabe entnommen.

46 «Ich hatte mich, mein Sein und Wollen vollkommen ausgestrichen» (Erinnerungen S. 144), «Gustav lebt sein Leben, und ich habe auch das seine zu leben» (Mein Leben S. 34).

47 Wir wissen heute, wie sehr gerade künstlerisch veranlagte Frauen unter dieser Rollenzuweisung gelitten haben: Annette von Droste-Hülshoff, Bettine von Arnim, Fanny Mendelssohn …

Zu Kapitel 10

1 Marie-Joseph Lagrange: Jésus a-t-il été oint plusieurs fois et par plusieurs femmes?, in: Revue biblique 9 (1912) 504–532; Peter Ketter: Christus und die Frauen, Bd. 1: Die Frauen in den Evangelien, Stuttgart ^{5}1950.

2 Eugen Drewermann: Das Markusevangelium II, Olten und Freiburg 1988, S. 10.

3 Eugen Drewermann: Die Botschaft der Frauen, Olten und Freiburg ^{2}1992, S. 162.

4 Ebd. S. 163. Zu Marias Zustand vor ihrer Begegnung mit Jesus vgl. auch Markusevangelium II, S. 627.705 f.

5 Drewermann, Markusevangelium II, S. 640 f.706; Botschaft S. 181 f.

6 Drewermann, Markusevangelium II, S. 413; Botschaft S. 180; Tiefenpsychologie und Exegese I, Olten und Freiburg 1984, S. 450.

7 Drewermann, Botschaft S. 180 f., Tiefenpsychologie I, S. 450–452.

8 Drewermann, Tiefenpsychologie I, S. 451.

9 Katholisches Sonntagsblatt. Kirchenzeitung für die Diözese Rottenburg-Stuttgart, Nr. 15 vom 11.4.1993, S. 10.

10 Konradsblatt. Wochenzeitung für die Erzdiözese Freiburg, Nr. 24 vom 19.6.1994, S. 14.

11 Konradsblatt Nr. 26 vom 3.7.1994, S. 17.

12 Heinrich Spaemann: Drei Marien. Die Gestalt des Glaubens. Freiburg – Basel – Wien 1985, S. 7. Vgl. S. 125: «Magdalena war eine öffentliche Sünderin».

13 Zu Maria Magdalena als dritter Gestalt des Glaubens ebd. S. 125–139.

14 Walter Nigg: Buch der Büßer. Neun Lebensbilder, Olten und Freiburg 1970, S. 33–56.

15 Ebd. S. 35f.

16 Wilhelm Hartke: Vier urchristliche Parteien und ihre Vereinigung zur apostolischen Kirche (Deutsche Akademie der Wissenschaften zu Berlin, Schriften der Sektion für Altertumswissenschaft 24), 2 Bände, Berlin 1961. Die Ausführungen zu Maria Magdalena finden sich zusammengefaßt im Anhang I «Maria Magdalena und die andere Maria» (Band 2, S. 745–760).

17 Die Nachricht vom Grab in Ephesus ist im Abendland seit Gregor von Tours (6. Jahrhundert) bekannt, wurde jedoch durch die burgundischen und provençalischen Traditionen nachhaltig verdrängt. Das Grab am Eingang der Siebenschläfergrotte gilt als das der Maria Magdalena.

18 Maria Magdalena steht bei heutigen Autoren nicht selbst im Zentrum, aber sie taucht immer häufiger als wichtigste «Nebenperson» in Jesusbüchern auf: als eine Art Freundin, so bei Kazantzakis (s. Anm. 28) oder Rinser (s. Anm. 32), oder gar als Ehefrau, so bei Thiering (s. Anm. 19), Lincoln/Baigent/Leigh (s. Anm. 20) und im neuesten Buch von Weddig Fricke: Der Fall Jesus. Eine juristische Beweisführung, Hamburg 1995, S. 193f.

19 Barbara Thiering: Jesus von Qumran. Sein Leben – neu geschrieben, Gütersloh 1993. Zu Maria Magdalena vgl. besonders S. 110–113.180f.510f., zu Tamar-Phoebe S. 186f.

20 (Henry) Lincoln/(Michael) Baigent/(Richard) Leigh: Der Heilige Gral und seine Erben. Ursprung und Gegenwart eines geheimen Ordens. Sein Wissen und seine Macht, Bergisch Gladbach [4]1984. – Die Seitenzahlen im Text beziehen sich auf diese Ausgabe.

21 Vgl. den Abschnitt «Der Priesterkönig, der nie regierte», S. 285–324.

22 Ebd. S. 361. – Im Wissen um diese Zusammenhänge entstand der Kult um Maria Magdalena, die als «Schwarze Madonna» oder «Schwarze Jungfrau» verehrt wurde und der die vielen «Notre Dame»-Kirchen geweiht waren, S. 361f.

23 Raymond-Léopold Bruckberger O. P.: Maria Magdalena, Düsseldorf 1954; Christa Mulack: Jesus – der Gesalbte der Frauen, Stuttgart 1987. – Die Seitenzahlen im Text beziehen sich auf diese beiden Bücher.

24 Vgl. dazu den Abschnitt «Jesus – Schüler der Frauen» S. 77–128. Bereits früher (1983) hat Mulack die These vertreten, Jesus habe durch sein Verhalten gegen Maria Magdalena, die Repräsentantin weiblicher Emotionalität gegen männliche Ratio, eindeutig Stellung «für das Weibliche und gegen das Männliche» bezogen, vgl. dies., Die Weiblichkeit Gottes. Matriarchale Voraussetzungen des Gottesbildes, Stuttgart [6]1992, S. 302–307.

25 Bruckberger, Maria Magdalena S. 78.81; Mulack, Jesus S. 283.

26 Vgl. den Einleitungssatz ihres Essays «Unterentwickeltes Land Frau», Würzburg 1970, S. 5: «Über die Frau sprechen heißt immer: Über die Gesellschaft sprechen.»

27 Erschienen 1970, Musik: Andrew Lloyd Webber, Gesangstexte: Tim Rice; Film: Norman Jewison, 1972.

28 Nikos Kazantzakis: Die letzte Versuchung, Reinbek 1988 (Rowohlt TB 5464), Zitate und Seitenzahlen im Text beziehen sich auf diese Ausgabe. Film: Martin Scorsese, Die letzte Versuchung Christi, USA 1988.

29 Eine der ersten Äußerungen des jungen Jesus im Roman bezieht sich auf Magdalena: «Wenn Magdalena eine Dirne wird, ist es meine Schuld» (S. 13).

30 Die grüne Eidechse hat ihren Platz auch in der Liebesszene mit Magdalena, die Jesus am Kreuz durchlebt (S. 425).

31 Nikos Kazantzakis: Alexis Sorbas. Abenteuer auf Kreta (rororo TB 158), 1963, S. 198–201.

32 Luise Rinser: Mirjam. Frankfurt [6]1983. – Maria aus Magdala ist zwar nicht die Schwester der Marta, übernimmt aber deren Rolle als Salbende (Joh 12) und ist in einer eigenwilligen Interpretation auch die salbende Sünderin aus Lk 7.

33 Rinser, Land S. 14.

34 Rinsers Erklärung von Besessenheit und Sünde ist ebenso zeitbedingt (der Roman erscheint auf dem Höhepunkt der Frauenbewegung!) wie die vehemente Ablehnung dieses Ansatzes durch Drewermann, der die Ursache seelischer Deformationen gerade nicht im gesellschaftlichen, sondern im individuellen Bereich sucht, vgl. ders. Botschaft S. 223.

35 «Das war immerhin ein allerhöchster Lehrauftrag an die Frau, eine missio canonica, gegeben von allerhöchster Instanz», Rinser, Land S. 37.

Zu Kapitel II

1 So Christa Mulack (Jesus – der Gesalbte der Frauen, Stuttgart 1987, S. 122–124), die entsprechende Vermutungen von O. Eberz und Lincoln/Baigent/Leigh zustimmend aufgreift und weiterführt.

2 Dies läßt sich bis in neuere kirchliche Dokumente verfolgen, vgl. den Hinweis auf Lk 8,2f. in «Mulieris dignitatem» (15.8.1988): «Die Frauen, denen Jesus begegnete und die von ihm so große Gnaden empfingen, begleiteten ihn bisweilen, wenn er mit den Jüngern durch Stadt und Land zog» (zitiert nach: Verlautbarungen des Apostolischen Stuhls 86, hg. vom Sekretariat der Deutschen Bischofskonferenz, Bonn, S. 33).

3 Wenig später wird dieses Verfahren in die Ketzerpolemik eingeführt, wie die Verunglimpfung der anonymen Lehrerin und Prophetin in Thyatira zeigt, die mit dem Satansvorwurf belegt wird (Offb 2), vgl. Ingrid Maisch: Isebel. Autoritätskonflikt – nicht nur in Thyatira, in: Karin Walter (Hg.), Zwischen Ohnmacht und Befreiung, Freiburg – Basel – Wien 1988, S. 163–172.

4 Erklärung der Kongregation für die Glaubenslehre zur Frage der Zulassung der Frauen zum Priesteramt, zitiert nach: Verlautbarungen des Apostolischen Stuhls 117, S. 14.

5 Römischer Kommentar zur Erklärung der Kongregation für die Glaubenslehre zur Frage der Zulassung der Frauen zum Priesteramt, ebd. S. 36f.

6 Ebd. S. 48.

7 Erklärung der Pressestelle im Sekretariat der Deutschen Bischofskonferenz, ebd. S. 59f.

8 Das Misereor-Hungertuch «Biblische Frauengestalten – Wegweiser zum Reich Gottes», Arbeitshefte zum Hungertuch, hg. von Misereor, Aachen 1989, S. 22.

9 Apostolisches Schreiben von Papst Johannes Paul II. über die nur Männern vorbehaltene Priesterweihe (22.3.1994), in: Verlautbarungen des Apostolischen Stuhls 117, S. 6 (= Selbstzitat aus «Mulieris dignitatem» Nr. 27).

10 »Mulieris dignitatem» Nr. 16, in: Verlautbarungen des Apostolischen Stuhls 86, S. 39f. Gegenüber den Aussagen über die «unnatürliche Gleichstellung der Frau mit dem Manne» im päpstlichen Rundschreiben «Casti connubii» von Pius XI. sind natürlich alle neueren Frauen-Dokumente ein Fortschritt. Zu den Veränderungen und Defiziten im kirchlichen Frauenbild vgl. Wolfgang Beinert: Theologie und kirchliches Frauenbild sowie Die Frauenfrage im Spiegel kirchlicher Verlautbarungen, in: W. Beinert – H. Pissarek-Hudelist – R. Zwank (Hg.), Frauenbefreiung und Kirche. Darstellung – Analyse – Dokumentation, Regensburg 1987, S. 51–76.77–97.

11 Vgl. 1 Kor 14,34f.; 1 Tim 2,11f.

12 Vgl. zu diesem Themenkreis Hildegard Gollinger: Das Weib schweige nicht in der Gemeinde, in: H. Gollinger – J. Maier – J. Thierfelder (Hg.), Dem Frieden nachjagen, Weinheim 1991, S. 13–26. – In der Antike ist die Rolle der «lehrenden» Frau mit einer Göttin besetzt, vgl. das Sophokles-Zitat in der Zwischenüberschrift (aus: Aias, V. 13).

13 Kurt Marti, Geduld und Revolte: Die Gedichte am Rand. Mit einem Vorwort von Ingeborg Drewitz, Stuttgart 1984.

NAMENREGISTER

(Aufgenommen wurden nur die Namen des Haupttextes;
unberücksichtigt blieben „Jesus“ und „Maria Magdalena“ bzw. „Maria aus Magdala“.)

1. Orte

2. Personen